荣获第八届“五个一工程”奖

（修订本）

XIU DING BEN

资本论与中国经济理论热点

张燕喜 石霞/著

中共中央党校出版社
The Central Party School Publishing House

责任编辑　张克敏
版式设计　尉红民
责任校对　马　晶
责任印制　宋二顺

图书在版编目（CIP）数据

《资本论》与中国经济理论热点（修订本）/张燕喜，石霞著．北京：中共中央党校出版社，2009.1（2019.7 重印）
ISBN 978-7-5035-4081-3

Ⅰ．资…　Ⅱ．①张…②石…　Ⅲ．①资本论－马克思著作研究②马克思主义政治经济学－研究③社会主义经济－经济理论－理论研究－中国　Ⅳ．A811.23　F0-0　F120.2

中国版本图书馆 CIP 数据核字（2008）第 196667 号

中共中央党校出版社出版发行
社址：北京市海淀区长春桥路 6 号
电话：（010）68929580（办公室）　（010）68929899（发行部）
网址：www.dxcbs.net
新华书店经销
三河市华润印刷有限公司装订
2009 年 1 月第 1 版　2019 年 7 月第 9 次印刷
开本：700 毫米×1000 毫米　1/16　印张：17.375
字数：302 千字　印数：31001—34000 册
定价：35.00 元

目　录

再版说明 …………………………………………………………………… (1)
原版作者的话 ……………………………………………………………… (1)
序 ……………………………………………………………………… 王珏(1)

第一卷　资本的生产过程 ………………………………………………… (1)
第一卷简介 ………………………………………………………………… (1)

第一章　劳动价值论……………………………………………………… (3)

一、原著的基本脉络……………………………………………………… (3)
第一章简介…………………………………………………………… (3)
第一章内容要点……………………………………………………… (4)
（一）商品 ……………………………………………………………… (4)
（二）货币 ……………………………………………………………… (10)
第一章读书难点解释………………………………………………… (14)
如何理解劳动二重性学说是“理解政治经济学的枢纽”? …… (14)
二、理论热点问题探讨…………………………………………………… (16)
劳动价值论
——经济学的一个永恒的话题 ……………………………………… (16)

第二章　资本和剩余价值………………………………………………… (24)

一、原著的基本脉络……………………………………………………… (24)
第二章简介…………………………………………………………… (24)
第二章内容要点……………………………………………………… (25)
（一）剩余价值生产的前提条件 ……………………………………… (25)
（二）剩余价值的源泉 ………………………………………………… (27)
（三）剩余价值的生产方法……………………………………………… (30)
（四）剩余价值生产理论的完成………………………………………… (36)

第二章读书难点解释……………………………………………………（40）
如何理解“生产力特别高的劳动起了自乘的劳动的作用，或者说，在相同的时间内，它所创造的价值比同种社会平均劳动要多”？这一论述与马克思所说的“商品的价值与劳动生产力成反比”是否一致？ ………………………………（40）
二、理论热点问题探讨……………………………………………（41）
“剥削”引发出的深层思考……………………………………………（41）

第三章 资本积累理论…………………………………………（50）

一、原著的基本脉络…………………………………………（50）
第三章简介……………………………………………………………（50）
第三章内容要点………………………………………………………（51）
（一）资本主义再生产与资本积累的实质 ……………………（51）
（二）资本主义积累的一般规律 …………………………………（56）
（三）资本主义积累的历史趋势 …………………………………（59）
第三章读书难点解释…………………………………………………（61）
如何理解“重新建立个人所有制”？ ……………………………（61）
二、理论热点问题探讨……………………………………………（66）
实事求是地看待当代资本主义的历史趋势…………………………（66）

第二卷 资本的流通过程 ………………………………………（73）
第二卷简介 ………………………………………………………（73）

第一章 资本循环和周转理论…………………………………（74）

一、原著的基本脉络…………………………………………（74）
第一章简介……………………………………………………………（74）
第一章内容要点………………………………………………………（75）
（一）资本循环 ……………………………………………………（75）
（二）资本周转 ……………………………………………………（81）
第一章读书难点解释…………………………………………………（87）
如何理解资本循环与资本周转的关系？…………………………（87）
二、理论热点问题探讨……………………………………………（88）
关于流通费用理论的几个问题………………………………………（88）

第二章　社会总资本再生产理论……………………………………………（99）
一、原著的基本脉络…………………………………………………………（99）
第二章简介……………………………………………………………………（99）
第二章内容要点………………………………………………………………（99）
（一）社会总资本再生产的理论基础…………………………………………（99）
（二）社会总资本简单再生产理论……………………………………………（102）
（三）社会总资本扩大再生产理论……………………………………………（106）
第二章读书难点解释…………………………………………………………（109）
为什么说货币本身不是实际再生产的要素？…………………………………（109）
二、理论热点问题探讨………………………………………………………（110）
马克思再生产理论对我国经济增长的指导意义………………………………（110）

第三卷　资本主义生产的总过程…………………………………………（117）
第三卷简介……………………………………………………………………（117）

第一章　平均利润与生产价格理论…………………………………………（119）
一、原著的基本脉络…………………………………………………………（119）
第一章简介……………………………………………………………………（119）
第一章内容要点………………………………………………………………（120）
（一）成本价格和利润…………………………………………………………（120）
（二）平均利润和生产价格……………………………………………………（124）
（三）市场价值和市场价格……………………………………………………（126）
（四）利润率趋向下降的规律…………………………………………………（129）
第一章读书难点解释…………………………………………………………（131）
如何理解马克思“社会需要”范畴？…………………………………………（131）
二、理论热点问题探讨………………………………………………………（132）
马克思恩格斯关于国际价值理论及其现实意义………………………………（132）

第二章　商业资本和商业利润………………………………………………（143）
一、原著的基本脉络…………………………………………………………（143）
第二章简介……………………………………………………………………（143）
第二章内容要点………………………………………………………………（144）

（一）商品经营资本 …………………………………………………… (144)
（二）商业利润 ……………………………………………………………… (146)
（三）商业资本的周转 ……………………………………………………… (148)
第二章读书难点解释……………………………………………………… (151)
如何理解纯粹流通费用的补偿和获利问题？ ……………………… (151)
二、理论热点问题探讨…………………………………………………… (153)
关于服务业劳动创造价值问题的争论……………………………… (153)
第三章 借贷资本与信用理论………………………………………… (162)
一、原著的基本脉络……………………………………………………… (162)
第三章简介………………………………………………………………… (162)
第三章内容要点…………………………………………………………… (163)
（一）借贷资本与利息率………………………………………………… (163)
（二）资本主义信用和银行资本 ……………………………………… (165)
（三）信用在资本主义生产中的作用 ………………………………… (167)
（四）虚拟资本 ……………………………………………………………… (168)
第三章读书难点解释……………………………………………………… (171)
（一）如何理解虚拟资本与生息资本的联系与区别 ……………… (171)
（二）如何看待资本主义企业的经理经营管理的性质
和工资的来源 ……………………………………………………… (172)
二、理论热点问题探讨……………………………………………………… (173)
对马克思股份经济及所有制实现形式思想的再思考………………… (173)
第四章 地租理论…………………………………………………………… (179)
一、原著的基本脉络……………………………………………………… (179)
第四章简介………………………………………………………………… (179)
第四章内容要点…………………………………………………………… (180)
（一）资本主义土地所有权与资本主义地租 ………………………… (180)
（二）资本主义的级差地租……………………………………………… (182)
（三）资本主义的绝对地租……………………………………………… (186)
（四）非农业用地地租和土地价格 …………………………………… (187)
第四章读书难点解释……………………………………………………… (189)
（一）什么是虚假的社会价值…………………………………………… (189)

（二）如何理解社会必要劳动时间的两重含义 ……………………（191）
二、理论热点问题探讨…………………………………………………（195）
我国农村土地制度改革思路评析与思考…………………………（195）
三、几点思考…………………………………………………………（203）
（一）必须高度重视我国土地所有权的特殊意义 ………………（203）
（二）变革土地集体所有权实现形式思路应是理智的选择 ……（204）

第五章　资本主义收入分配及其源泉理论…………………………（206）

一、原著的基本脉络…………………………………………………（206）
第五章简介……………………………………………………………（206）
第五章内容要点………………………………………………………（207）
（一）资本主义各阶级的收入及其源泉 …………………………（207）
（二）分配关系和生产关系的内在关系 …………………………（210）
（三）资本主义社会的阶级斗争 …………………………………（213）
第五章读书难点解释…………………………………………………（214）
如何理解马克思对“三位一体的公式”的批判？…………………（214）
二、理论热点问题探讨………………………………………………（217）
关于马克思分配理论在当代的几点新探讨…………………………（217）

综合章　《资本论》的理论要点及其现实意义………………………（224）

一、《资本论》的诞生：研究背景、理论借鉴与创新 ……………（224）
（一）德国林木盗窃事件促使马克思研究政治经济学问题 ……（224）
（二）英国古典经济学是马克思政治经济学思想的理论来源……（225）
（三）从“六册计划”到《资本论》的写作安排 …………………（227）
（四）《资本论》是两位革命导师辛勤劳动的结晶………………（227）
二、《资本论》的写作宗旨：“资本主义灭亡论” ………………（228）
《资本论》第一卷的理论要点………………………………………（228）
（一）劳动价值理论为揭示剥削奠定了坚实的理论基础 ………（228）
（二）剩余价值生产理论使《资本论》成为“工人阶级的圣经” …（230）
（三）资本积累理论揭示了资本主义必然灭亡的历史趋势 ……（230）
《资本论》第二卷的理论要点………………………………………（232）
（一）资本的循环、周转论揭示个别资本的再生产过程 ………（232）
（二）社会总资本再生产论阐明社会总资本再生产过程 ………（233）

《资本论》第三卷的理论要点……………………………………………（235）
（一）产业利润论的中心是阐明剩余价值在产业资本家之间的分配 ……………………………………………………………（235）
（二）商业利润论的中心是阐明商业资本对剩余价值的瓜分 …（236）
（三）利息论的中心是阐明借贷资本及其有关的一系列问题 …（237）
（四）地租论的中心是阐明资本主义条件下大土地所有者对剩余价值的瓜分 ………………………………………………（238）
（五）总论中心说明资本主义生产和分配关系的相互关系及其历史暂时性 …………………………………………………（239）
三、另一个角度看《资本论》：社会化商品经济论 ………………（240）
（一）《资本论》第一卷中马克思社会化大生产论述给我们的启示 ……………………………………………………………（241）
（二）《资本论》第二卷中马克思社会化大生产论述给我们的启示 ……………………………………………………………（242）
（三）《资本论》第三卷中马克思社会化大生产论述给我们的启示 ……………………………………………………………（246）
四、一部不朽的著作：《资本论》的光辉永驻 ……………………（247）
参考文献……………………………………………………………（249）
后　记……………………………………………………………（260）
再版后记……………………………………………………………（262）

再版说明

呈现在读者面前的《〈资本论〉与中国经济理论热点》（再版）一书，是于1999年元月完稿，同年5月出版的。在出版后的十年中，它曾被5次重印，现发行量竟达22200册。一本学术著作在毫无行政力量推动下能有如此发行量，是我们始料未及的。

在过去的十年中，作者有了些进步：2000年张燕喜被遴选为博士生导师，2002年享受中华人民共和国国务院颁发的政府特殊津贴，2000年石霞被晋升为正教授；这本书也引起了学术界的关注，荣获了中共中央宣传部颁发的《精神文明建设“五个一工程”第八届“入选作品奖”》。

在强手如林的竞争中这本书能“突出重围”，获取殊荣，使我们受宠若惊；它能得到评委们的厚爱、社会的认可，让我们增强了进一步认真做学问的信心。

在这里，请允许我们特别罗列出令我们诚惶诚恐的经济学界老前辈、特别是《资本论》研究泰斗们对我们的鼓励，之所以如此，是因为我们把老先生的鼓励看作是一种永远的鞭策！

第八届全国政协委员、著名经济学家、博士生导师、中国市场经济研究会会长、中共中央党校王珏教授在欣然为该书所做的《序》中说：“由于多年从事《资本论》的教学和研究，她们不仅对《资本论》的基本内容和理论难点进行了言简意赅的阐释，同时运用这一理论对当前经济改革实践中的一些重要问题，做出了清晰而深入的分析。就提炼和阐释《资本论》基本内容与基本原理，将理论与实践有机结合而言，该书堪称一部上乘之作。”

原中国《资本论》研究会副会长、博士生导师、南开大学资深教授魏勋老先生在他所写的专家评价中指出，该书“是一部很有特色和学术价值的专著，结构内容安排颇具匠心，对《资本论》的教学和研究工作者以及实际经济工作者都很有参考价值”。他用：“‘精’（堪称《资本论》的一个小小的精粹）、‘深’（选择的理论难点重点突出，解释有见地、有深度）、‘新’（敢于突破、敢于创新）、‘用’（学以致用、学用结合）、‘简’（逻辑结构清晰严谨、文笔流畅简洁、给人以清新之感)”五个字概括了该书的特点。

北京大学经济学院教授、博士生导师、中国经济规律研究会会长刘方棫先生指出：“马克思主义理论著述近年来出版量不算多，而深入浅出、准确阐述马列原著精髓又密切结合中国改革与发展实际，且为广大读者所热读的书更是鲜见。本书面世后，在短短的两年中已连续三次印刷，发行量超过15000册（当时的发行量——引者注），这证明它是一本受市场欢迎、广大读者所争买的书，它的出版为学习马列提供了新的精品和新的活力。”他的结论是：该书“是马列主义理论和实践书籍中一部可贵的佳作”。

南开大学经济学院原院长、国家社会科学基金项目评委、博士生导师薛敬学教授评价道：“它是一本坚持马克思主义经济理论，力争在新条件下发展马克思主义经济理论的好书。”

中共中央党校战略所原副所长、博士生导师、从事过多年《资本论》教学与研究的张大军教授认为：“该书的选题极具现实意义；该书的结构安排不落俗套；该书的创新内容使其具有理论意义；该书的一大特点是重点突出、言简意赅”，因而，“《〈资本论〉与中国经济理论热点》一书对于搞《资本论》教学与研究的同志，对于一切想学习马克思主义经济理论的同志，都是一部不可多得的好书。”

然而我们深知，我们的研究只是初步的，在理论要创新、理论研究必须与时俱进的今天，我们面前的路还很长、很长。

时代在前进，十年的时间在历史长河中转瞬即逝，但我们的伟大祖国却发生了巨大变化。其中特别要指出的是中国共产党第十七次全国代表大会、十七届三中全会的召开以及十七大报告、三中全会文件中对马克思主义、毛泽东思想与邓小平理论的发展。在这种形势下，我们必然对一些理论问题也有新思考、新理解。为此，我们在本书的再版过程中，增加了以下内容：

第一，《资本论》第一卷第一篇研究了马克思劳动价值论的重要部分。中央两次提出要深化对劳动价值论的认识，使我们对劳动价值论进行了再思考，这些思考构成了“劳动价值论——经济学的一个永恒的话题”的内容。(张燕喜完成)

第二，《资本论》第一卷二——六篇考察的是剩余价值的生产过程，揭示的是资本主义的剥削关系，现阶段我国也存在私营经济和外商独资经济，我国还有无剥削存在便成为今天学习《资本论》剩余价值理论的一个重要的理论问题，该章的理论探讨题目界定为“剥削引发的深层思考”。(张燕喜完成)

第三，《资本论》第一卷第七篇积累理论揭示出资本主义必然灭亡，然而由于诸多原因，发达资本主义国家的“资本主义的丧钟”现在并没有被敲响，如何“实事求是地看待当代资本主义的历史趋势”便成为再版不可回避的热点理论问题。(张燕喜完成)

第四，《资本论》第二卷第一、二篇考察资本的循环周转，随着商品市场由卖方市场转向买方市场，商品实现问题成为了影响企业发展的主要因素。为了加快商品的销售，企业付出了巨大的代价，整个社会用于流通领域的费用激增。这种发展趋势，引起人们的高度关注，于是，“关于流通费用理论的几个问题”成为学习这一章的热点话题。(石霞完成)

第五，《资本论》第二卷第三篇揭示社会总资本再生产实现条件和扩大再生产的不同类型，随着我国经济增长方式由粗放向集约转变过程中，如何实现经济又好又快的发展，是一个关注的热点问题。于是马克思再生产理论对我国经济增长的指导意义，就成为这一章的热点话题。(石霞完成)

第六，《资本论》第三卷第一——三篇考察平均利润和生产价格理论，在经济全球化的今天，关于国际商品交换的基础、决定和实现问题引起学者们的广泛关注，对“马克思恩格斯关于国际价值理论及其现实意义”的探讨，构成这一章的理论热点。(石霞完成)

第七，《资本论》第三卷第四篇考察商业资本的运动规律及其重要作用。在马克思时代“微不足道”的服务业，现今已成为国民经济活动中的主要产业，成为现代经济增长的源泉。因此，服务业劳动是不是生产劳动，能否创造价值，对此人们众说纷纭。为了弄清分歧的症结，综述和归纳“关于服务业劳动创造价值问题的争论”，就顺理成章地成为这一章的热点问题。(石霞完成)

第八，《资本论》第三卷第五篇考察的是借贷资本与信用问题，马克思在分析信用的作用时论述了对股份经济的看法，这些论述对今天的改革开放已经发挥了重要的指导作用，再版中我们对该问题引发的新思考做了说明，完成了“对马克思股份经济及所有制实现形式思想的再思考”。(张燕喜完成)

第九，《资本论》第三卷第六篇考察地租理论，地租是土地所有权在经济上得以实现的形式，马克思关于资本主义土地所有权和小土地所有权的论述，不仅对于当前我国农村土地制度改革具有指导意义，同时，也为研究该改革提供了理论分析工具，因而“我国农村土地制度改革思路评析与思考”成为了关注的又一热点问题。(石霞完成)

最后，《资本论》第三卷第七篇研究了资本主义收入分配及其源泉理论，

对“关于马克思分配理论在当代的几点新探讨”是这次再版中的一个看点。（张燕喜完成）

再版的另外一个重要改变是针对教学要求和新的实际的需要，重新改写了《综合章》的全部内容，该章命名为：《资本论》的理论要点及其现实意义。（张燕喜完成）

这里还要再强调的一点是，文中凡原著引文后出现的括号及阿拉伯数字均为《马克思恩格斯全集》的卷数与页码，如（23.52）是指第23卷，第52页。而在热点问题的探讨中，我们用了脚注。

作　者

2008年11月于北京

原版作者的话

西方的一些学者不信奉马克思主义，但是他们对马克思的《资本论》却有如下评论："书有不同的命运，有些书没有引起任何人的特殊兴趣，它一问世，就立刻被遗忘。另一些书起初取得成功，但是最终过时了，并且仅仅变成了历史文献；《资本论》存在一百年来，对它的兴趣不仅没有消失，而且在与日俱增，未必能找到另一本书有这样一种令人羡慕的命运"；"这部著作尽管发表很久了，它不但没有被遗忘，没有被埋葬，相反，今天它闻名于全世界，并比任何时候都更有生命力，这对于科学书籍是非常罕见的"。本书就是为了帮助读者学习马克思《资本论》这一永具魅力的巨著而写的。

这本书包含两方面的内容：一是为了帮助读者读懂原著而设计的对原著的解释，称为"原著的基本脉络"；二是为了促使读者联系实际而进行的引导，称为"理论热点问题探讨"。对于前者的写作，作者既不想对原著做逐段注释，进行"导读"，也不打算离开原著只讲述原理，成为原理讲义。此书是从原著出发，依据原著各篇的基本脉络，归纳出几个问题，进行简明扼要的解释。这一解释又可细分为：各卷、各章"简介"、"内容要点"、"难点解释"。对于后者的写作，作者旨在说明马克思主义分析问题的立场、观点、方法没有过时，也不会过时，同时以章为单位，选择该章所包含的、原著中涉及到的现实经济生活中的热点问题（它们一般也是难点问题），介绍学术界的争论，阐述自已的观点，以期抛砖引玉，给读者"留下广阔的思维空间"。文中凡原著引文后出现的括号及阿拉伯数字均为《马克思恩格斯全集》的卷数与页码，如(23.52)是指第23卷，第52页。

呈现给读者的这本书，系全国党（干）校《资本论》研究会第八届年会上王珏会长提倡的"三个五年计划"将出版的数部著作中的第一部。本书首先是写给党校系统攻读在职研究生的学员的；作者希望，它对党校主体班学习《资本论》也会有所帮助。作者同时企盼：它亦有助于从事《资本论》教学的教员们及所有有志攻读《资本论》的读者们的学习。由于我们水平有限，加之成书时间紧迫，所以书中的缺点、不足，肯定会有；特别是对现实问题的把握深度，距读者的要求可能会更远。在此，恳切希望读者批评指正。如有机会，作者将在再版中进行修改。

作　者

1999 年元月于北京

序

▲ 王珏

《资本论》是一部不朽的经济学著作，是融马克思主义三个组成部分为一体的完整的马克思主义全书，同时又是马克思毕生所作的两大贡献——历史唯物论和剩余价值理论的完美统一。因此，这部以剩余价值理论为基石的经济学巨著，本身就是一部生动的、具体的历史唯物主义论著。

《资本论》以剩余价值为主线，逻辑严密、生动科学地论证和阐述了资本主义社会历史阶段中生产力与生产关系、经济基础与上层建筑之间矛盾的产生、成长、发展直至解决的历史必然性，论证了无产阶级怎样从自在的阶级转变为自为的阶级，成为解决这一历史性矛盾的决定性力量，人类社会也因而必然会从资本主义社会转入新的社会——科学的社会主义也就是共产主义社会。可见，《资本论》的理论实质就在于它揭示出无产阶级和全人类的解放所依据的不以人们意志为转移的客观经济规律。证明人类社会的发展，是自然历史过程，推动这一过程发展的决定性力量是人民，劳动人民。因此，《资本论》成了“工人阶级的圣经”，它所阐述的基本理论，也成为颠扑不破的真理。随着人类实践的发展，这些真理将以不同的实现形式不断得到充实、发展和完善。

有些人并没有读过《资本论》，但却断言《资本论》是100多年前写的书，因而已经完全过时了。这种形式逻辑上的推论，只能说是出于无知。《资本论》是马克思在占有大量材料的基础上，花费了毕生精力完成的。它通过对资本本身运动规律的考察，深刻地揭示了资本主义制度的本质及其发展规律，时代的演进，并未改变它所揭示和阐述的人类社会发展的一般规律，改变的只是这一规律在资本主义条件下的实现形式。《资本论》所揭示和阐述的一般规律和基本原理，直至今日，仍旧在不同的社会制度中发挥作用；如：生产力与生产关系，经济基础与上层建筑之间的矛盾运动规律，价值规律与平均利润规律等等都是无可辩驳的证明。正如马克思所说：“在这里问题并不在于资本主义生产的自然规律所引起的社会对抗的较充分或较不充分的发展，问题在于这些规律本身，在于这些以铁的必然性表现出来并且正在实现的趋势。”马克思在《资本论》中揭示的资本主义发展的客观规律，只是人类社会发展进程一般规律的一个例证。因此，《资本论》是一部伟大的辩证唯物主义和历史唯物主义有机结合的经典，它所折射出的理论光辉是永远不会消退的，只会随着历史的发展而日益彰显。现实地说，《资本论》中，对资本主义市场经济的精彩分析和对资本主义自身发展规律的深刻揭示，对我国正在进行的经济体制的变革和正在建立的社会主义市场经济来说，都具有普遍和直接的指导意义。

《资本论》篇幅巨大，内容浩瀚，在较短的时间里，通读这本巨著是困难的；但对《资本论》的基本内容和基本原理毫无了解，也很难深刻领会邓小平理论的精神实质，难以成为一名合格的社会主义的建设者和领导者。为了解决这个矛盾，张燕喜和石霞两同志合作写出了《〈资本论〉与中国经济理论热点》一书，提供给愿意在有限时间内了解《资本论》的基本内容和现实意义的人们。由于多年从事《资本论》的教学和研究，她们不仅对《资本论》的基本内容和理论难点进行了言简意赅的阐释，同时运用这一理论对当前经济改革实践中的一些重要问题，作出了清晰而深入的分析。就提炼和阐释《资本论》基本内容与基本原理，将理论与实践有机结合而言，该书堪称一部上乘之作。我相信，这本书定会对那些真心愿意从《资本论》中得到一些教益的人们有所裨益，故写此文为序。

1999年1月24日于北京

第一卷　资本的生产过程

第一卷简介

由马克思亲自定稿、编辑，于1867年出版的《资本论》第一卷，考察"资本的生产过程"。第一卷的这一标题，概括了它的研究对象。对此，马克思所作的进一步说明是："在第一卷中，我们研究的是资本主义生产过程本身作为直接生产过程考察时呈现的各种现象，而撇开了这个过程以外的各种情况引起的一切次要影响。"（《马克思恩格斯全集》第25卷第29页，本书以下凡全集引文只注明卷、页码）这就是说，这里考察的是抽去了资本流通过程的资本的直接生产过程，即产业资本的价值增殖过程。它要研究的中心问题是剩余价值的生产，它要揭示的是资本主义生产方式的运动规律。

《资本论》第一卷共七篇。其内容可以分为三个部分：第一部分即第一篇：商品和货币。马克思通过对商品和货币的本质，商品经济的内在矛盾及其运动规律的研究，创立了他的劳动价值论；第二部分包括第二至六篇：马克思考察剩余价值的生产过程，揭示了资本主义剥削的秘密，创立了他的剩余价值生产理论；第三部分即第七篇：资本的积累过程。马克思研究的是剩余价值怎样转化为资本，说明剥夺者要被剥夺的历史趋势，创立了他的资本积累理论。这三个部分在理论和逻辑上是有机结合的：第一部分阐明的劳动价值论，是资本生产过程的历史前提和一般基础；第二部分阐明的剩余价值理论，分析的是资本生产过程本身；第三部分则在前两部分的基础上，阐明剩余价值如何资本化，最终揭示出资本主义生产发展的历史过程。可见，《资本论》第一卷完整地阐明了资本的产生、发展和必然灭亡的规律，因而，尽管第一卷只是整部《资本论》的开头卷，然而恩格斯却认为："第一卷是一部相当完整的著作，并且二十年来一直被当作一部独立的著作"。(23.35—36)

《资本论》的基本方法是唯物辩证法，第一卷则突出地体现在对矛盾分析法的运用上。这既表现在马克思从分析商品开始，揭示出商品经济的基本矛盾、商品与货币的对立上；也表现在他通过对剩余价值的分析，揭示出资本主义基本矛盾的产生和发展，最终得出私有制必然灭亡的革命结论上。

《资本论》第一卷在整部《资本论》中是有着重要地位的。这是因为，第一卷分析的资本的生产过程，是第二卷“资本的流通过程”和第三卷“资本主义生产的总过程”的基础；第一卷揭示的剩余价值的起源和本质，即剩余价值生产理论是《资本论》的核心；而第一卷得出的“资本主义私有制的丧钟就要响了。剥夺者就要被剥夺了”（23.831—832）的科学结论，是全部《资本论》的主题。

第一章 劳动价值论

一、原著的基本脉络

/// 第一章简介 ///

第一章介绍的是《资本论》第一卷第一篇的主要内容。

原著第一篇的标题为"商品和货币"。这表明它考察的对象是商品与货币问题。在资本主义社会中，由于商品占统治地位，是资本主义经济的"细胞"，包含着资本主义一切矛盾的萌芽，所以马克思的分析从商品入手。这一篇考察了商品和货币的本质、商品的内在矛盾及其运动规律，创立了马克思的劳动价值学说。

第一篇共有三章，第一章通过对商品的二因素和体现在商品中的劳动二重性的分析，阐明了商品价值的质与量的规定性以及它们的表现形式；第二章通过对商品交换过程的分析，阐明了货币的起源和本质；第三章在前面对货币分析的基础上，阐明了货币的职能，并指出货币职能的发展实际上反映了商品生产和流通内在矛盾的发展。马克思在阐述商品和货币的同时，也阐明了商品经济的一般规律——价值规律问题。这里还需要指出的是，《资本论》第一篇研究商品和货币，旨在揭示同商品和货币这些物质结合着的、并被它们的物质外壳掩盖着的社会生产关系。

马克思在这一篇中卓越地运用了辩证唯物主义的逻辑方法，即由抽象到具体、由简单到复杂、由分析到综合等方法。这些科学方法，都是我们应该学习和掌握的。

以劳动价值论为研究对象的第一篇，为进一步研究资本主义经济奠定了理论基础，马克思称之为《资本论》全书的"导言"，故在书中具有特殊的地位。

/// 第一章内容要点 ///

(一) 商品

1. 商品的二因素

商品是用来交换的劳动产品。凡商品都具有使用价值和价值两个因素，或者说，商品是使用价值和价值的统一体。

①商品的使用价值。

商品的一个因素是使用价值。商品首先必须是有用物，能够满足人们的某种需要。这种有用性，就是商品的使用价值。商品的使用价值是由商品体的物理、化学等自然属性决定的。同一种商品，由于具有多种自然属性而有多方面的使用价值。商品的多种使用价值，是随着社会生产和科学技术的进步而逐步被发现、认识和利用的。在一切社会形态中，使用价值都构成财富的物质内容。

作为单纯的使用价值，也就是物品的自然属性，不是政治经济学研究的对象，马克思在这里之所以研究商品的使用价值，是因为它是商品进行交换的物质基础，或者说，是交换价值的物质承担者。这就给使用价值加上了一种它本身所没有的社会形式规定，使使用价值成为承担着人与人之间的社会关系的物，从而使其成为了社会的使用价值，这正是商品使用价值不同于一般产品使用价值的区别所在。

②商品价值质的规定。

商品的另一个因素是价值。价值是看不见摸不着的，它要通过交换价值来表现。交换价值首先表现为一种使用价值同另一种使用价值相交换的量的关系和比例。一种商品可以和多种商品相交换，因而每种商品都可以有多种交换价值。同时，在交换中，不同使用价值之间的量的比例关系，会随时间与地点的变化而发生变化。

各种商品能够按一定的比例相交换，说明它们之间有着共同的东西。这种东西不可能是商品的几何的、物理的、化学的或是它的天然属性，因为商品的天然属性只是使商品具有这样或那样的使用价值，而使用价值在质上是不同的，因而在量上不能进行比较。如果把商品的使用价值撇开，商品就只剩下一种属性，即它们都是劳动的生产物，因而“有抽象人类劳动体现或物化在里面。”(23.51)这个凝结在商品中的人类一般劳动，就是商品的价值。可见，商品的交换价值是商品价值的表现形式，商品价值则是商品交换价值的内容。

③商品的价值量。

商品价值的实体是劳动，因而它的量只能由劳动的量来计量。一个商品的价值量不由个别生产者的个别劳动时间来决定，而由生产商品的社会必要劳动时间来计量。所谓社会必要劳动时间，“是在现有的社会正常的生产条件下，在社会平均的劳动熟练程度和劳动强度下制造某种使用价值所需要的劳动时间。”（23.52）这就是说，决定商品价值的社会必要劳动时间是在一定的时期内，社会上大多数商品生产者在大致相同的生产条件、技术水平和劳动强度的情况下，生产某种商品所需要的时间，它是在商品生产者背后，通过市场竞争自发形成的。商品的价值量由社会必要劳动时间决定是商品经济的客观规律。

决定商品的社会必要劳动时间会随着劳动生产力的变化而变化。劳动生产力是指劳动者的劳动生产某种产品的能力，通常用同一劳动在单位时间内生产某种产品的数量来表示，也可以用生产单位产品所需要的劳动时间来表示。劳动生产力越高，单位时间内生产的产品越多，每件商品中所包含的价值量也就越少；反之，则相反。所以，马克思说：“商品的价值量与体现在商品中的劳动量成正比，与这一劳动的生产力成反比。”（23.53—54）

④商品是使用价值和价值的统一。

使用价值和价值是商品的两个因素，二者缺一不可，否则，就不能构成商品：一个物如果不是劳动产品，它可以有使用价值但无价值，那它就不是商品；一个物可以有用，而且是人类的劳动产品，但只是为了满足生产者自己的需要，并不用于交换，也不是商品；一个物是劳动产品，但没有使用价值（如废品），则所消耗的劳动不能形成为价值，也不能成为商品。可见，商品是一定的社会历史条件下的产物，只有在一定的社会历史条件下，劳动产品才成为商品，人类抽象劳动才表现为价值。价值是商品的社会属性。

2. 劳动的二重性

商品的二因素是由生产商品的劳动的二重性即具体劳动和抽象劳动决定的。商品是使用价值和价值的统一，生产商品的劳动是具体劳动和抽象劳动的统一。

①具体劳动。

生产商品的劳动，一方面是以特定形式进行的劳动。人们为了生产满足各种不同需要的商品，就要进行各种不同形式的劳动，这种从制造产品的使用价值所具体表示出来的有用性劳动，就叫具体劳动。具体劳动生产商品的使用价值。

商品必须具有不同质的使用价值才有交换的必要，所以，制造不同商品的具体劳动必须是不同质的。各种性质不同的具体劳动表现为社会分工，这是商品生产存在的条件，但不是唯一的条件。商品生产的存在还要具备马克思所揭示的另一条件，即“只有独立的互不依赖的私人劳动的产品，才作为商品互相对立。”(23.55)

具体劳动是人类生存的永久条件。但是，具体劳动不是形成物质财富的唯一源泉。生产一种产品，必须有人的具体劳动和生产资料的结合，威廉·配第正确地表述了这一关系：“劳动是财富之父，土地是财富之母。”(23.57)

②抽象劳动。

生产各种商品的劳动，尽管在具体形式上各不相同，但它们都是人类劳动力的支出，是人们的体力和脑力的支出。这种撇开具体形式的无差别的人类劳动或一般的人类劳动，就是抽象劳动。抽象劳动形成商品的价值。

形成价值的抽象劳动是平均的简单劳动，所谓简单劳动是指在一定的社会条件下，不需要经过专门训练，一般劳动者都能够胜任的劳动。与之相对的复杂劳动则是必须经过专门训练、具有一定技术专长的劳动。在同样的时间内，复杂劳动等于自乘的或多倍的简单劳动，从而能比简单劳动创造更多的价值。复杂劳动折算为简单劳动，是通过商品交换过程自发地形成的。

具体劳动和抽象劳动不是两次劳动，而是生产商品的同一劳动的两个方面。一切劳动，从一方面看，是人类劳动力在生理学意义上的耗费；作为相同的或抽象的人类劳动，它形成商品的价值。一切劳动，从另一方面看，是人类劳动力的特殊的有一定目的的形式上的耗费；作为具体的有用劳动，它生产商品的使用价值。商品中包含的劳动的这种二重性，是由马克思首先批判地证明了的，劳动二重性学说是“理解政治经济学的枢纽。”(23.95)

3. 价值形式或交换价值

商品具有使用价值和价值二因素，因而商品也就有两种表现形式，即以使用价值表现的自然形式和以交换价值表现的价值形式。所谓“交换价值”是一种商品同另一种商品相交换的量的关系或比例。研究价值形式及其发展，是为了说明价值以及价值量如何通过价值形式表现出来，同时也是为了揭示货币的起源和本质。

价值形式的发展是和商品交换的历史发展进程一致的。价值形式经历了四个发展阶段。以货币来表现价值，是价值形式长期发展的最后结果。

①简单的、个别的或偶然的价值形式。

人类最初的交换发生在原始公社之间。当时，人们生产的目的并不是为了交换，只是偶尔地将某些剩余产品用来以物易物。这种直接的物物交换带有很大的偶然性，一种商品的价值只能偶然地表现在与它交换的另一种商品上，因而价值的表现形式也是简单的。例如：

20 码麻布＝1 件上衣

在这个价值形式中，等式两端的商品处在不同的地位，起着不同的作用。在这里，麻布的价值通过上衣相对地表现出来，它被称为相对价值形式，而上衣则以自己的商品体表现了麻布的价值，成为麻布价值的表现材料，起着等价物的作用，故被称为等价形式。

从等价形式可以分析出价值表现的三个特点：第一，使用价值成为价值的表现形式。一件上衣是作为使用价值来表现 20 码麻布的价值的。第二，具体劳动成为抽象劳动的表现形式。生产上衣使用价值的具体劳动，把形成麻布价值的抽象劳动表现出来。第三，私人劳动成为直接社会形式的劳动。生产上衣的具体劳动尽管是私人劳动，但它作为价值从而作为社会劳动的代表而出现，就成为直接社会形式的劳动。

从上述分析可以看出，商品的内在矛盾，即使用价值和价值的矛盾，通过简单价值形式表现为商品与商品的外部对立。简单价值形式已经包含了一切价值形式的秘密。

②总和的或扩大的价值形式。

随着社会生产力的发展，人类出现了第一次社会大分工，即农业和畜牧业的分离。由于生产的专门化和社会劳动生产率的提高，这时用来交换的东西增多了，交换逐渐成为经常的事情。一种商品可以和多种商品相交换，其价值也表现在多种商品上。于是，出现了扩大的价值形式。例如：

20 码麻布＝
- 1 件上衣
- 10 磅茶叶
- 40 磅咖啡
- 1 夸特小麦
- 2 盎司金
- 其他……

在这里，麻布的价值已经不再偶然地表现在与之交换的某一种商品体上，而是表现在一系列商品体上，这些商品都成为麻布的等价物。

③一般价值形式。

随着社会分工和商品交换的进一步发展，逐渐从商品界分离出一种被公众所承认并乐意接受的商品，用来媒介各种商品的交换。这种商品就成为一般等价物，直接的物物交换就为一般等价物为媒介的商品交换所代替。这种价值形式，就是一般价值形式。例如：

$$\left.\begin{array}{l}\text{1 件上衣}\\ \text{10 磅茶叶}\\ \text{40 磅咖啡}\\ \text{1 夸特小麦}\\ \text{2 盎司金}\\ \text{其他……}\end{array}\right\}=\text{20 码麻布}$$

一般价值形式与扩大价值形式相比，发生了质的飞跃。在一般价值形式上，商品价值的表现，第一，是简单的，因为各种商品的价值只表现在一种商品上；第二，是统一的，因为各种商品的价值都表现在同一商品上。从商品界分离出来充当一般等价物的商品，由于能够直接同其他商品相交换，因而成为社会劳动的唯一体现者。但在这一阶段，一般等价物还没有最后固定在某一种商品上。不同的时期、不同的地区，曾有不同的商品起过一般等价物的作用。

④货币形式。

在第二次社会大分工——手工业和农业分工之后，商品生产和商品交换又有了进一步发展。地区性的、不稳定的一般等价物不利于商品交换的扩大。因此，要求出现能在较大范围内通行并能稳定起作用的一般等价物。于是，货币价值形式应运而生。例如：

$$\left.\begin{array}{l}\text{1 件上衣}\\ \text{10 磅茶叶}\\ \text{40 磅咖啡}\\ \text{1 夸特小麦}\\ \text{其他……}\end{array}\right\}=\text{2 盎司金}$$

商品的价值形式由一般到货币的过渡，没有发生质变，区别只是金代替麻布取得了一般等价形式。金银等贵金属之所以能够固定地充当一般等价物，是因为它们也是商品，也有价值，特别是贵金属具有质地均匀、便于分割、体积小、价值大、不易腐蚀、便于携带、容易保存等特点，也最适合充当一般等价物。一旦贵金属在商品世界的价值表现中独占了一般等价物的地位，它就转化为货币。

4. 商品拜物教

①商品拜物教是商品经济关系的产物。

商品本来是商品生产者的劳动生产物，并没有什么神秘的地方，但在以私有制为基础的商品经济中，商品生产者的社会关系，不是直接表现出来的，而必须通过物与物即商品与商品之间的交换关系来表现，这样，商品就成为一种独立于商品生产者之外并支配他们命运的神秘力量。生产关系的物化以及物对人的支配，使人们对商品产生了神秘观念。马克思将这种情况称为商品拜物教。

商品的神秘性质不产生于商品的使用价值。这是因为商品作为使用价值，只是满足人们的某种需要，没有神秘之处。同样，这种神秘性质也不是来源于形成商品价值的劳动本身，因为：第一，不管各种有用劳动在具体形式上如何不同，但从性质上说，都是一般人类劳动的支出；第二，尽管形成商品价值量的劳动是由劳动的持续时间来衡量的，但劳动的量可以明显地与劳动的质区别开来；第三，生产商品的劳动具有社会性质，但劳动的这一特点，在任何存在社会分工的社会形态中都是具有的，因此，形成商品价值的劳动无论从哪方面看，都没有什么神秘和难于理解的地方。

商品的神秘性质是由商品本身引起的。劳动产品一旦采取了商品形式，就具有了种种特殊的表现，从而引起人们的幻觉。首先，在商品生产的场合，一般人类劳动不是直接表现出来，而是凝结在一定的商品体内形成价值，通过物的形式来表现。其次，生产商品所耗费的劳动时间采取了价值量的形式，而价值量又要通过另一种商品的一定量来表现。再次，生产者之间交换劳动的社会关系，采取了商品与商品交换这种物与物之间的关系。这样，商品形式就把人们本身劳动的社会性质表现为劳动产品本身的物的性质，表现为这些物的天然的社会属性，从而把生产者同劳动的社会关系表现为存在于生产者之外的物与物之间的社会关系。正是这一切，使得商品成了可感觉而又超感觉的物，成为一种神秘莫测的东西。

生产商品的劳动之所以具有特殊性质，从而引发拜物教的幻觉，是因为在以私有制为基础的社会里，商品生产者的劳动具有二重性质：一方面，生产者的产品为自己所有，他们的劳动具有私有性，因此是私人劳动；另一方面，由于存在社会分工，每个商品生产者的劳动又是社会分工的一部分，他们彼此为对方提供产品，因此他们的劳动又具有社会性，是社会劳动。但是，私人劳动并不直接就是社会劳动，这种劳动要通过他们的劳动产品的交换才能表现出来。因此，在商品生产者面前，他们的私人劳动的社会关系不是表现为自己劳动中的直接社会关系，而是表现为人们之间的物的关系和物之间的关系。这种颠倒的关系可以从以下几个方面表现出来：商品价值的实体是抽象劳动，总是凝结在商品的物质外壳之中，它通过物与物的交换表现出来，这就很容易使人们把劳动产品的社会性质看成是劳动产品本身的物质属性；由于价值量的变动和价值规律调节着商品生产和交换，它“就象房屋倒在人的头上时重力定律强制地为自己开辟道路一样”。(23.92) 不以商品交换者的个人意志为转移，这就造成了商品的运动支配着人的幻觉，使商品的神秘性质在人们意识中不能消失；货币出现后，金能直接与一切商品相交换，好像金作为一般等价物是它的天然物质属性，货币这个物的形式掩盖了私人劳动的社会性质以及私人劳动者的社会关系，这就更进一步加深了商品的神秘性质。可见，商品拜物教是商品生产社会的必然产物。

②商品拜物教的消亡。

马克思认为，商品拜物教是私有制商品经济特有的现象，也是它的必然产物。他预见，在自由人的联合体中，将不存在商品拜物教。商品拜物教这种观念，将随着它赖以产生和存在的经济条件的消失而消失。马克思揭露了商品拜物教的谜，也就进一步揭示了商品价值的本质，指明了商品生产的历史性质。

(二) 货币

货币是商品经济发展到一定阶段的产物，是商品内在矛盾发展的结果。

1. 货币产生的必然性及货币的本质

商品是用来交换的产品，它同时又是使用价值和价值的矛盾统一体。商品的内在矛盾只有在交换过程中才能解决。但是，商品交换本身也存在着矛盾：一方面，每个商品生产者都想按个人的要求，用自己的商品换回所需要的使用价值，从而使交换成为个人的过程；另一方面，每个商品生产者又都想让他看中的任何一个交换对手都买他的商品，而不管人家是否需要，也就是说，想让社会无条件地实现他的商品价值，使交换同时成为一般社会过程。这一矛盾的发展，必然要求从商品世界中分离出一种特殊商品，充当商品的一般等价物，成为其他一切商品价值的表现形式，于是，货币应运而生。可见，货币不是某个天才的发现，而是商品生产者长期进行社会交换活动的产物。

货币是充当一般等价物的特殊商品。货币产生后，一方面使物物交换发展为以货币为媒介的商品流通，使商品交换的矛盾有所解决，从而大大推动了商品经济的发展；另一方面，此时的商品世界分化成了两极：一极是商品，它们直接表现的是使用价值，另一极是货币，它直接代表商品的价值。于是，包含在商品内在的使用价值和价值的矛盾，就在外部表现为商品和货币的矛盾。这种发展了的商品交换的矛盾，既推动了商品经济的发展，又不可避免地产生一些消极作用。

2. 货币的职能

货币是在商品交换过程中产生的，随着商品交换的发展，货币逐渐扩大了它的职能。在发达的商品经济中，货币具有五种职能。

这里要指出的是，马克思对货币职能的论述，是以金属货币为讨论对象的。

①价值尺度。

价值尺度是指货币衡量和计算商品价值量的职能。货币作为衡量商品价值的尺度，把它们的价值表现为同名贵金属的量，使它们在质上相同，在量上可以相互比较。各种商品的价值之所以可以进行比较，不是因为有了货币，而是因为它们都凝结着一般人类劳动，即都具有价值。货币不过是把劳动时间这个价值的内在尺度从外部表现出来了。因此，货币作为价值尺度，是商品内在的价值尺度即劳动时间的必然表现形式。

货币在执行价值尺度职能时，并不需要现实的货币，只是观念上的货币。因为在这里，它只需要表现价值，而并不实现价值。事实上每个商品所有者都知道，评估自己的商品，并不需要拿出实在的黄金作比较。商品价值的货币表现，就是商品的价格。

为了表现和衡量各种商品的价值量，货币本身要确定一个计量单位，货币的这种计量单位，就是价格标准。

作为价值尺度和作为价格标准，货币执行着两种不同的职能：作为价值尺度，货币是人类劳动的社会化身；作为价格标准，它代表一定的贵金属量。作为价值尺度，它衡量商品的价值量，从而使各种商品的价值变为价格；作为价格标准，它计量作为货币的贵金属自身的重量。但价值尺度和价格标准又有着密切的联系，规定价格标准是为了使货币能够更准确地执行价值尺度的职能。

价格是价值的货币表现，但价格具有相对的独立性。由于商品供求的不平衡，价格往往偏离价值。价格与价值的背离是以私有制为基础的商品生产条件下价值规律作用的形式。在这样的生产条件下，生产是在竞争和无政府状态下进行的，价格总是盲目地围绕着价值波动，但从长期发展的趋势看，价格与价值是趋向一致的。所以，马克思说："规律只能作为没有规则性的

盲目起作用的平均数规律来为自己开辟道路”。(23.120)

②流通手段。

流通手段是指货币充当商品交换媒介的职能。作为流通手段的货币，必须是现实的货币。

货币充当流通手段使商品从物物交换发展为商品流通。所谓商品流通指的是以货币为媒介的商品交换。商品流通的公式是：商品—货币—商品，或表示为：W—G—W。商品流通使买和卖分为了两个独立的阶段。商品流通的第一个阶段是出卖商品，即 W—G，这对商品生产者至关重要；商品流通的第二个阶段是购买商品，即 G—W。商品流通一方面打破了直接物物交换在时间、空间和个人方面的限制，促进了商品生产的发展；另一方面，由于买卖在时间和空间上的分离，卖了商品的人不一定立即再买商品，买卖的脱节包含了危机的可能性，这无疑又扩大了商品经济的矛盾。

在流通中，货币最初是直接以贵金属条块的形式出现的。由于每次交易都要查成色、称分量而十分不便，所以，随着交换的发展逐渐出现了具有一定形状、重量和标明面额价值的金属货币——铸币。铸币在执行流通手段职能时，只是转瞬即逝的过程，商品交易者并不十分关心它是否足值，加之铸币在流通中逐渐磨损并不影响它继续执行流通手段的职能，这就使货币被价值符号来代替成为可能。适应商品经济更进一步发展的需要，产生了纯粹象征性的货币——纸币。纸币是由国家发行、强制流通的价值符号。纸币本身没有价值，它只是代表金属货币执行流通手段的职能。

③贮藏手段。

贮藏手段是指货币退出流通领域，被人们当作社会财富的一般代表保存起来的职能。充当贮藏手段的货币，必须是现实的、足值的金属货币。此外，金银首饰也可发挥贮藏职能。

货币之所以可以发挥贮藏手段的职能，是因为它作为社会财富的一般代表，可以随时买到任何商品，同时，由于货币在一定量上只是有限的购买手段，而货币同时能够购买任何商品，货币的这种量的有限性和质的无限性，又使人们的求金欲望不断增强。因此，贮藏货币的欲望按其本性是没有止境的。

在金属货币流通的条件下，货币作为贮藏手段具有自发地调节流通中的货币量的作用。当流通中需要的货币量减少时，多余的货币会自动退出流通领域而成为贮藏货币；当流通中的货币量不足时，一部分被贮藏的货币又会自动进入流通领域。因此，货币贮藏就像蓄水池一样，既是流通中的引水渠，又是它的排水渠。

④支付手段。

支付手段是指货币用来清偿债务或支付赋税、租金、工资等的职能。货币执行支付手段职能，是商品经济发展的必然产物。货币的支付手段源于商品的赊购赊销。在赊账买卖的场合，等价的商品和货币，不再同时出现在交换的两极。商品卖出时不付现款，只是到了约定的支付时期，货币才进入流通，但这时商品早已退出流通过程。在这里，货币已经不再是商品交换的媒介，它发挥的是货币的支付手段职能。

货币的支付手段职能，使商品能在买者缺乏现金的条件下成交，从而促进了商品经济的发展，但它同时又造成债权、债务相互交织在一起的情况。这样，一旦债务链条中某人不能如期、如数清偿债务，就会引起连锁反映，造成一连串信用关系的破坏，使一系列生产、经营出现困难，甚至破产。这无疑又扩大了商品经济的矛盾，使发生经济危机的可能性加大。

⑤世界货币。

世界货币是指货币在世界市场上发挥一般等价物的职能。货币执行世界货币职能，必须以贵金属的自然形式出现。

货币作为世界货币的职能，是相对于货币在国内的职能而言的，它不过是国内职能在国际范围的延伸。世界货币首先执行价值尺度的职能，即作为衡量商品国际价格的标准。在此基础上，世界货币还执行下述职能：一是充当国际购买手段，一国从另一国单方面地购买商品；二是作为国际支付手段，平衡国际贸易差额；三是作为社会财富的代表，从一国转移到另一国。其中，作为平衡国际贸易差额的支付手段职能，是世界货币的最重要的职能。

货币的五种职能是逐步发展、相互联系的。其中价值尺度和流通手段是货币最基本的职能。货币的另外三种职能是在此基础上随着商品交换的发展而产生的。货币的各种职能，从不同角度反映了货币作为一般等价物的本质。

3. 货币流通规律

马克思在分析货币的流通手段和支付手段职能时，对货币流通及其规律也作了阐述。

①货币的流通和流通量。

在商品交换过程中，货币作为交换的媒介，不断地转换商品的位置，从买者手里转到卖者手里。货币在商品交换中这种不断的运动过程，就是货币流通。可见，货币流通是以商品流通为基础，并为商品流通服务的。为了适应商品流通的需要，流通领域就需要留有一定数量的货币。在一定时期内流通领域所需要的货币量，就是货币的流通量。

②货币流通量的规定。

货币流通的规模、速度会随商品流通规模的变化而变化。决定一定时期流通中货币需要量的规律，叫做货币流通规律。马克思在分析货币流通手段职能时指出，在一定时期内，流通中所需要的货币量取决于以下因素：首先，一定期间待实现的商品价格总额，它由待流通的商品总量与商品的价格水平决定。其次，货币流通的速度，也就是一定时期内同一货币单位的平均周转次数。这样，货币流通量的规律，或曰一定时期内流通中需要的货币流通量可用以下公式来表示：

$$\frac{\text{待实现的商品价格}}{\text{同一单位货币流通次数}}=\text{执行流通手段职能的货币量}$$

当货币流通速度不变时，商品价格总额愈大，流通中所需要的货币量愈多。反之，则愈少；当商品价格总额不变时，货币流通速度愈快，流通中所需要的货币量就愈少。因此，流通中的货币量与商品价格总量成正比，与货币流通速度成反比。

由于货币支付手段职能的产生和发展，商品交换中的一部分债务可以互相抵消，这就使一定时期内流通中所需要的货币量大大减少，因而货币流通量的公式也要作相应的改变。变动后的计算公式为：

一定时期商品流通中所需要的货币量＝

$$\frac{\text{待售商品价格总额}-\text{赊销商品价格总额}+\text{到期支付价格总额}-\text{相互抵消价格总额}}{\text{同一货币单位平均流通次数}}$$

这是金属货币流通的一般规律。纸币作为金属货币的符号，其流通规律要以金属货币流通规律为基础，所以，纸币代替金属货币流通之后，这一规律并没有改变。也就是说，无论纸币发行多少，它都只能代表流通中所需要的金属货币量。如果发行量过大，纸币就会贬值，就会发生通货膨胀，甚至产生信用危机。

/// 第一章读书难点解释 ///

如何理解劳动二重性学说是“理解政治经济学的枢纽”？

生产商品的劳动具有二重性，即具体劳动和抽象劳动。商品中包含的劳动的这种二重性，在经济思想史上是由马克思首先批判地证明了的。马克思在《政治经济学批判》一书中，首先论证了它，并由此创立了他科学的劳动价值学说。马克思本人认为，劳动二重性学说是《资本论》“最好的地方”，(31.331) 是《资本论》中的一个“崭新的因素”，(32.11) 是“理解政治经济学的枢纽”。因此，研究并正确理解这一问题，有着极为重要的意义。

（一）劳动二重性学说为劳动价值理论奠定了科学的基础

资产阶级古典经济学家亚当·斯密和大卫·李嘉图在马克思之前，都曾提出了价值是由劳动创造的正确见解。但是，由于他们不懂得生产商品的劳动具有二重性，不了解什么样的劳动、在什么条件下创造价值，因而不能将劳动决定价值的理论坚持到底。马克思尖锐地指出：“经济学家们毫无例外地都忽视这样一个简单的事实：既然商品有二重性——使用价值和交换价值，那么，体现在商品中的劳动也必须具有二重性，而像斯密、李嘉图等人那样只是单纯地分析劳动，就必然处处都碰到不能解释的现象。实际上，这是批判地理解问题的全部秘密。”(《马克思恩格斯〈资本论〉书信集》.250) 马克思批判和继承了资产阶级古典经济学劳动价值理论，提出了劳动二重性学说。他运用这一理论，论述了什么劳动创造价值、怎样形成价值、为什么形成价值的问题，从而揭示了商品价值的内容，并阐明了旧价值转移和新价值创造的对立统一关系，奠定了劳动创造价值的理论基础，建立起科学、完整的劳动价值理论。

（二）劳动二重性学说为阐明剩余价值来源提供了理论依据

阐明剩余价值的来源、揭示资本主义剥削的秘密，是马克思剩余价值理论的核心。马克思运用劳动二重性学说，科学地分析了劳动力商品的特殊性在于它的使用价值是价值的源泉，商品的价值和剩余价值都是由劳动力的使用即劳动创造的。在资本主义生产过程中，一方面，作为劳动过程，劳动者的具体劳动创造了使用价值；另一方面，作为价值形成过程和价值增殖过程，劳动者的抽象劳动创造了价值和剩余价值，从而揭示出剩余价值的源泉，使这一经济学史上从未解决的问题，得到了圆满、彻底的解决。可见，劳动二重性理论为科学阐明剩余价值生产理论提供了依据。

（三）劳动二重性学说为理解一系列经济范畴和经济规律创造了前提条件

劳动二重性学说不仅使马克思的劳动价值论及剩余价值生产理论得以创立，而且还是分析资本主义一系列重要经济范畴和经济规律的理论前提。没有劳动二重性学说，就无法区分不变资本和可变资本，而不区分不变资本和可变资本，社会总产品就不能在价值上分为不变资本、可变资本和剩余价值三部分，社会资本再生产理论也无法说明；同时，没有劳动二重性学说，不区分不变资本和可变资本，也就不能建立资本有机构成学说，从而一系列范畴，如：平均利润、生产价格、资本主义地租等，必然不能得到确切的说明。可见，劳动二重性学说为理解几乎所有资本主义经济范畴及经济规律创造了理论前提。

总之，由于马克思发掘和论证了劳动二重性学说，才解决并创立了马克思的诸多科学理论，所以，它被马克思称为“理解政治经济学的枢纽”。

二、理论热点问题探讨

劳动价值论

——经济学的一个永恒的话题

《资本论》第一卷阐述了马克思科学劳动价值论的主要内容。“劳动价值论”概括地说是指认为只有人的生产劳动才是创造价值的源泉的观点、理论或学说。马克思的劳动价值论被称为他剩余价值论的理论基石，马克思自己在《资本论》中将劳动价值论中的重要观点——劳动二重性学说，称为是“理解政治经济学的枢纽”。马克思的劳动价值论从它问世的那一天开始就备受关注，引发了无尽的争论，几乎成为经济学界一个永恒的话题。由中央直接号召而引发的关于劳动和劳动价值论的大讨论，被人们界定为是我国国内第五次劳动价值论的大讨论。这里谈谈对中央发动研讨劳动价值论原因的再认识、对讨论涉及到的几个现实问题及尚需深入思考的问题的浅见。

（一）中央缘何在改革开放中提出要“深化对劳动和劳动价值论”的认识

要说清中央号召讨论的目的，需简单回顾历次争论，这里的着眼点在国内。

1. 对国内历次争论的简单回顾

作为马克思剩余价值论理论基石的劳动价值论，在我国历史上曾引发过多次争论。

简单说来，关于劳动价值论的讨论，最初涉及的是社会主义商品生产和价值规律问题，那是在 20 世纪 50 年代中后期和 70 年代末；后来是以于光远、孙冶方等经济学家为代表就生产劳动和非生产劳动的争论，这发生在20世纪80年代初；20世纪90年代初关于“价值创造源泉”问题的争论人们记忆犹新：代表人物是谷书堂和苏星两位学者，它被称为“谷苏之争”。

最近的、也是规模最大的一次是在中央提出“在新的历史条件下，要深化对劳动和劳动价值论的认识”以后，这也是这次争论与以往争论的最大不同：以前是学者们的不同意见的交锋；这次是中央引发的学习、探讨热潮。

2. 从一般层面上看中央提出深化对劳动和劳动价值论认识的原因

“每个原理都有其出现的世纪。例如，权威原理出现在11世纪，个人主义原理出现在18世纪”。[①] 理论来源于实践，随着实践的发展而发展。

一般说来，任何理论都是要发展的，而社会科学理论的每一次发展，都有其社会历史原因，该原因大体上要由三方面决定：一是社会对发展的要求，即社会的发展要求发展理论，目的是为发展和变化了的客观形势服务。这就要求理论要更加符合客观实际、更加有利于人民大众利益的实现。二是为既定的社会现实经济结构寻找足够的理论基础和恰当的依据。三是在理论上为已经变化了的社会阶级（阶层）结构，特别是社会新兴阶级（阶层）的利益要求提供理论说明。[②]

以此为依据来分析中央提出的深化认识会发现，这样的号召就是源于出现了“新的历史条件”。这个“新的历史条件”“新”在三大变化上：即与马克思恩格斯所处时代相比，科学技术发生了突飞猛进的进步；资本主义在其生产关系尚能容纳的情况下，生产力得到了巨大发展；世界上出现了社会主义制度乃至社会主义市场经济体制。于是，科技的发展使劳动形态和商品形式、财富构成发生了重大变化，它必然引发到底都有哪些行为算作劳动、可以创造价值？如何理解资本、科技等生产要素与财富和价值创造的关系？社会主义市场经济条件下资本、科技等生产要素缘何参与分配？社会主义基本经济制度的确立又必然引发该怎么看与公有制并存的其他经济成分及其新的社会成员？怎样看待社会主义市场经济条件下存不存在剥削现象？还有在这种情况下，该如何对待劳动、劳动者甚至劳资关系？如何在更大程度上解放和发展生产力？凡此种种，便尖锐地摆到了我们面前，需要做出科学的回答。

---

① 马克思：《哲学的贫困》，《马克思恩格斯选集》第1卷，第106页。

② 参见李省龙：《马克思主义劳动价值论及其现实意义》，《中央党校讲稿》2005.3.21。

3. 从深层次上看中央提出深化对劳动和劳动价值论认识的原因

马克思主义理论宝库内容极其丰富，中央为什么偏偏提出要深化对劳动和劳动价值论、而不是其他理论的认识呢？这里面显然有着深层次的原因。

仔细分析可以看出，上述问题，尤其是由社会主义市场经济引发的问题，涉及的都是基本经济制度的问题，它是市场化取向改革深入到一定阶段必然会出现的问题。体制的转轨与制度的变迁是不可割裂的，体制转轨必然要深化到制度变迁上，即：改革不仅是体制上转轨，而且是社会主义制度的自我完善。由于基本制度发生变化，容易引起姓“资”姓“社”的争论，所以基本经济制度变化的影响必然深远，提出的也是人们最敏感的问题。说明制度的变化不能靠运行层次的理论去解释，而必须用基本理论进行说明，做出解释。如果没有对基本理论的探讨，就不会形成广泛的共识。因为只有基本理论才是解释制度的合理性、进步性和优越性的理论，换言之，科学的理论就是解释这个制度的内在规律，使人懂得这一制度的发展的客观必然性。理论必须提前说明制度的变迁是合理的。而制度发展的优越性、合理性应表现在能够解放和发展生产力。毫无疑问，马克思的劳动价值论就是属于基础理论的内容。

总之，这次劳动价值论要讨论：马克思的劳动价值论能不能解释社会主义与市场经济的结合问题；目的在于说明社会主义市场经济到底应该由什么基本理论来解释的问题。这就是笔者理解的劳动价值论讨论的理论背景。

一位西方学者曾经说过：对于马克思，不论你赞成他也好，漠视他也好，反对他也好，只要碰到必须解决的社会、历史问题，就不能不向他请教。我国有的学者这样说：马克思从一开始就把整个地球，把地球上的经济形态、生产关系、科学技术、人的思维，以及这个世界上的哲学等，全部做了他的研究对象。他要为世界究出个道理，理出个头绪。他是如阿基米得或者像中国的老子那样的哲人……毫无疑问，作为将马克思主义作为指导思想的中国共产党人，在涉及到这类大问题时，当然、也必然要向研究社会发展规律的大家——马克思请教。

（二）这次争论的特点、热点与达成的共识是什么

这次的探讨有两个鲜明的特点：一是从深化对当代劳动的认识入手，探讨新的劳动形式的特点等问题；二是结合新的实际，围绕社会主义市场经济条件下价值的源泉问题，提出了多种不同观点和见解。

鉴于源泉问题是最基本的理论问题，这里主要谈谈对价值源泉的争论。对这次国内争论，有学者归结为，出现了“替代论”、“过时论”和“要素论”。争论的焦点是：非劳动要素如资本、土地等是否同劳动要素一样，也是价值的源泉？

笔者认为，马克思主义经济理论的核心是劳动价值论。否定了劳动价值论就是否定了马克思主义的政治经济学理论，而否定了政治经济学理论，马克思主义也就失去了科学性。所以，我们要高度重视这个问题，认真对待。

当然，这里首先需要说明的是，在我国赞成或提出其他价值论的同志的目的，与资产阶级经济学家出于推翻马克思主义而否定劳动价值论是有着根本区别的。此外，马克思劳动价值论中也确有让人感到费解，或者至今让人不能做出很有说服力的论证的地方，如有的学者①已经指出的：土地的好坏决定农产品的多少与好坏，在好地上农民并没有付出更多的劳动，多出的产量进而多出的农产品价值是谁创造的？又如：马克思说：“生产力特别高的劳动起了自乘的劳动的作用，或者说，在同样的时间内，它所创造的价值比同种社会平均劳动要多”。② 这“多”出来的价值来自何方？还有花几元钱买的树苗，种了数年后成材，买树苗的人收益会大大高于树苗费用，价值论如何解释？③ 尽管对上述问题人们均有些“说法”，但深究起来总有不尽如人意之感。

对上述问题笔者的浅见是：马克思分析价值的目的是在于强调价值是商品的社会属性，体现的是商品生产者之间的关系，他提出劳动价值论的目的，在于说明“究竟是谁养活了谁”的揭示剥削的问题，换言之，马克思的劳动价值论是具有鲜明的阶级性的理论学说。正因为如此，马克思的着眼点更多的恐怕是在揭示生产关系的性质，对于一些涉及到如何计算价值量等具体层面的事宜，他没有、也没打算过多关注。

尽管如此，笔者还是主张马克思的劳动价值论没有过时、不同意“要素价值论”的观点。这是因为，“要素价值论”已经有近200年的历史了，它本身并不是新东西。马克思对要素论的批判至今是正确的：主张要素论的人们完全等同了劳动要素与非劳动要素；混淆了使用价值、财富的源泉与价值的源泉；具体劳动和抽象劳动；同一劳动过程中旧价值的转移与新价值的创造；此外，他们还混淆了价值创造理论和收入分配理论。

---

① 参见卫兴华：《价值理论研究中的热点难点问题探讨》，《理论动态》2003年11月30日第1618期。

② 马克思：《资本论》，《马克思恩格斯全集》第44卷，人民出版社2001年版，第370页。

③ 参见卫兴华：《价值理论研究中的热点难点问题探讨》，《理论动态》2003年11月30日第1618期。

支撑笔者观点的另一理论依据是中央的指示精神："尊重劳动、尊重知识、尊重人才、尊重创造。"[①] 从而实现"让一切劳动、知识、技术、管理和资本的活力竞相迸发，让一切创造社会财富的源泉充分涌流，以造福于人民"。[②] 这就是说，中央这次讨论的目的是要强调劳动、劳动者，而非强调非生产要素；是要尊重劳动、劳动者。解放生产力，第一位的是不断解放劳动、劳动者；发展生产力，是要不断提高劳动者素质和劳动效率。根本目的在于解放劳动、劳动者，因为劳动者的创造能力，是人类社会经济发展的根本动力和源泉。如果物化劳动创造价值，就意味着资本创造价值，也就意味着物质财富统治人、资本统治人是合理的，也就没有什么劳动解放、人的解放了。当然，要保护劳动权，同样也要保护非劳动生产要素权，限制生产要素、破坏生产要素就是限制生产本身，也是破坏生产力本身。[③]

总之，马克思对价值不仅有它是抽象劳动的凝结，更有它是一种商品生产者之间的关系的界定，所以这里一个物质要素的分子都没有。同时，无论我们的观点有何不同，都应统一到正确认识中央让全党学习劳动价值论目的上，即中央强调的是"尊重劳动、尊重知识、尊重人才、尊重创造"，强调的是解放和发展生产力和经济制度的变迁。

（三）该如何看我国的生产要素参与分配

在劳动价值论讨论中，这一问题不断被人提及，这是因为马克思"按资分配"是剥削的论断早已深入人心所致。

首先，从理论上讲生产要素为什么可以参与分配？

生产要素之所以可以参加分配，从理论上讲源于两点：

一是因为决定分配的是所有制关系。马克思在剩余价值学说史中曾经指出："按照我们所谈的理论，对于自然对象如土地、水、矿山等的私有权，对于这些生产条件，对于自然所提供的这种或那种生产条件的所有权，不是价值的源泉，因为价值只等于物化劳动时间；这种所有权也不是超额剩余价值即无酬劳动中超过利润所包含的无酬劳动的余额的源泉。但是，这种所有权是收入的一个源泉。"[④] 他还强调："土地所有权和资本，对于它们的所有者来说，是收入的源泉，也就是说，使它们的所有者有权占有劳动创造的价

---

① 本书编写组：《十六大报告辅导读本》，人民出版社 2002 年版，第 14 页。

② 本书编写组：《十六大报告辅导读本》，人民出版社 2002 年版，第 14 页。

③ 参见李铁映：关于劳动价值论的读书笔记，《理论动态》第 1699 期。

④ 马克思：《剩余价值理论》第 3 册，《马克思恩格斯全集》第 26 卷Ⅱ，人民出版社 1975 年版，第 36 页。

值的一部分，……”① 这便清晰地说明了所有权与参与分配的因果关系：谁投资、谁收益。

二是因为在价值的形成、使用价值——财富的创造中，生产要素也发挥了作用。

马克思在《资本论》中对此给予了应有的肯定。这不仅表现在他对“资本”的界定：资本是能够带来价值的价值，既然如此，不变资本作为“资本”，当然也是“能够带来价值”的；这一肯定还表现在他的明确论述：“虽然只有可变资本部分才能创造剩余价值，但它只有在另一些部分，即劳动的生产条件也被预付的情况下，才会创造出剩余价值。”② 还有他的著名论断，“生产力特别高的劳动，起了自乘的劳动的作用，或者说，在同样的时间内，它所创造的价值比同种社会平均劳动要多”。③ 可见，生产要素（这里仅指不变资本）不仅是创造财富的必要条件，也为价值形成之必须，这种不可或缺性导致它在经济上必然要求得以实现——参与分配。

其次，马克思为什么认为按资分配是剥削？

马克思主义认为，分配关系不过表示生产关系的一个方面。马克思尽管论述了按资分配有它存在的理由，但这绝不是说资产阶级凭借他们对资本、土地等生产要素参与分配是合理的，我们必须坚持资本主义按资分配的剥削性质。说它是剥削首先是因为，资本主义条件下的按资分配，是资本关系存在的必然结果，而“资本关系以劳动者和劳动实现条件的所有权之间的分离为前提。”④“直接从事生产的人日益被剥夺”⑤ 是资本主义生产方式的起点和目的。同时，“对直接生产者的剥夺，是用最残酷无情的野蛮手段，在最下流、最龌龊、最卑鄙和最可恶的贪欲的驱使下完成的。”⑥ 这个过程可以这样概括：“劳动条件和生产者之间的分离，形成资本的概念；这种分离从原始积累（第 1 册第 24 章）开始，然后在资本的积累和积聚中表现为不断的过程，最后表现为现有资本集中在少数人手中和许多人丧失资本（现在剥夺正向这方面变化）。”⑦ 简言之，这种剥夺的历史是用血和火的文字载入人

① 马克思：《马克思恩格斯全集》第 33 卷，人民出版社 2004 年版，第 72 页。
② 马克思：《马克思恩格斯全集》第 46 卷，人民出版社 2003 年版，第 50 页。
③ 马克思：《马克思恩格斯全集》第 44 卷，人民出版社 2001 年版，第 370 页。
④ 马克思：《马克思恩格斯全集》第 44 卷，人民出版社 2001 年版，第 821 页。
⑤ 马克思：《马克思恩格斯全集》第 46 卷，人民出版社 2003 年版，第 244 页。
⑥ 马克思：《资本论》，《马克思恩格斯全集》第 44 卷，人民出版社 2001 年版，第 873 页。
⑦ 马克思：《资本论》，《马克思恩格斯全集》第 46 卷，人民出版社 2003 年版，第 275 页。

类编年史的。说它是剥削其次还在于，马克思以他的科学的劳动价值论为基础，揭示出劳动是价值的唯一源泉。他在人类历史上第一次区分了不变资本与可变资本，指出只有可变资本才是价值和剩余价值的源泉。最后说它是剥削还因为，马克思分析了资本的积累过程，指出只要把生产当作连续不断的过程来考察，就会消除资本家用来从事生产或经营所预付的资本是他们自己的财产的假象：从再生产过程看，工人得到的工资，不过是自己以前生产的产品；即使资本家最初的资本是从其他地方挣得的，但他们会坐吃山空，这些资本迟早也会完全变成积累起来的剩余价值，因而，是工人创造了剩余价值、可变资本直至全部资本。这就揭示出资本家借以参与分配的生产要素实际上是用剥削来的东西去占有更多的东西。正因为如此，马克思一针见血地指出："资本来到世间，从头到脚，每个毛孔都滴着血和肮脏的东西"。①

最后，该如何看待我国的按生产要素分配？

对社会主义的按生产要素分配的性质要做具体的划分。在社会主义市场经济中，存在着三种不同的投资：一是公有资本（国有、集体和混合经济中的国有、集体资本），二是个人资本，三是私有资本。公有资本的收益是取之于民用之于民，当然合理合法，没有剥削性质；一般劳动者的投资收入（如利息、股息、债息等），属于劳动者创造的剩余产品价值的一种再分配，也不在剥削之列；国内外私营企业主的收入，其中一部分属于他们可能参加的劳动收入以及风险收入，另一部分依照马克思剩余价值理论则属于无偿占有的剥削收入。

（四）需要进一步思考的话题是什么

从事《资本论》教学与研究的学者们都熟知，对劳动价值论多年争论涉及到的理论本身的问题主要有：价值的源泉到底是什么？如何理解社会必要劳动时间的二重含义？生产劳动和非生产劳动该如何划分？怎样看待价值的转型（价值和生产价格）问题，等等。这些问题至今是见仁见智，它们都有进一步研究和思考的必要，而笔者认为，结合国内实际，对劳动价值理论研究中引发出的需要思考的内容，应该给予格外的关注，即：现在似应提出该如何正确对待现阶段实际上存在于社会主义社会中的劳资关系问题。

应该看到，劳动者的劳动和资本所有者的资本（科技在固定资本中）至今一直是生产力发展的最重要的因素。资本主义条件下，雇佣劳动与资本的结合是对立关系，马克思曾形象地描述过资本所有者在劳动力市场上买到工

① 马克思：《资本论》，《马克思恩格斯全集》第44卷，人民出版社2001年版，第871页。

人后，资本家与工人的不同心情："原来的货币的所有者成了资本家，昂首前行；劳动力所有者成了他的工人，尾随于后。一个笑容满面，雄心勃勃；一个战战兢兢，畏缩不前，象在市场上出卖了自己的皮一样，只有一个前途——让人家来鞣。"① 毫无疑问，这种生产关系一直是我们所摈弃的。而原有计划经济条件下劳动者与生产资料的结合，我们曾在理论上将其称为是"直接的结合"，然而由于它与我们实际的生产力发展水平不相匹配等多种原因的存在，致使这种所谓的"直接的结合"，不仅没有使生产的发展达到预期的高效率，反而在许多时候造成低效率乃至无效率！今天，我们的任务是要找到劳动与资本的有效结合形式，这就要求我们既要认清劳动与资本的区别；也要注重二者的协调。要把生产力得到发展、劳动者地位和生活水平得到提高作为我们的出发点。要尊重劳动、劳动者；同时，也要保护资本及其所有者的正当权益。为此，我们党需要重新塑造社会主义初级阶段的劳资关系，并对党的政策做出相应协调。

这里还要指出，由于现阶段存在由要素分配等原因造成的收入差距的拉大，所以要特别注重公平问题，注重公平的要点是起点公平、机会均等。目前则应着力在公共保障、公共安全、公共教育、公共卫生等"公共领域"的建设中做文章，简言之，要做大做好"公益"，做好社会保障，这是解决和谐社会的经济基础问题。"发展而能共享、多元而能共容"应是我们的目标。

可见，面对社会的发展、时代的前进，马克思的劳动价值论及其引发的相关理论也要与时俱进。人们对劳动价值论——经济学界这一永恒话题的讨论还会继续，学者们的思考也不会停止。

① 马克思：《资本论》，《马克思恩格斯全集》第44卷，人民出版社2001年版，第205页。

第二章 资本和剩余价值

一、原著的基本脉络

/// 第二章简介 ///

资本与剩余价值理论介绍的是《资本论》第一卷第二至六篇的内容。

《资本论》第一卷第二至六篇是第一卷的主要内容。它在第一篇劳动价值论的基础上，着重分析剩余价值的生产理论，其核心是揭示资本主义剥削的秘密。

原著第二至六篇共 14 章。第二篇“货币转化为资本”说明资本产生的条件和资本的本质。马克思分析了货币这个资本主义生产的最一般的条件，是在什么样的条件下转化为资本的，它为以后各篇研究剩余价值的生产提供了理论基础。第三至五篇考察资本主义的生产过程，它揭示了剩余价值的真正来源、分析了绝对剩余价值生产和相对剩余价值生产是资本家剥削剩余价值的基本方法。第六篇“工资”研究资本主义工资的本质和形式，进一步说明资本主义剥削的特点，因马克思的工资理论使资产阶级颠覆剩余价值理论大厦的企图彻底破灭，所以这一篇使剩余价值生产理论得以最终完成。

马克思对剩余价值生产理论的研究，运用了科学的抽象法：他从资本主义剥削的现象出发，坚持从一般到特殊的逻辑秩序，运用科学的抽象，将剩余价值一般作为一个独立的基本范畴来考察，从而避免了在他以前的经济学家只考察地租、利润、利息等剩余价值的特殊形式、最终不能揭示剩余价值内涵的错误，这就为从本质到现象地揭示出资本主义的剥削关系，创立科学的剩余价值理论，提供了方法论基础。

《资本论》第一卷第二至六篇考察的剩余价值生产理论，是第一卷的主体理论。恩格斯曾说过，《资本论》的整部书都是以剩余价值为中心的，而作为剩余价值流通、分配理论基础的剩余价值生产理论，无疑在《资本论》中有着重要地位。

/// 第二章内容要点 ///

（一）剩余价值生产的前提条件

劳动力成为商品，是货币转化为资本、剩余价值得以生产的前提条件。马克思在原著第二篇中分三节阐明了这一问题。

1. 资本的总公式

货币是资本的最初和一般表现形式。资本家的经济活动大都从货币的投放开始。也就是说，资本总是首先表现为一定数量的货币。但是，货币本身并不就是资本，它只是在一定的经济和历史条件下才转化为资本。

作为资本的货币和作为商品流通媒介的普通货币，在静止状态是无法辨别其区别的，但只要考察它们的运动，它们的区别便立即显现出来了。

首先它们具有不同的流通公式：作为商品流通媒介的普通货币，其流通公式为：商品—货币—商品，即 W—G—W；作为资本的货币，其流通公式为：货币—商品—货币，G—W—G。商品流通公式和资本流通公式虽然都包含着买和卖两个流通阶段，但商品流通公式的起点和终点是商品，表现为为买而卖，其经济内容是价值量相等、使用价值不同的商品相交换，运动的目的在于换取生产消费或生活消费所需要的使用价值，这是简单商品流通。货币在这里是作为购买手段，起商品交换媒介的作用。资本流通公式的起点和终点是货币，表现为为卖而买。其经济内容是用货币购买商品，然后把商品卖掉，重新换回货币。为了使 G—W—G 这一公式有意义，货币所有者从流通中取回的货币量就要多于他投入的量。因此，资本流通公式的完整形式应该是：G—W—G′，其运动的目的是为了交换价值，为了获取更多的货币。在这里，G′不仅包含货币额，而且包含着货币的增殖额。“这个增殖额或超过原价值的余额叫做剩余价值。”（23. 172）正是以价值增殖为目的的无限运动，使货币变成了资本。资本是能够带来剩余价值的价值。“作为这一运动的有意识的承担者，货币所有者变成了资本家。”（23. 174）

G—W—G′（为卖而买）的公式反映了各种形态的资本运动的共同目的，因而，它是资本运动的总公式。

2. 总公式的矛盾

G—W—G′表明，货币转化为资本是以价值增殖为特征的。交换的结果产生了剩余价值，这是与“前面阐明的所有关于商品、价值、货币和流通本身的性质的规律相矛盾的。”（23. 177）那么，这个增殖额即剩余价值是从哪里产生的呢？

首先，剩余价值不能在流通中产生。在资本总公式中，剩余价值表现为两个流通行为的结果，它似乎是在流通中产生的。但是，在流通中，如果按照等价交换的原则进行，显然不能产生剩余价值；如果是不等价交换，同样也不能产生剩余价值。这是因为，一个商品生产者或许可以高于价值出卖自己的商品，或者低价购买别人的商品，从而获取剩余价值，但别的商品生产者也会这样做，其结果，各自获得的剩余价值就会互相抵消。即使有的人善于投机取巧，但这只是既定价值量分配的改变：一方的所得，正是另一方的所失，流通中的价值总量并没有发生变化。因此，剩余价值是不能从流通中产生的。

其次，剩余价值又不能离开流通过程。因为商品生产者只有在流通领域内才互相发生关系，就是说，流通是商品生产者全部关系的总和。在流通以外，商品所有者只同他自己生产的商品发生关系。这种关系只是表明他的商品中包含着按一定社会规律计量的劳动量。这个包含在商品中的劳动量，不可能既表现为他的商品的价值量，同时又表现为价值的增殖额。可见，在流通过程之外，剩余价值也不能产生。

综上所述可以看出，剩余价值不能在流通中产生，又不能离开流通。解决资本总公式的矛盾，“货币转化为资本，必须根据商品交换的内在规律来加以说明，因此等价物的交换应该是起点。”（23. 188—189）既要遵守等价原则，又要让资本家在过程终了时取出比他投入的价值更大的价值，那就必须找到一种特殊商品，这种商品在使用时能够创造价值，并且能够创造比自身更大的价值。这种特殊商品就是劳动力。

3. 劳动力的买和卖

①劳动力的概念。

劳动力就是人的劳动能力，是人们生产某种使用价值时所运用的体力和智力的总和。劳动力存在于活的人体中，它是商品生产不可或缺的最基本的要素。

②劳动力成为商品的条件。

劳动力成为商品，不是从来就有的，也不是一般商品经济的产物，它是在一定的历史条件下才形成的。马克思指出，劳动力要成为商品，必须具备两个条件：一是劳动者在法律上具有人身自由，有权支配自己的劳动力，能把它作为商品来出卖；二是劳动者除了自己的劳动力以外，一无所有，只能靠出卖劳动力为生。“而单是这一历史条件就包含着一部世界史”，（23. 193）因为这两个条件是在封建社会末期小商品生产者两极分化的基础上逐渐形成的。在资本主义原始积累过程中，对小生产者进行的残酷的暴力剥夺，大大加速了这些条件的形成。

③劳动力商品的价值和使用价值。

劳动力作为商品，和其他商品一样，也具有价值和使用价值。

劳动力商品的价值是由生产和再生产劳动力的社会必要劳动时间决定的。由于劳动力存在于劳动者的体内，因此，它的再生产要以劳动者的正常生存为前提。劳动者的生存需要一定量的生活资料，所以，劳动力的价值可以还原为生产和再生产劳动力所需要的生活资料的价值。劳动力的再生产过程，不仅包括本人的再生产，还包括生育后代以及对劳动技能的培养。所以，劳动力的价值由三个部分组成：劳动者本人生产和再生产劳动力所需要的生活资料的价值；劳动者养育后代所必须的生活资料的价值；劳动者必要的教育和训练费用。与一般商品不同，劳动力商品的价值决定，还包含着一个历史和道德的因素。这表现在：由于气候及自然条件的不同，尤其是经济和文化发展水平的不同，不同国家或同一国家的不同时期，劳动者平均必要的生活资料的范围和数量必然存在差别。

劳动力商品具有特殊的使用价值，这就是它是价值和剩余价值的源泉。劳动力的使用过程就是劳动过程。劳动力在使用过程中，不仅能够创造价值，而且能够创造出比它自身价值更大的价值。资本家购买劳动力，正是看中了它的这种特殊的使用价值，并通过对它的使用生产剩余价值。

劳动力的买卖是在流通领域进行的。这一买卖过程是按照商品等价交换原则进行的。但是，当劳动者和资本家离开流通领域进入生产领域时，表面的“平等”、“自由”关系的虚伪性则暴露无遗。劳动者完全由资本家支配，劳动者只有一个前途：让资本家剥削。由此，资本总公式的矛盾既在流通中、又不在流通中解决了。

（二）剩余价值的源泉

资本家购买了劳动力，只是为生产剩余价值提供了前提，要真正生产出剩余价值必须通过生产过程。资本主义生产过程的特点在于：它是劳动过程和价值增殖过程的统一。

1. 劳动过程和价值增殖过程

①劳动过程。

劳动过程是劳动者通过有目的的活动，运用劳动资料对劳动对象进行加工，改变自然的物质状态，创造某种使用价值的过程。在劳动过程的简单要素：有目的的活动或劳动本身、劳动对象和劳动资料中，劳动是首要的、能动的因素。劳动过程作为人与自然之间物质变换的一般条件，是一切社会所共有的。

劳动过程总是存在于一定的生产关系之中的，这就产生了一定条件下的劳动过程的特殊性。劳动过程，就它是资本家消费劳动力的过程来说，显示出两个特点：第一，工人的劳动属于资本家，工人不是为自己劳动，而是在资本家的监督下为资本家劳动。第二，劳动产品不归直接生产者工人所有，而归资本家所有。这两个特点，决定了资本主义制度下的劳动具有极大的强制性，对工人是一种沉重的负担。

②价值增殖过程。

在劳动中，资本家让工人生产使用价值，而他之所以生产使用价值，是因为使用价值是价值和剩余价值的物质承担者。资本家唯一关心的是生产出来的商品的价值要大于生产该商品时所消费的生产资料和劳动力价值的总和，即生产出剩余价值。简言之，资本主义生产过程“不仅要生产使用价值，而且要生产价值，不仅要生产价值，而且要生产剩余价值。”(23.211)所以，资本主义生产过程，不仅是生产使用价值的劳动过程，同时又是价值形成和价值增殖过程，是剩余价值的生产过程。

价值是怎样增殖的呢?

为说明价值增殖过程，必须先考察价值形成过程。以纺织厂为例：假定一个劳动力的日价值为 3 元，纺织工人用 6 小时劳动就可以创造出这 3 元的价值。再假定纺织工人在 6 小时内消耗价值 10 元的 10 斤棉花和价值 2 元的纱锭、机器等，共消耗生产资料的价值为 12 元。在生产过程中，工人以纺纱这种特殊形式的具体劳动将 10 斤棉花纺成了 10 斤棉纱，棉花和纱锭等生产资料被消费了，但它们并没有丧失，而是通过纺纱工人合乎目的的有用劳动变成了新的使用价值——棉纱，这样，包含在消耗掉的棉花和纱锭等中的价值就由工人的具体劳动转移到棉纱中，成为新产品棉纱的一个组成部分。纺织工人在纺纱时支出了一定量的劳动，这些劳动作为抽象劳动被凝结在棉纱中，成为新产品棉纱价值的另一个组成部分。这是在纺纱过程中工人新创造的价值。根据上面的假定，工人在 6 小时就可以创造出 3 元的价值，因此，工人在 6 小时内纺成的 10 斤棉纱，其价值为 15 元，其中包括生产资料的转移价值 12 元和工人在 6 小时内创造的新价值 3 元。但资本家为生产 10 斤棉纱所预付的资本价值也是 15 元。这样，他卖出 10 斤棉纱得到的收入同他的支出相等，价值没有增殖。这便是商品价值的形成过程。

但是，资本主义生产的目的是为了获取剩余价值，因此，资本主义的生产过程必须是价值增殖过程。使价值形成过程变为价值增殖过程的关键，在于资本家购买的劳动力具有特殊的性质：即劳动力的价值和劳动力在劳动过程中所创造的价值，是两个不同的量。尽管工人劳动 6 小时就能再生产出劳动力价值的等价，但资本家购买的是工人一天的劳动力，他会强迫工人劳动更长的时间，比如 12 小时。在 12 小时中，工人可纺纱 20 斤，为此所消耗的生产资料价值相应地由 12 元增加到 24 元，同时，工人 12 小时的劳动创造了新价值 6 元。这样，20 斤纱的总价值等于由工人具体劳动转移过来的生产资料的价值 24 元加上工人劳动 12 小时创造的新价值 6 元，共计 30 元。但资本家为此付出的资本仅 27 元。这增殖的 3 元就是剩余价值。这样，价值形成过程就变成了价值增殖过程，可见，价值增殖过程不外是超过一定点的价值形成过程。剩余价值就是由雇佣工人创造的而由资本家无偿占有的超过劳动力价值以上的价值。它用 M 来表示。

2. 不变资本和可变资本

资本家为了进行生产，必须把他的资本分为两部分：一部分用来购买生产资料，另一部分购买劳动力。价值增殖过程表明，生产资料和劳动力作为资本中的不同部分，在价值增殖中起的作用是不同的。马克思据此将它们区分为不变资本和可变资本。

所谓不变资本是以生产资料形式存在的那一部分资本。它的价值在生产过程中是作为既存的价值转移和保存到新产品当中的，其价值量不发生变化。不变资本用 C 来表示。所谓可变资本是以劳动力形式存在的那部分资本。它在生产过程中会改变自己的价值量，实现价值增殖。可变资本用 V 来表示。不变资本价值的转移和可变资本价值的再创造，是通过劳动的二重性实现的。当工人的劳动作为具体劳动把生产资料的旧价值转移到新产品上并保存下来的同时，又作为抽象劳动每时每刻形成追加的价值，形成新价值。

根据资本的不同组成部分在剩余价值生产中的作用，将资本区分为不变资本和可变资本，具有重要意义。这是因为这种区分不仅进一步揭示了剩余价值的源泉是雇佣工人的劳动，而且为确定资本家对工人的剥削程度提供了可靠的依据。恩格斯曾高度评价了这一区分："这个区别提供了一把解决经济学上最复杂的问题的钥匙。"（24.22）

3. 剩余价值率

对剩余价值的考察，不仅应揭示它的质的规定性，即它是雇佣工人创造的被资本家无偿占有的价值，还应注意到它的量，即资本家对雇佣工人的剥削程度。既然剩余价值只是由可变资本创造的，因而，在确定资本家对工人的剥削程度时，就要把剩余价值与可变资本相比较。马克思将剩余价值与可变资本的比率，叫做剩余价值率。其计算公式为：

$$剩余价值率（M'）=\frac{剩余价值（M）}{可变资本（V）}$$

剩余价值率还可以用另一种形式来表示。马克思将工人的全部劳动时间分为两部分：一部分生产劳动力的价值，或者说只是生产他所必须的生活资料的价值，并用这部分新创造的价值来补偿预付的可变资本的价值。这部分劳动时间，称为必要劳动时间。另一部分劳动时间为资本家生产剩余价值，称为剩余劳动时间。它表明，只要资本家把雇佣工人的劳动时间延长到必要劳动时间以上，剩余价值就一定会生产出来。所以，工人在剩余劳动时间内进行的剩余劳动，是剩余价值的唯一源泉。由于可变资本是由工人在必要劳动时间内用必要劳动生产的，剩余价值是由工人在剩余劳动时间用剩余劳动创造的，所以，剩余价值率也可以用剩余劳动与必要劳动之比来表示，用公式表示就是：

$$剩余价值率（M'）=\frac{剩余劳动}{必要劳动}=\frac{剩余劳动时间}{必要劳动时间}$$

剩余价值率是劳动力受资本剥削的程度或工人受资本家剥削程度的准确表现。

基于不变资本和可变资本的划分以及剩余价值的生产，可以把商品的价值划分为三个组成部分：不变资本 C、可变资本 V 和剩余价值 M。

（三）剩余价值的生产方法

剩余价值的生产，是资本主义生产的直接动机和唯一目的，是资本主义的实质。资本家作为人格化的资本，必然要加强对工人的剥削，而实现这一目的的基本方法，是进行绝对剩余价值的生产和相对剩余价值的生产。

1. 绝对剩余价值的生产

①绝对剩余价值的概念。

在资本主义制度下，雇佣工人的工作日由必要劳动时间和剩余劳动时间两部分组成。工人的剩余劳动是剩余价值的唯一源泉。资本家要获得剩余价值，就必须把工人的劳动时间延长到必要劳动时间以上。“把工作日延长，使之超出工人只生产自己劳动力价值的等价物的那个点，并由资本占有这部分剩余劳动，这就是绝对剩余价值的生产。”（23. 557）

绝对剩余价值生产的主要手段是延长劳动时间，但它也可以通过提高劳动强度来获得，例如，十个小时工作日中一个较紧张的小时，同十二小时工作日中一个较松弛的小时相比，会包含相同的或更多的劳动。

绝对剩余价值的生产是资本主义体系的一般基础，它一般是与低水平的生产技术条件相联系，因此，它在资本主义初期的剩余价值生产中占主导地位。

②工作日的限制与围绕工作日展开的斗争。

资本家为了榨取更多的剩余价值，总是尽量延长工作日。工作日的长度不是固定不变的，但它只能在一定的界限内变动。资本主义生产的本质决定了工作日的最低界限不能等于必要劳动时间，而它也不能无限制的延长，它有生理和道德的界限，也就是说，工人在一天 24 小时中必须要有吃饭和睡眠的时间，还要有一定的时间料理家务、抚育子女及参与社会活动。由于资本家是资本的化身，所以他总是竭力延长工作日，使工作日的长度不仅突破道德界限，而且突破生理界限。工人"'只要还有一块肉、一根筋、一滴血可供榨取'，吸血鬼就决不罢休。"（23.334－335）工人阶级为了维护自己的利益，围绕工作日的长度，与资产阶级进行了长期不懈的斗争，工作日的实际长度取决于无产阶级与资产阶级之间阶级斗争的力量对比。

2. 相对剩余价值的生产

①相对剩余价值的概念及形成。

依靠延长工作日来榨取剩余价值，不仅总有限度，而且会遭到工人阶级的强烈反对，因而，随着资本主义的发展，资本家更多地是采取相对剩余价值的剥削方法。"通过缩短必要劳动时间、相应地改变工作日的两个组成部分的量的比例而生产的剩余价值，叫做相对剩余价值。"（23.350）也就是说，在工作日长度不变的情况下，只要必要劳动时间缩短了，剩余劳动时间就会相对延长，从而生产出更多的剩余价值。这是一种更加隐蔽的剥削方法。

由于必要劳动时间是再生产劳动力价值的劳动时间，因此，要缩短必要劳动时间，就要降低劳动力的价值，而劳动力的价值是由工人所需要的生活资料的价值决定的，所以，要降低劳动力的价值，关键在于降低生活资料的价值。

商品的价值量是同生产商品的社会劳动生产率成反比的。要降低生活资料的价值，就必须提高生活资料的生产部门和与之有关的生产资料生产部门的劳动生产率，使生活资料单位商品中凝结的社会必要劳动量减少。一旦这些生产部门的劳动生产率普遍提高，生活资料的价值就会降低，劳动力的价值也就随之降低。于是，必要劳动时间就会缩短，剩余劳动时间就会相应延长，相对剩余价值就能得以产生。可见，相对剩余价值的生产是整个社会劳动生产率提高的结果。

相对剩余价值在资本主义的现实经济生活中，是通过个别企业追逐超额剩余价值而实现的。由于商品的价值由生产该商品的社会必要劳动时间决定，所以，如果个别资本家首先采用新技术，使他的个别劳动生产率高于社会水平，其商品的个别价值就会低于社会价值，而市场上的商品是按社会价值决定的，于是，采用新技术的资本家就能获得个别价值低于社会价值的差额，即超额剩余价值。对剩余价值的贪欲和竞争，使其他资本家也竞相采用新技术，新技术普及的结果是该部门劳动生产率的提高，而这又带来该部门商品社会价值的下降，于是，这个超额剩余价值就会消失。但另一些企业又会采用更先进的技术，进一步提高劳动生产率，并在新的基础上获得超额剩余价值。正是在这种追逐超额剩余价值的竞争中，资本主义社会各个生产部门的劳动生产率普遍得到提高，从而使生活资料价值下降。这样，工人的必要劳动时间就会缩短，在工作日不变时，剩余劳动时间就会相应延长，从而形成相对剩余价值。

这里还需指出的是，超额剩余价值也是靠必要劳动时间的缩短和剩余劳动时间的相应延长而获得的，因为："生产力特别高的劳动起了自乘的劳动的作用，或者说，在同样的时间内，它所创造的价值比同种社会平均劳动要多。"（23.354）也就是说，在劳动生产率高的场合，再生产同等劳动力价值的必要劳动时间就会缩短，剩余价值则相对增加，所以，超额剩余价值是相对剩余价值的一种特殊形式。

②相对剩余价值生产的三个发展阶段。

资本主义生产的发展，经历了简单协作、工场手工业、机器大工业三个不同的历史阶段。这三个阶段，也是相对剩余价值生产发展的三个阶段。

第一发展阶段：资本主义简单协作。简单协作是指许多劳动者在同一生产过程或不同的但互相联系的生产过程中，在同一资本家指挥下的协同劳动。它是资本主义发展初期的基本生产形式。

同个体劳动相比，简单协作具有许多优点：第一，较多劳动者集中在一起劳动，可以抵消各个劳动者在劳动能力上的差别，使个人劳动具有社会平均劳动的性质；第二，许多人在一起劳动，可以共同使用厂房、设备和使用某些工具、容器等，从而节约生产资料的开支；第三，许多人在一起劳动，可以激发个人的竞争心，提高工作效率；第四，协作劳动可以产生一种集体力，这种力量大大超过劳动者力量的机械总和，等等。在资本主义制度下，这些优点却被资本家无偿占有，成为资本家加强对工人剥削的一种手段，也正因为如此，简单协作是相对剩余价值生产的一个阶段。

协同劳动一定要有管理：“一切规模较大的直接社会劳动或共同劳动，都或多或少地需要指挥，以协调个人的活动，并执行生产总体的运动——不同于这一总体的独立器官的运动——所产生的各种一般职能。一个单独的提琴手是自己指挥自己，一个乐队就需要一个乐队指挥。”（23.367）资本主义管理是具有二重性的：它既具有由社会劳动过程的性质产生并属于社会劳动过程的职能，又具有剥削社会劳动过程的职能。

第二发展阶段：资本主义工场手工业。工场手工业是指以手工操作和雇佣工人的分工为基础的协作。它是随着资本主义的发展，在简单协作的基础上产生的。在欧洲，从16世纪到18世纪末叶的两百年中，工场手工业一直居于统治地位。

工场手工业有两种基本形式：一种是混成的工场手工业，即把不同工种或不同行业的手工业者组织在一个工场里，实行分工协作，共同生产一种产品；另一种是有机的工场手工业，即把同种或同行业的手工业者组织在一个工场里，实行分工，在互相衔接的不同工序上进行操作，共同完成一种产品。后一种形式是工场手工业的完成形式。

生产过程是人的因素和物的因素的结合，在工场手工业内部，由于内部分工，人与物的结合发生了新变化，这些变化引起了劳动生产率的提高。从人的因素看，劳动者变成了局部工人。每个人只从事某种产品制造中的局部操作，“术业有专攻”，这种变化必然会大大提高劳动生产率。从物的方面看，由于局部工人反复从事同一操作，使劳动工具越来越适合于局部工人的专门职能，因而简化、改进和多样化了。劳动工具的日臻完善，不仅会提高劳动生产力，而且为机器的产生创造了物质条件。可见，局部工人及其工具构成工场手工业的简单要素。

工场手工业作为资本主义生产、同时也是相对剩余价值的第二阶段，显现出以下特点：它使社会的生产资料和生活资料越来越多地转化为资本；它使劳动者丧失了全面工作的能力，更加隶属于资本；它发展了脑力劳动和体力劳动的对立，使工人在智力上和身体上畸形化。正因为如此，最初自发形成的工场手工业形式一旦固定下来，就成为资本主义生产方式的有意识、有计划、有系统的形式了。可见，资本主义的工场手工业，“一方面，它表现为社会经济形成过程中的历史进步和必要的发展因素，另一方面，它又是文

明的、精巧的剥削手段。”（23.403）

第三发展阶段：机器大工业。机器大工业是资本主义发展的成熟形式或典型形式，也是相对剩余价值生产的一个新阶段。从工场手工业向机器大工业的转变，是从18世纪的工业革命开始的。

机器体系由工作机、动力机、传动机三个子系统构成。机器大工业的特点是，机器代替手工工具，机器生产代替手工劳动。机器的广泛使用，使资本主义劳动过程发生了革命性的变革：机器生产把巨大的自然力和自然科学并入生产过程，自然力代替了人力，对自然科学的自觉应用代替了从手工劳动的经验中得出的成规，机器本身的协作代替了原先劳动者之间的直接的劳动协作，这一切都从根本上改变了劳动过程的技术条件，大大地提高了劳动的社会化程度和劳动生产力。

由于机器大工业的出现和发展导致的社会劳动生产率的提高，大大降低了商品的价值，从而降低了劳动力的价值，因此，与简单协作和工场手工业相比，机器大工业在质上改变了相对剩余价值生产的技术基础，在量上扩大了相对剩余价值生产的规模和范围，因而是相对剩余价值生产的最重要的手段。正是凭借机器大工业的物质技术基础造就的社会生产力的飞跃发展，才使资本主义生产方式逐步占领了社会的各个领域，最终战胜了封建经济和小商品经济，确立了自己的统治地位。

资本主义使用机器的目的，是为了榨取更多的剩余价值，因此，只有当机器的价值低于所代替的劳动力的价值时，资本家才会使用机器。否则，他宁可使用手工劳动，这是资本主义使用机器的局限性。

在资本主义条件下，机器的应用使资本家获得了巨额剩余价值，同时，它给雇佣工人带来的却是无尽的苦难：机器简化了劳动操作，使资本家能广泛利用女工和童工，从而扩大了资本的剥削范围；机器排挤工人，使失业人口大大增加，这又为资本家加强对在业工人的威胁与剥削提供了条件；机器还是资本家延长工作日和提高劳动强度的有利手段，它使工人备受摧残。简言之，机器的资本主义使用，扩大了资本的剥削范围，提高了剥削程度，使工人成为了机器的奴隶和附属物，这必然在加强资本对劳动的统治的同时，加深无产阶级与资产阶级之间的矛盾和对立。而“一种历史生产形式的矛盾的发展，是这种形式瓦解和改造的唯一的历史道路。”（23.535）

3. 绝对剩余价值和相对剩余价值的生产

在资本主义现实经济生活中，绝对剩余价值和相对剩余价值的生产这两种剩余价值的生产方法，不是截然分开、而是交织在一起的，马克思在分别考察了绝对剩余价值和相对剩余价值生产后，又对它们进行了综合考察。在这一考察中，他还研究了资本主义制度下的生产劳动、剩余价值和自然条件的关系等重要问题，这些是对前面分析的重要补充。

①生产劳动的概念。

在分析资本主义的劳动过程时，马克思曾从简单劳动过程的观点得出过生产劳动的概念："如果整个过程从其结果的角度，从其产品的角度加以考察，那么劳动资料和劳动对象表现为生产资料，劳动本身则表现为生产劳动。"（23.205）这个定义从生产劳动的一般规定性上，指出了生产劳动是从事使用价值生产的劳动，这是对的，但对资本主义生产过程来说，是绝对不够的。这是因为，随着资本主义劳动过程的协作性质的发展，物质生产过程中的脑力劳动和体力劳动分离了，产品从个体劳动者的直接产品转化为社会产品，转化为总体工人的共同产品。这样，生产劳动和生产工人的概念也就必然扩大，变为：凡参加生产的工人，即使只承担其中一小部分的操作，只完成某一方面的职能，也是生产劳动；甚至不亲自动手，只间接作用于劳动对象，也是生产劳动者。

但另一方面，由于资本主义生产不仅是商品生产，而且是剩余价值的生产，所以，工人单是进行生产已经不够了，他还必须生产剩余价值。否则，即使生产出了物质资料，也不是生产劳动。在这里，生产劳动的概念又缩小了。可见，生产劳动既包含着人与物的关系，也包含着人和人的关系。因此，资本主义的生产劳动，一方面是生产物质资料的劳动，一方面是生产剩余价值的劳动。从资本主义意义上说，只有生产剩余价值的劳动才是生产劳动。

②绝对剩余价值与相对剩余价值的关系。

绝对剩余价值和相对剩余价值之间存在着联系、区别和共同点。

从联系看：绝对剩余价值的生产构成资本主义体系的一般基础，而且是相对剩余价值生产的起点。此外，从一定意义上说，"相对剩余价值是绝对的，因为它以工作日的绝对延长超过工人本身生存所必需的劳动时间以上为前提。绝对剩余价值是相对的，因为它以劳动生产率发展到能够把必要劳动时间限制为工作日的一部分为前提。"（23.559）从区别看：它们的获得方式不同。绝对剩余价值的生产主要同工作日的长度有关，相对剩余价值的生产则要求劳动的技术过程和社会组织发生根本的革命；在绝对剩余价值的场合，劳动形式上隶属于资本，而相对剩余价值的生产使工人成了机器的附属物，要求劳动的实际隶属。从共同点看：由于资本主义使用机器，是生产相对剩余价值的手段，但它同时又为延长工作日，从而增加绝对剩余价值的生产创造了新的条件和动机，所以，生产相对剩余价值的方法同时也是生产绝对剩余价值的方法。无限度地延长工作日正是表现为大工业特有的产物。

③剩余价值生产的自然基础。

剩余价值的生产，要求有一定程度的劳动生产率，而劳动生产率的高低与自然条件的好坏是有一定关系的。从这个意义上说，剩余价值有一个自然基础。但是，另一方面，劳动生产率更与历史发展相联系，而且使劳动生产率高低的决定因素还是人利用自然的力量的大小，即人的作用。良好的自然条件，只能提供剩余价值或剩余产品的可能性，但将其变为现实，则要取决于社会经济制度。必须在一定的生产方式下通过人的劳动才能做到。因此，剩余价值只能是工人剩余劳动的产物，而绝不是人与自然的关系；其现实经济基础，只能是资本主义生产方式下的雇佣劳动。

（四）剩余价值生产理论的完成

马克思剩余价值生产理论是建立在劳动力和劳动的区别的基础上的，正是劳动新创造的价值超过劳动力本身的价值，其余额才形成剩余价值。而资本主义工资的形式给人以假象，似乎工人的全部劳动都得到了报酬，因而，不揭示工资的本质，剩余价值生产理论就没有最终完成。

1. 资本主义工资的本质

①资本主义工资的表象与实质。

在资本主义社会中，工人为资本家工作，资本家付给工人工资，由此产生了一种假象：似乎工人出卖给资本家的是劳动，资本家付给工人的工资是“劳动的报酬”，是“劳动的价值或价格”，这是不合理的表面现象。因为工人出卖的是劳动力而不是劳动，劳动力和劳动是两个不同的概念。劳动力是存在于人体内的劳动能力，劳动则是劳动力的使用或消费。在资本主义制度下，工人出卖的只能是自己的劳动力，劳动不是商品，不能被工人出卖。这是因为：

第一，如果劳动是商品，它就应当有价值。但商品的价值是由生产该商品所耗费的社会必要劳动决定的，劳动是价值的实体，它本身并没有价值。说劳动有价值，就等于说劳动的价值等于劳动，违背逻辑。第二，如果劳动是商品，它就应该同其他商品一样，在出卖之前是独立存在的实体，并归工人所有。但工人作为卖者来到市场时，他所有的只是劳动力而不是劳动，当工人实际开始劳动时，劳动已经属于资本家，不能被工人出卖了。第三，如果一定说劳动是商品，工人出卖的是劳动，那么，按照等价交换的原则，资本家就应该支付工人劳动创造的全部价值，那就会使资本家得不到任何剩余价值，资本主义生产也就失去了存在的基础。但如果否定了等价交换这一商品经济的基本规律，也就从根本上否定了资本主义商品经济的一般基础。

实际上，资本家在市场上买到的不是劳动，而是劳动力，他支付给工人的工资，不是劳动的价值或价格，而是劳动力价值或价格的转化形式。这就是资本主义工资的实质。

②资本主义工资表现为劳动的价格的原因。

工资的实质是劳动力的价值或价格的转化形式，但在资本主义经济生活中，又确实存在工资被歪曲为劳动的价格的原因：首先，虽然资本与雇佣劳动的交换的本质是劳动力的买卖，但因劳动力是存在于工人身上的一种能力，它不能在交换过程中表现出来，因此，这一交换很容易被看成是劳动的买卖。其次，由于工人往往是在劳动后才获得工资，而且工资额的高低又与他付出的劳动量的大小相联系，就是工人自己也难免认为是"干活拿钱"，工资是劳动的报酬。第三，虽然资本家支付的工资是劳动力的价值或价格，但资本的本性决定了他只关心劳动给他带来的利润，所以本能地把工资看成是劳动的价格或全部劳动的报酬。第四，由于工资的变化依劳动时间、劳动强度、劳动熟练程度及劳动效率的变化而变化，因而，工资也像是劳动的代价。可见，工资的本质是劳动力的价值或价格，但它在表面上又歪曲地表现为劳动的价格。

③资本主义工资形式掩盖了资本剥削关系。

由于劳动力价值采取了工资形式，而工资在现象形态上表现为劳动的价格，这就抹杀了雇佣劳动分为必要劳动和剩余劳动、有酬劳动和无酬劳动的事实，似乎工人的全部劳动都是有酬的，"工人和资本家的一切法权观念，资本主义生产方式的一切神秘性，这一生产方式所产生的一切自由幻觉、庸俗经济学的一切辩护遁词，都是以这个表现形式为依据的。"（23.591）因此，资本主义的工资形式从根本上掩盖了资本家剥削工人的关系，使资本主义的剥削具有更大的欺骗性，这也是资本主义剥削形式的一个显著特点。

2. 资本主义工资的形式

资本主义工资的基本形式有计时工资与计件工资。

①计时工资。

计时工资是按照工人工作时间的长短来支付的工资，如月工资、周工资和日工资等。计时工资是劳动力的月价值、周价值和日价值等的转化形式。

为了考察资本家如何利用计时工资来加强对工人的剥削，必须把计时工资、工作日长度或劳动强度和劳动力的“劳动价格”联系起来考虑。这里所说的“劳动价格”不同于资产阶级所说的劳动价格，它是指劳动力每小时的价格，其计算公式是：

$$劳动价格=\frac{劳动力的日价值（或日工资）}{工作日长度（小时数）}$$

计时工资的多少主要取决于三个因素：工作日长度、劳动价格、劳动力价值。三者的关系可以有以下几种情况：第一，在日工资不变的情况下，工作日的延长或劳动强度的提高，可使劳动价格下降。这就是说，资本家可以在不改变日工资的情况下，通过延长工作日、提高劳动强度来降低劳动价格，加强对工人的剥削。第二，在工作日延长或劳动强度提高的情况下，即使日工资相应提高，劳动价格可以不变。这就是说，资本家可以在提高日工资的幌子下，通过延长工作日或提高劳动强度的方法，使工人在提高工资斗争中的成果丧失殆尽。第三，工作日的延长或劳动强度的提高超过一定的限度，即使日工资提高，劳动价格还会下降。这就是说，资本家可以在提高日工资的情况下，通过更大幅度地延长工作日或提高劳动强度来降低劳动价格，加重对工人的剥削。

②计件工资。

计件工资是随着资本主义机器大工业的出现而广泛流行起来的。计件工资是按照工人在一定时间内生产的产品件数或作业量支付的工资。计件工资的单价，是用工人生产的日工资除以工作日内完成的产品件数而得出的，因此，“计件工资无非是计时工资的转化形式”，(23.603)也是劳动力价值或价格的转化形式。

计件工资是最适合资本主义生产方式的工资形式，因为在计件工资的场合，劳动的质量是由产品本身控制的，产品必须具有平均的质量，这就为资本家以产品质量不合格克扣工资提供了借口；计件工资给资本家提供了一个十分确切的计算劳动强度的尺度，它是具有更大经济强制性的剥削手段；由于劳动的质量和强度在这里是由工资形式本身控制的，那么，对劳动的监督已无必要，这就为包工制、工头制等剥削形式提供了可能；此外，计件工资会迫使工人“自动”提高劳动强度或延长劳动时间，为资本家进一步剥削创造条件。

计件工资较之计时工资具有更大的欺骗性：在实行计件工资的场合，资本家是根据工人完成的产品数量，按每件产品的单价支付工资的，这必然造成假象：似乎资本家对工人花费在每一件产品上的劳动都支付了报酬；似乎工人出卖的不是劳动力，而是物化在产品中的劳动；似乎工资不是取决于劳动力的价值，而是取决于工人的工作效率。因此，它进一步掩盖了有酬劳动和无酬劳动的区别。

计时工资在资本主义初期被普遍采用，随着资本主义的发展，计件工资逐渐流行起来，从总体上说，计时工资和计件工资是同时存在于资本主义经济中的两种基本工资形式。

③名义工资和实际工资。

分析资本主义工资时，还要区别名义工资和实际工资。所谓名义工资是指以货币数量表示的工资，而实际工资则指工资的货币额实际能交换到的生活资料和服务的数量。名义工资和实际工资在资本主义国家中，往往是不一致的，有时，尽管名义工资提高，但由于物价上涨的幅度更大，实际工资反而会降。所以，实际工资是反映工人实际生活水平的一个重要标志。看一个国家工资变动的趋势时，不仅要分析名义工资的变动，更要研究实际工资的变动。

3. 工资的国民差异

①比较工资差异必须考虑的因素。

不同国家的工资水平是有差异的，由于工资是劳动力价值的货币表现，于是，比较资本主义各国的工资，必须考虑决定劳动力价值的变化的一切因素。这包括：自然的和历史地发展起来的首要的生活必需品的价格和范围；工人的教育费用；妇女、儿童参加劳动的情况；劳动生产率的高低、工作日的长短和劳动强度的大小。此外，还要看工资的形式。正因为有诸多因素的影响，因此，不能简单地用货币工资的多少来衡量不同国家工人的工资和生活水平。考察工资的国民差异，必须进行综合比较。

②综合看待各国工资的差异。

对各国的工资差异，有一个如何看待的问题。第一，要注意价值规律在国际市场上的作用。国际市场上商品的价值是以世界劳动的平均单位作为尺度的。一个国家的资本主义生产越发展，那里的劳动生产率水平和劳动强度就会超出世界劳动的平均水平，因此，价值规律在国际市场上作用的结果，会使强度较大的国民劳动比强度小的国民劳动，在同一时间内生产出更多的价值。同时，只要生产率较高的国家没有因竞争而被迫把它们的商品的价格降低到与其商品价值相等的程度，生产率较高的国民劳动也被算作强度较大的劳动，也会生产出更多的价值。第二，要看到资本主义生产发达的国家，名义工资较高，但实际工资并不一定就高。例如，在劳动生产率较高和劳动强度较大的发达国家，一小时可以生产四件商品，而不发达国家只能生产两件。假定国际价值是一件商品一美元，那么各费一小时生产出来的商品在前者是4美元，后者是2美元。即同一美元货币在不同国家代表着不同的劳动量。发达国家一美元货币包含0.25小时的劳动量，而不发达国家一美元货币则包含0.5小时的劳动量。这样，货币的购买力在资本主义发达国家比在不发达国家要小。可见，资本主义发达国家工人的靠日劳动、周劳动等等得到的名义工资虽然较高，但其实际工资却可能并不高。第三，还要看到资本主义生产发达国家与不发达国家相比，日工资、周工资等较高，但相对的劳动价格较低。这是因为，在资本主义发达国家，由于劳动生产力高，所以，一个工人在同一时间内创造的价值比不发达国家要高得多。与此相应，发达国家的剩余价值率比不发达国家也高得多。这表明，发达国家与不发达国家相比，名义工资虽然高，但工人在所创造的产品价值中，归自己的份额的比例却较小。因此，资本主义越发展，资本对劳动的剥削程度越大，工人受剥削就越重。

/// 第二章读书难点解释 ///

如何理解“生产力特别高的劳动起了自乘的劳动的作用，或者说，在相同的时间内，它所创造的价值比同种社会平均劳动要多”？(23.354) 这一论述与马克思所说的“商品的价值与劳动生产力成反比”(23.53—54) 是否一致？

马克思在分析超额剩余价值的形成时指出：“生产力特别高的劳动起了自乘的劳动的作用，或者说，在相同的时间内，它所创造的价值比同种社会平均劳动要多”。这一观点，是从分析部门内各个企业的劳动生产力同社会价值量的关系的角度提出的。在一个部门内，由于各个企业的技术装备、劳动强度、工人的熟练程度等的不同，各企业生产同种商品，所消耗的劳动时间是不等的。而商品的价值取决于社会必要劳动时间。在一般情况下，社会必要劳动时间由中等生产条件生产某种商品所耗费的劳动时间决定。这样，如果部分企业所采取的新技术尚未在整个部门普及，从而该部门决定商品价值的社会必要劳动时间不变，于是，先进企业的“生产力特别高的劳动”，就可以折合为更多的平均劳动，因而，“在相同的时间内，它所创造的价值比同种社会平均劳动要多”。

马克思在分析商品的价值量随劳动生产力变化时指出：“商品的价值与劳

动生产力成反比”。这一观点，是从分析整个部门的平均劳动生产力与商品的社会价值之间的关系的角度提出的。从整个部门看，只要生产商品的社会必要劳动时间不变，商品价值量也就不变。因此，“不管生产力发生什么变化，同一劳动在同样的时间内生产出的价值量总是相等的”。然而，由于劳动生产力的提高，在同一时间生产出的使用价值量会增加，因而会使单位商品所包含的价值量减少，所以马克思说，商品的价值量与劳动生产力成反比。

可见，正是分析问题的角度不同，才使两个对劳动生产力与商品价值量关系的论述，得出了从表面看截然相反的结论：一个是使价值量增加，一个是使价值量减少。实际上它们是不矛盾的。

二、理论热点问题探讨

“剥削”引发出的深层思考

马克思的剩余价值理论揭示了资本主义的剥削关系，在人类历史上首次提出是工人养活了资本家。由于社会主义初级阶段也存在着非公经济，于是引发出必须关注现阶段我国存在的劳资关系及构建和谐的劳动关系等问题的深层思考。

（一）一个绕不过去的话题：在我国现阶段的社会主义社会中是否存在剥削

要关注劳资关系问题，必然涉及到现阶段的我国社会主义条件下有无剥削现象的问题，尽管党中央从十六大开始在它的文件中就已经删除了有关“剥削”的字样。但是，这是一个绕不过去的话题。

研究这一问题的根本方法应是：不能离开生产力的发展抽象谈论剥削和剩余价值理论。经济学意义上的剥削是指凭借着对生产资料的所有权，无偿地占有别人的劳动或劳动产品。它的得以出现、存在并终究要被铲除，归根结底要由生产力水平、社会发展状况决定。因而，剥削既是一个重要的经济范畴，更是一个重要的社会历史范畴。由于消灭劳动异化、消灭剥削的条件在现阶段的我国还远没有具备，我国在相当长的一个时期要实行公有制为主体、多种所有制经济共同发展的基本经济制度，这就决定了剥削现象在我国不能马上消灭。正如马克思曾讲过的：“一个社会即使探索到了本身运动的自然规律，……它还是既不能跳过也不能用法令取消自然的发展阶段。”(23.11)

同时应该看到：非公有经济是社会主义经济的重要组成部分，在我国经济建设中发挥了并能继续发挥重要作用。非公有经济的存在与健康发展，于国、于民均有利。对非公有经济中的具体企业应区别情况，依法分别予以支持、鼓励、引导或惩处。非公有经济、尤其是在其中的从业人员今后发展的具体情况会很复杂、多变，我们应该根据实际情况，依据马克思主义立场、方法和观点，不断分析、研究、解决实践提出的新问题。在现阶段，要按照"三个有利于"的原则，正确认识、对待私营企业家劳动的性质及其收入的性质，同时还要注意处理劳资关系、解决劳资矛盾。

这里需要特别指出的是，为了有利于在新形势下充分调动各方面的积极性，党中央将合法的资本收入界定为"合法的非劳动收入"；将私营企业主界定为"社会主义的建设者"，这实际上是在注意了理论分析和政策对待的区别的基础上，做出的符合我国国情的正确选择。归根结底地说，这是由我们党已经从"革命党"转变为"执政党"所决定的。

（二）一个必须关注的现实：企业职工工资过低问题及其消极影响

与我国现阶段仍存在剥削现象相对应，有一个必须关注的现实问题，那就是企业职工工资过低问题。

据中华全国总工会数据，我国共有职工 2.17 亿，其中在企业就业的职工有 1.79 亿。而据国家统计局 2002 年的统计，户主为企业在职职工和离退休职工的城市贫困户占整个城市贫困户的 86.9%，是城市贫困户的主体。造成这一状况的重要原因之一是企业职工工资过低。

应该承认，随着改革开放的深入和国民经济持续快速发展，我国职工整体收入水平不断提高，资料显示：职工年平均工资从 1978 年的 615 元上升到 2005 年的 18405 元，增长近 30 倍。但是企业职工工资增长缓慢、横比工资水平过低的状况是客观存在的。从宏观上看，我国职工工资收入在国民总收入中的比重过低。根据《中国统计摘要（2006）》有关数据测算，2005 年，我国 GDP 实现 18 万亿元，全国城市居民可支配收入为 4.8 万亿元，但职工工资总额只有 1.9 万亿元，只占 GDP 的 11%，占城市居民可支配收入的 40%，另有 2.9 万亿元（约占城市居民可支配收入的 60%）通过非工资渠道分掉了。另外，职工工资总额占国内生产总值的比重在逐年下降，1991 年为 15.3%，1996 年为 13%，2000 年下降到 12%，2005 年下降到 11%（需要说明的是：国家统计局统计的职工数指城镇单位从业人员，约 1.1 亿，尚不包括乡镇企业、私营企业从业人员和个体劳动者等）。从微观上分析，问题更为严重。一是企业职工工资增长缓慢，甚至几年没有增长。据全国总工会2005年对10个省份中的20个市（区）1000个各种所有制企业以及1万名职工的问卷调查，2002年至2004年三年中，职工工资低于当地社会平均工资的人数占81.8%，比上一个三年（1998—2001年）增加了28个百分点；只有当地社会平均工资一半的占34.2%，比上一个三年（1998—2001年）增加了14.6个百分点。更有甚者，还有12.7%的职工工资低于当地最低工资标准。这次调查还发现，2002—2004年三年中，港澳台企业年均效益增长33%，而职工工资增长为零，企业巨大的经济效益，在职工收入上没有一点体现。而据中国财贸轻纺烟草工会对天津等五个城市的纺织企业调查，90%的企业职工工资三年分文未涨。二是企业普通职工与经营者工资收入相差悬殊。国务院国资委的调查显示，中央企业2002年二者的差距为12倍，2003年就扩大到13.6倍；据国务院发展研究中心2004年对1883家各类企业调查，企业总经理与普通职工年平均收入相差3～15倍的占61.2%，相差15～25倍的占14%，相差25～50倍的占7.4%，相差50倍以上的占6.4%。三是企业工资分配秩序混乱。比如，劳动定额畸高，职工必须加班才能得到基本工资；压低计件工资单价，职工尽管加班加点，但工资仍然低微；大量使用劳务派遣工，存在着派遣单位和用工单位双重扣减职工（主要是农民工）收入的现象等等。据中国国防邮电工会调查，电信行业的劳务派遣工收入只有同岗正式工的三分之一。另外，拖欠职工工资和不依法给职工交纳社会保险的现象依然存在。因此，虽然企业职工近些年收入有些增加，但在整个社会收入分配格局中，企业职工仍是收入最低的群体之一。

企业职工收入过低状况的长期存在在社会上产生了严重的消极影响。一是职工心态严重失衡。一些职工认为，改革成本过多地由企业职工承担，显现社会不公平。理论上，职工是国家的主人，实际上，我们的生产生活都很艰难，连仆人都不如。不少企业职工反映，面对劳动就业、家庭生活、看病就医、子女上学等方面的压力，职工普遍存在忧虑、烦躁和恐惧心理。全国总工会对万名职工问卷调查表明，有64.9%的职工认为自己处于社会下层。因而不少职工对社会的不满情绪在蔓延，对改革的认同程度在下降。二是影响了职工队伍内部的团结。许多职工在座谈会中表现出对企业内部分配不公的严重不满。他们认为企业管理者收入几倍几十倍增加，一线职工工资却没增加或增加很少，为什么我们不能分享改革发展的成果？三是因劳动报酬引发的劳动争议案件不断上升。据劳动和社会保障部统计，2005年全国立案受理的劳动争议案件31万件，其中劳动报酬争议案件10.3万件。占立案总数的33%，是各类案件中比例最高的。四是因分配不公心理失衡而引发的职工群体性事件不断增加。据有关部门统计，2004年因工资低和企业改制利益受损等原因引发的职工群体性事件占当年全国整个群体性事件总数的20.92%。即使是经济效益好的企业，也常因工资收入分配和改制问题没有处理好而引发群体性事件。①

（三）一个待实现的艰巨任务：十七大提出的中国特色的分配原则

党中央十分关注实际存在于我国的分配不公、收入差距拉大问题，因为它反映的是社会制度的性质，事关国计民生，不仅如此，分配问题还关系到“以人为本”的科学发展观的贯彻实施与和谐社会的构建，故中共中央在十七大报告中对中国特色社会主义分配问题进行了与时俱进的丰富与发展，提出了解决问题的目标与途径。

1. 十七大提出的解决我国分配领域问题的相关目标

十七大针对我国在分配领域出现的问题，对解决我国分配领域的问题做出了明确规定，它涉及到以下方面：

第一，在分配格局上提出了更高的目标，即“合理有序的收入分配格局形成，中等收入者占多数，绝对贫困现象基本消除”。第二，在强调“要坚持和完善按劳分配为主体、多种分配方式并存的分配制度，健全劳动、资本、技术、管理等生产要素按贡献参与分配”的同时，首次提出了“初次分配和再分配都要处理好效率和公平的关系”，重申了“再分配更加注重公平”。第三，提出了逐步缩小收入差距扩大的措施，为此，一方面要求逐步做到四个“提高”：一是提高居民收入分配在国民收入分配中的比重；二是提高劳动报酬在初次分配中的比重；三是提高低收入者收入；四是提高扶贫标准和最低工资标准，建立企业职工工资增长机制和支付保障机制。目的在于“创造条件让更多群众拥有财产性收入”。另一方面要求，保护合法收入，调节过高收入，取缔非法收入以及“扩大转移支付，强化税收调节，打破经营垄断，创造机会平等，整顿分配秩序”。

学习上述中央关于分配问题新内容不难看出，中央十分关心理顺收入分配关系，在这里中央不仅提出了许多创新理论，还提出了我国深化收入分配制度改革的任务，其目的在于要通过收入分配制度的改革，调整国民收入分配格局，整顿和规范分配秩序，加快形成合理有序的收入分配格局。具体说来：第一，中央强调“坚持和完善按劳分配为主体、多种分配方式并存的分

① 转引自周玉清：《企业职工工资过低与政府调控责任》，中央党校第39期省部A班经济建设与经济体制改革研究方向报告。

配制度”，进一步“健全劳动、资本、技术、管理等生产要素按贡献参与分配”，目的在于调动各方积极性，从而实现“让一切劳动、知识、技术、管理和资本的活力竞相迸发，让一切创造社会财富的源泉充分涌流，以造福于人民”。第二，中央强调的四个“提高”，是对现有国民收入格局的重要调整，它有利于理顺国家、企业和个人三者的分配关系，因为只有这样，才能增加广大劳动者的收入，维护劳动者的权益，合理调整投资与消费的关系，真正促进经济社会协调发展。第三，中央强调的“保护合法收入，调节过高收入，取缔非法收入”以及“扩大转移支付，强化税收调节，打破经营垄断，创造机会平等，整顿分配秩序”，就是要逐步扭转收入分配差距扩大的趋势，防止两极分化，使全体社会成员逐步共同富裕。至于中央强调的初次分配也要注意“处理好效率和公平的关系”，下面还要论述，这里不多述。

2. 落实中国特色社会主义分配原则的难点分析

应该看到，尽管中央在十七大报告中正确地发展了马克思主义关于分配的理论，提出了应该采取的措施，但是在落实中还存在诸多理论与实践上的难点。

首先，落实中国特色社会主义分配原则的理论难点。

落实中国特色社会主义分配原则的理论上的难点既有已经争论很久的对现有“按劳分配”的理解问题；又有对中央提出“按劳分配为主体、多种分配方式并存”、“按劳分配与按生产要素分配相结合”以及“确立劳动、资本、技术和管理等生产要素按贡献参与分配”等之后引发的新问题的理解。

关于前者的争论主要集中在对“关于实行按劳分配的条件和原因”；对按劳分配中“劳”的质的看法；关于按劳分配中“劳”的量的计算和关于按劳分配的模式的不同理解上。对后者的争论涉及到如何看待社会主义条件下的按生产要素分配的性质、按劳分配与按生产要素分配可否及怎样才能实现相结合以及该否将“劳动”与“资本、技术和管理”等并列作为一个一般的“生产要素”看待？等等。对这些问题的讨论还引申出现阶段的我国是否存在剥削？该如何认识中央对私营企业主的资本所得的“非劳动收入”的性质？该如何对待私营企业主的“第一桶金”等问题的见仁见智。此外，围绕着中央在分配领域对“公平与效率”的提法及其改变，学术界也有诸多争论，至今没有达成共识。

其次，落实中国特色社会主义分配原则在实践中的难点。

落实中国特色社会主义分配原则在实践中也存在诸多难点，这主要是因为当前我国收入差距扩大的成因极其复杂所致。

(1) 落实中国特色社会主义分配原则实践中存在难点的成因分析。

尽管改革开放以来，我们广大劳动人民从总体上收入都有不同程度的提高，但是当前我国收入差距在扩大，却是一个不争的事实。有学者将我国“财富的归集”（尽管它不直接等同于收入的归集）途径概括为两大类：流量财富的归集与存量财富的归集：前者是通过①市场的初次分配，这其中既有正常的市场初次分配，也有非正常因素导致的分配；②财政分配；③以人情形式表现的、以腐败为实质的财富归集。后者是通过国有资产的流失；农地征用；城市房屋拆迁归集的，当然，存量财富的归集也有以人情形式表现的、以腐败为实质的财富归集内容①。分析上述财富归集路径不难看出，我国的收入差距的扩大，既有经济上的原因，也有政治上的原因，它是多种因素共同作用的结果。这必然导致解决收入差距扩大的难度极大。

（2）在高、低收入者中落实中国特色社会主义分配原则具体措施的难点。

为缩小收入差距，中央提出对高收入者在保护他们的合法收入的同时，必须要通过强化税收调节等措施，调节过高收入，特别要打破经营垄断。但高收入者是社会的强势群体，有时其背后甚至是政府（在行政垄断的场合），在相关法律法规并未建立、更未健全，甚至有法不依、执法不严的情况下，真正落实谈何容易？

为提高低收入者的收入，中央在报告中提出了“四个提高”，构想了要达到的一个目标：“创造条件让更多群众拥有财产性收入”。从“四个提高”看，主动权均不在低收入者手中，它的实施或要政府运作，或需企业完成。政府有政府的难处（有时还有切身利益），企业有企业的考虑，加之中国劳动力市场本来就供大于求，而且在全球经济一体化的背景下，企业还可从周边发展中国家寻求更廉价的劳动力，在这种状况下，提高劳动报酬在初次分配中的比重；提高低收入者收入；提高最低工资标准，建立企业职工工资增长机制和支付保障机制等操作起来的难度可想而知。从“创造条件让更多群众拥有财产性收入”看，如果收入仅够消费，拥有财产性收入也就没有了可能。

（3）政府财政在落实中国特色社会主义分配原则具体措施的难点。

一般说来，收入是经过市场分配与政府财政两个层面发挥作用得以实现的。市场机制的作用会使分配呈现出“马太效应”；政府财政则要通过收取累进所得税和转移支付等手段对由市场机制导致出现的能力强者和弱者之间的收入差距进行调节与制约。但是，由于我国存在行业进入障碍、城乡二元结

① 参见贺蕊莉：《中国财富非市场归集路径研究》，东北财经出版社 2007 年版，第 5 页。

构、劳动力流动受阻等因素，一方面使市场机制不能充分发挥作用，社会个体的收入并不完全取决于个体能力，而是表现为行业、城乡、地区之间的巨大差距；另一方面政府财政对收入的调节能力也受到制约发挥不了应有的作用：从所得税角度看，我国的所得税在财政收入中所占比重很小而且实行的是以货币收入作为计税基数的做法，这就不能保证对高收入者的征税比例高于低收入者的实际纳税比例；而从转移支付的角度看，由于它的不完善，实际上大量的低收入者是难以获得政府的转移支付的。这里还要特别强调的是，由于我国社会收入差距的形成与扩大是一系列因素综合作用的结果，要解决它需要诸多改革的“多管齐下”，这当然也是单纯的政府财政不可能办到的。

上述分析表明，真正贯彻落实中央十七大关于中国特色社会主义分配原则，解决我国分配中的问题，还任重而道远。

3. 对落实中国特色社会主义分配原则几个理论问题的思考

落实中国特色社会主义分配原则无论在理论上还是在实践中均存在不少难题，需要认真加以解决。考虑到在实践上落实中国特色社会主义分配原则是一个涉及诸多方面改革的系统工程，篇幅所限，这里仅就几个理论问题谈谈看法。

中央虽然没有对什么是中国特色社会主义分配理论做出明确的界定，但是却在文件中运用经典作家关于未来社会分配理论的基本观点，结合我国实际，提出了一系列创新的表述，围绕这些表述，学术界有不同理解并引发出不少思考，这一方面是正常的，另一方面也应看到，如果对中央精神不能达成共识，就可能影响到对中央精神的贯彻落实，为此，探讨一些有不同意见的问题十分必要。

一是要用发展的观点正确看待与理解中央对马克思主义分配理论的发展与丰富。

上述所谓的“不同理解”，主要针对的是诸如：如何理解中央提出的我国生产要素可以参与分配与马克思揭示的“按资分配”的区别？按劳分配与按要素分配可否以及如何相结合等等。

实际上中央提出在我国生产要素参加分配是不违背马克思关于分配的源泉的基本观点的，因为他指出：“土地所有权和资本，对于它们的所有者来说，是收入的源泉，也就是说，使它们的所有者有权占有劳动创造的价值的一部分，……”① 这就是说，谁拥有对生产资料的所有权，谁就有资格参与

---

① 《马克思恩格斯全集》第26卷Ⅰ，人民出版社1972年版，第74—75页。

分配，而资产阶级“按资分配”的剥削性质，则是源于他们资本原始积累“是用最残酷无情的野蛮手段，在最下流、最龌龊、最卑鄙和最可恶的贪欲的驱使下完成的”① 及他们是用剥削来的钱作为进一步剥削的工具。

至于“相结合”的可否与具体形式问题，应该看到，现阶段我国之所以采取“按劳分配与按生产要素分配相结合”的分配原则，从根本上说是因为：生产力发展水平导致的“不够格的社会主义”不是马克思所构想的未来社会，所以它不能实行“本来意义”的按劳分配；同时，社会主义性质又决定它也不能像资本主义那样“按资分配”。而我国的基本经济制度从根本上决定了“相结合”的必然性；而现阶段生产要素仍以资本、劳动力的形式来表现也要求分配原则上的“相结合”；此外，经过20多年的改革实践，我们区分了所有制的性质和它的实现形式，中央的一系列决策又为“相结合”在现实经济生活中的具体实施提供了平台，“相结合”的分配原则在我国的实施已经具有扎实的理论和实践基础。

可见，只要我们不是教条主义地对待马克思主义的基本原理，而是用发展的观点对待中央联系现实经济中出现的问题所做出的理论创新，在认识上是可以达成共识并坚定地落实中央的相关指示的。

二是要特别关注中央对“初次分配”也要“处理好效率和公平的关系”的新提法。

中央十七大报告的一个亮点是首次提出“初次分配”也要“处理好效率和公平的关系”，即初次分配也有注意公平问题，这是对分配领域解决收入差距扩大问题的又一理论突破。初次分配也要处理好效率与公平的关系，是完全符合马克思分配理论基本观点的。因为按照经典作家的观点，消费资料分配是生产条件分配的结果；分配是社会生产的一个环节；而“一定的生产决定一定的消费、分配、交换和这些不同要素相互间的一定关系。”② 即：生产决定分配。尽管分配不是生产和交换的消极产物，它会反作用于生产，但是，在生产、消费、分配和交换中，起决定作用的是生产，也就是说，没有在生产领域中、初次分配中对公平问题的关注，是不能真正解决收入差距扩大的问题的。可见，在市场经济中，初次分配是基础性分配，与再分配相比，它不论是广度还是深度上，都比再分配重要得多。因为市场分配的格局一旦确定，再分配的调节余地是极其有限的。因此，在初次分配中也必须要

① 《马克思恩格斯全集》第44卷，人民出版社2001年版，第873页。

② 《马克思恩格斯全集》第30卷，人民出版社1997年版，第40页。

强调公平。

可见，中央强调初次分配和再分配都要处理好效率与公平的关系，再分配要更加注重公平，这是对我国收入分配制度内涵的丰富和完善，具有很强的针对性。这既有利于提高经济效率，不断增加社会财富，又有利于促进社会公平正义，充分发挥各方面的积极性。

三是要重视关于社会主义条件下劳动力是否是资本问题的探讨。

十七大报告中提出要“创造条件让更多群众拥有财产性收入”，这是共同富裕的目标，而要使其得以实施，就得有获取收入的更多途径。为此，学术界及部分从事实际工作的同志又将“劳动力也应是资本”的命题作为关注的一个热点。

该命题的提出可以追溯到上个世纪末，如今重提这一问题的意义在于：首先，它可以为实现“劳者有其股”的构想寻求依据，因如果劳动者只能得到工资，而无权获取股份，所谓“财产性收入”的积累将十分困难。其次，它能为深化国企改革做出贡献。国企改革最根本的是要调动劳动者的积极性。承认劳动力是资本并使其在经济上得以实现，可以强化职工的主人翁意识，增强其责任心，提高其对国有资产的关切度及资产经营效率，强化对企业经营者的监督与约束，降低国有资产的代理成本，发挥参与企业决策的作用。第三，它可为提高人力资本投资提供理由。我国是劳动力剩余型的发展中国家，劳动力数量丰富，但质量与现代生产力发展却不相匹配。如果劳动力成为资本，对劳动力的投资在经济上能够得以实现，就能大大提高家庭、个人人力资本投资的积极性，加快教育发展，促进教育与经济的结合，实现科技兴国战略。最后，它还可为重建收益机制提出根据。马克思主义认为，生产条件的分配先于并决定生产成果的分配、分配的方式和机制。承认劳动力是资本，就可使社会主义收入分配要按包含劳动力在内的全部生产要素的投入来分配企业收益。这就要求这种分配收益的方式，既不是传统计划经济下的一切剩余收益上交国家，也不是一切剩余收益归劳动者，而是选择那种既顾及财产所有者的产权收益要求，又顾及劳动力产权收益要求，将剩余收益通过各种形式的持股计划在二者之间进行分配。无疑，认定劳动力是资本，重建收益机制才有可能。也只有如此，一般劳动者才有更多的可能获取“财产性收入”。

由“剥削”引发出的思考还有许多、许多，它等待着我们去认识、去解决。

第三章　资本积累理论

一、原著的基本脉络

/// 第三章简介 ///

资本积累理论介绍的是《资本论》第一卷第七篇的内容。

《资本论》第一卷第七篇考察资本的积累过程，也就是剩余价值如何转化为资本的过程。这一理论从再生产的角度，进一步揭示了资本主义的剥削关系，说明了资本积累的一般规律以及资本主义生产方式必然灭亡的历史趋势。

这里需要指出的是，马克思在第七篇的考察中，设定了两个假定条件：一是假定资本能够正常通过流通过程，即这里不涉及剩余价值的实现问题；二是假定产业资本家是全部剩余价值的占有者，即剩余价值的分配问题也存而不论。他作此假定的目的，是为了便于科学地分析资本积累的本质、其引发的矛盾及资本积累的历史趋势。

原著第七篇除导言外，共五章，可分为三部分：第 21 至 22 章分析资本主义的简单再生产和扩大再生产，说明资本如何再生产出来，商品所有权规律如何转变为资本主义占有规律，揭示资本积累及再生产的实质。第 23 章分析资本有机构成及其变化对无产阶级命运的影响，揭示资本主义积累的一般规律。第 24 至 25 章追溯资本的原始积累过程，批判资产阶级现代殖民理论，概述资本主义生产方式的产生、发展及剥夺者就要被剥夺的历史趋势。

《资本论》第一卷第七篇在研究方法上具有从简单到复杂、理论分析和历史分析相结合的特点。体现前者的是：先从最抽象的形态上分析资本主义的简单再生产；加入资本积累因素后分析扩大再生产；再加入资本有机构成的因素才分析资本积累的一般规律。体现后者的是：在第一至六篇从理论上论述了货币转化为资本的基础上，从历史的角度考察资本的原始积累过程，使第一卷对资本的分析得以圆满完成。此外，原著第七篇对否定之否定规律的运用，也颇具方法论意义。

原著第七篇在《资本论》理论体系中是有重要地位的，因为正是在这一篇，资本主义生产方式的基本矛盾得到剖析，资本主义制度必然灭亡的划时代的科学结论在人类历史上被提出，剥夺剥夺者天然合理的论断成为全世界无产阶级的斗争指南。

第三章内容要点

（一）资本主义再生产与资本积累的实质

无论社会形式如何，物质资料的生产，是人类存在和发展的前提和基础。人们不能停止消费，也就不能停止生产。这种周而复始、不断更新的生产过程，就是再生产过程。

任何社会的再生产，一方面是物质资料的再生产，另一方面是生产关系的再生产。它是物质资料再生产和生产关系再生产的统一。

1. 资本主义简单再生产

①资本主义简单再生产的概念。

再生产按其规模来说，可分为简单再生产和扩大再生产。资本主义再生产的特征是扩大再生产。因简单再生产是扩大再生产的基础和起点，是扩大再生产的重要组成部分，它包含着资本主义再生产的一般形式和特征，因此，对资本主义再生产的分析，要从简单再生产开始。

所谓资本主义简单再生产，是指在原有规模上重复进行的再生产。也就是说，在简单再生产的场合，资本家是把剩余价值全部用于个人消费，不增加投资，使生产按照原有规模重复进行。

②资本主义简单再生产的本质。

虽然简单再生产只是生产过程在原有规模上的重复，但是这种重复或连续性，赋予这个过程以某些新的特征，使它可以消除生产仅仅作为一次独立过程所具有的剥削假象。这具体表现在以下方面：

首先，再生产过程可以揭示资本家用来购买劳动力的可变资本，即支付工人的工资，实际上是工人自己的劳动创造出来的。

资本主义生产是以资本家购买劳动力和生产资料开始的。如果从一次独立的生产过程来看，资本家用来购买劳动力的可变资本是资本家用自己的货币资本垫支的，似乎是资本家“养活”了工人。然而，如果把资本主义生产作为一个连续不断的再生产过程来考察，这种假象就会立即消失。这是因为，在生产过程中，工人通过自己的劳动，不仅保存了生产资料的旧价值，而且还创造了新价值。这个新价值包括可变资本的等价和剩余价值两部分。剩余价值被资本家无偿占有，用于他的个人消费，相当于可变资本价值的那部分价值，则被资本家重新用来购买劳动力。可见，从再生产过程来考察，资本家用来购买劳动力的可变资本，只不过是工人阶级在前一个时期所生产的新价值的一部分。因而，不是资本家“养活”工人，相反，是工人自己养活自己，并养活了资本家。

其次，再生产过程可以揭示不仅可变资本、而且资本家的全部资本，都是工人的劳动创造出来的。

上面的分析表明，只要把生产当做连续不断的过程来考察，就会消除资本家预付可变资本的假象。但是，资本主义生产总有它开始的时刻，所以，似乎最初总要有一个“原始积累”起来的资本，来进行第一次生产过程。关于这种最初资本的起源问题，要在下面考察。在这里只假定，资本家最初的货币资本，是依靠某种与剥削无关的方式积累起来的。然而，只要从资本主义再生产过程来看，这个假定就会发生变化：资本家的全部资本实际上也是他们无偿占有的工人阶级创造的剩余价值。例如，有一个 10000 元的资本，每年能够带来 2000 元的剩余价值。如果资本家将每年获取的剩余价值都用于个人消费，那么，只需 5 年，资本家所消耗的剩余价值的总额就是 10000 元，与他原有的资本总额相等。也就是说，他原来的资本实际上已经被他全部消费掉了。而这时他手中的 10000 元资本，则是他 5 年内无偿占有的剩余价值转化而来的。马克思尖锐地指出：“撇开一切积累不说，生产过程的单纯连续或者说简单再生产，经过一个或长或短的时期以后，必然会使任何资本都转化为积累的资本或资本化的剩余价值。即使资本在进入生产过程的时候是资本使用者本人挣得的财产，它迟早也要成为不付等价物而被占有的价值，成为别人无酬劳动的货币形式或其他形式的化身。”(23.625) 总之，从再生产过程看，工人不仅创造了剩余价值，而且创造了可变资本和全部资本。

最后，再生产过程可以揭示工人的个人消费也完全从属于资本家榨取剩余价值的需要，是资本主义再生产过程的一个要素。

如果孤立地看一次生产过程，工人进行的个人消费，似乎是工人的自我享受，而与资本主义再生产无关。然而，从再生产过程来看，情况就不同了。工人的个人消费，只不过是为了恢复劳动能力和繁殖后代，为资本家不断提供自己的劳动力和后续的劳动力。这是资本主义再生产赖以进行的不可缺少的条件，它同机器要加油，耕牛要吃草一样，是再生产过程的一个要素。所以，从社会的观点看，工人即使在直接劳动过程之外，也和死的劳动工具一样，是资本的附属物。

这里还需特别指出的是，“把资本主义生产过程联系起来考察，或作为再生产过程来考察，它不仅生产商品，不仅生产剩余价值，而且还生产和再生产资本关系本身：一方面是资本家，另一方面是雇佣工人。”（23.634）这是因为，作为资本主义生产基础和起点的生产资料与劳动者的分离，在资本主义再生产过程中，又作为再生产的结果被重新生产出来：一方面，生产过程不断地把物质财富转化为资本，转化为资本家榨取剩余价值的手段；另一方面，工人一无所有地进入生产过程，又一无所有地走出生产过程，即资本主义生产过程在它本身的连续进行中，不断再生产出劳动者与劳动条件的分离。因此，资本主义的再生产，不仅是物质资料的再生产，同时也是资本主义生产关系的再生产。

2. 资本积累和资本主义扩大再生产

资本主义再生产的特点不是简单再生产，而是扩大再生产。

①资本积累与扩大再生产的概念。

资本家为了获取更多的剩余价值，一般是把剩余价值的一部分作为追加的资本，用来购买生产资料和雇佣工人，这种把一部分剩余价值转化为资本，在规模扩大的基础上不断更新的生产，是资本主义扩大再生产。同时，“把剩余价值当做资本使用，或者说，把剩余价值再转化为资本，叫做资本积累。”（23.635）剩余价值转化为资本积累需要两个条件：一是社会剩余产品中包含有扩大再生产所需要的追加生产资料和生活资料，二是要有追加的劳动或劳动力。把剩余价值转化为资本的过程，就是资本的积累过程，它同时也是资本主义扩大再生产的过程。

与原有资本不同，积累的资本从一开始就表明了剩余价值是它唯一的源泉，资本主义扩大再生产要靠资本的追加，所以，资本积累是资本主义扩大再生产的源泉。

②资本积累的实质。

资本主义扩大再生产的源泉是剩余价值，而这一再生产中存在的剥削关系却被商品的所有权规律掩盖着。因而，必须分析商品所有权规律如何转化为资本家无偿占有工人创造的剩余价值的规律，即资本主义占有规律，才能揭示出资本主义积累的实质。

所谓商品生产所有权规律，是指以自己的劳动为基础的商品生产者直接占有其产品和等价交换其产品的规律。而资本主义占有规律，则是指资本家无偿占有雇佣工人的剩余价值或劳动产品的规律。前者要求商品生产者以自己的劳动为基础获得对商品的所有权，同时，要占有别人的商品，就必须进行等价交换。后者则是对别人的产品或劳动的无偿侵占。可见，资本主义占有规律是商品生产所有权规律的直接对立物。商品生产所有权规律转变为资本主义占有规律，是商品生产发展到资本主义阶段的产物，其前提是劳动力变成了商品。

在资本主义经济生活中，反复出现在市场上的劳动力的买卖，是符合商品等价交换原则的：双方都是商品所有者，一方出卖劳动力，一方支付货币，是等价物交换等价物。然而，通过对资本主义再生产过程的考察就会发现，劳动力等价买卖，只是流通过程中的一种表面现象，它掩盖的实质与内容却是：资本家总是用无偿占有工人创造的剩余产品或物化劳动去交换工人更大量的活劳动。这是因为：首先，资本家用来购买劳动力的那部分可变资本，是从工人身上榨取的剩余价值的一部分。即用从工人处无偿剥削来的货币资本，再来购买工人的劳动力。表面上是等价交换，实际上资本家未付等价物。其次，资本家用来购买劳动力的这部分资本，不仅要由工人的劳动所创造的价值来补偿，而且工人还要相应地为资本家创造剩余价值，即：“劳动力的不断买卖是形式。其内容则是，资本家用他总是不付等价物而占有的别人的已经物化的劳动的一部分，来不断再换取更大量的别人的活劳动。……现在，所有权对于资本家来说，表现为占有别人无酬劳动或产品的权力，而对于工人来说，则表现为不能占有自己的产品。”（23.640）所有权和劳动的相分离，使劳动者变成了出卖劳动力的雇佣工人。商品所有权规律就这样转变为资本主义占有规律。

这里还要指出的是，上述转变不仅不违反商品经济的规律，而且恰恰是在商品经济的基本规律，即价值规律的基础上进行的。商品生产发展到一定程度，必然使劳动力成为商品，而劳动力成为商品是货币转化为资本、出现资本主义生产的前提。在资本主义条件下，商品生产所有权规律又必然转变为资本主义占有规律。

上述分析表明，资本积累的实质就是资本家利用无偿占有工人创造的剩余价值来增加资本、扩大生产规模，继续无偿占有更多的剩余价值。资本积累的过程，就是资本家不断扩大和加深剥削工人的过程，就是资本关系不断扩大再生产的过程。

③资本积累的必然性与积累量。

在资本主义发展过程中，资本积累和扩大再生产具有客观必然性：第一，资本家是资本的人格化，资本的生命在于不断的运动和增殖，同时，社会化生产的发展也要求资本家不断扩大资本规模。可见，生产剩余价值或赚钱这一资本主义生产方式的绝对规律，决定了必须进行资本积累和扩大再生产，这是资本积累的内在动力。第二，竞争使资本主义生产方式的内在规律作为外在的强制规律支配着每一个资本家，这是资本积累的外在压力。

对剩余价值的无止境的贪欲，推动资本家不断进行资本积累。在资本积累和扩大再生产条件下，剩余价值分为两部分，一部分用于资本家的生活消费，一部分用于积累。剩余价值用于积累的比率，称为积累率。既然资本积累的真正来源是工人创造的剩余价值，因此，资本积累的数量，归根结底取决于剩余价值的数量，各种决定剩余价值量的因素，同时也是增进积累的因素。因而，在积累率一定的条件下，影响资本积累量的因素主要是：

首先，对劳动力的剥削程度。提高对劳动力的剥削程度，一种方法是把工资压低到劳动力价值以下，另一种方法是延长劳动时间或者提高劳动强度。毫无疑问，对工人的剥削程度越高，资本积累的量越大。

其次，劳动生产率水平。提高劳动生产率，会使生产资料和生活商品价值下降，由此可以多方面增加资本积累：生产资料价值的降低，会使同量资本积累转化为更多的生产资料，增加实际的积累；生活资料价值的降低，使资本家用更少的剩余价值可以享用和过去甚至比过去还多的消费品，这也可减少消费，增加积累；生活资料价值的降低，还会引起劳动力价值的降低，使同量可变资本购买到更多的劳动力，提高剩余价值率，增加积累；劳动生产率的提高还会对原有资本产生影响，如用新机器代替旧机器等，从而促进资本积累。此外，由于劳动生产率的提高，由劳动转移到产品中的旧价值加大，从而会加大资本周转，这也有利于增加积累。

第三，所使用资本和所消费资本差额的扩大。所使用的资本是指在生产过程中发挥作用的全部资本，所消费的资本则是指在生产中消费掉了的资本。在生产过程中发挥作用的资本，并不是一次生产过程就全部耗费掉。如厂房、机器等劳动资料是整体投入使用，并在不断反复进行的生产过程中发挥相同的作用，但它们却是逐渐消耗的，它们的价值是一部分一部分地转移到新产品中去的。这样，就形成了所使用的资本和所消费的资本之间的差额。这个差额的大小，取决于劳动资料的质量和数量，劳动资料的质量越好，数量越大，差额就越大。因此，所使用的资本和所消费的资本之间的差额会随资本量的增加而扩大。这个差额表明，劳动资料越是全部被使用而只是部分被消费，它们就越是如同自然力一样，为资本家提供无偿的服务。这个差额增大，提供的无偿服务也随之增大，从而有利于资本积累。

第四，预付资本总量。在其他条件不变的情况下，随着预付资本量的增大，其中的可变资本也会相应地增大。这样，资本家就可以雇佣更多的工人，剥削更多的剩余价值，资本积累的数量也会随之增加。

总之，资本积累的增加，归根结底是由于加重了对工人的剥削，扩大了资本的剥削范围，而绝不是像资产阶级辩护士们所说的那样，是资本家"节欲"的结果。事实上，资本家的挥霍和享受同资本积累是并行不悖的。而且，在资本主义发展到一定阶段后，资本家还以大肆挥霍享受作为炫耀财富和取得信誉的一种手段。

（二）资本主义积累的一般规律

资本积累必然对工人阶级的命运产生不利的影响，其结果是资产阶级财富的积累和无产阶级贫困的积累，这就是资本主义积累的一般规律。

1. 资本有机构成及其变化

揭示资本积累的一般规律，必须考察资本有机构成的变化，因为它对资本积累中工人阶级命运的影响极大。

①资本有机构成不变时的积累。

资本的构成可以从两方面来考察。从物质方面看，资本是由一定数量的生产资料和劳动力构成的。在生产资料和劳动力之间存在着一定的比例。一般地说，这种比例是由生产技术发展水平决定的。这种反映生产技术水平的生产资料和劳动力之间的比例，叫做资本的技术构成。从价值方面看，资本是由一定数量的生产资料价值和劳动力价值，即不变资本和可变资本构成的。不变资本价值和可变资本价值之间的比例叫做资本的价值构成。资本的技术构成和资本的价值构成之间存在着有机的联系。资本的价值构成是以资本的技术构成为基础并由它决定的，资本技术构成的变化一般会引起资本价值构成的变化，资本的价值构成通常也能反映资本技术构成的变化。这种由资本技术构成决定并能反映资本技术构成变化的资本价值构成，就是资本有机构成。

资本的有机构成可以从不同的范围来考察，一般说来，可分为：企业的资本有机构成、部门的资本有机构成、一个国家的社会资本有机构成。判断资本有机构成的高低，一般看不变资本在资本总额中所占比重的大小。例如，某企业有资本 100 万元，其中 80 万元用于不变资本，20 万元用于可变资本，那么该企业的资本有机构成是 8∶2；另一企业 100 万元中，不变资本与可变资本的比例为 2∶8，则前者的资本有机构成高于后者。

在资本积累过程中，如果资本有机构成不变，那么，随着资本总量的增加，可变资本就会按相同的比例增加。在其他条件不变的情况下，可变资本的增加，会增加对劳动力的需求。这种情况如果持续下去，就可能出现对劳动力的需求超过劳动力的供给，从而引起工资的提高。但是，这种情况的出现，丝毫不会改变资本主义生产的性质，不会改变无产阶级受剥削、受奴役的社会地位。它只是表明，雇佣工人获得了较好的出卖劳动力的条件，表明“雇佣工人为自己铸造的金锁链已经够长够重，容许把它略微放松一点。”(23.678)

这里还需指出，在资本积累过程中，由于资本有机构成不变出现的工资提高是有限的、暂时的，它只能在不影响资本增殖的限度内变动。如果工资的提高使资本家获得的剩余价值减少，从而使积累的速度降低，那么，对劳动力的需求就会减少，工资也会下降，直至重新回到适合资本增殖的水平。

②资本有机构成提高时的积累。

在资本积累过程中，资本有机构成不变的情况，并不反映资本主义生产的特征。建立在社会化大生产基础上的资本主义企业，为了获取更多的剩余价值，特别是超额剩余价值，并在激烈的市场竞争中占据优势，必然要不断地采用先进技术和新设备，提高劳动生产率。这样，不变资本在总资本中的比重一定会日益加大，导致资本有机构成的提高。可见，资本有机构成的提高，是资本主义生产发展的一种客观趋势。

资本有机构成的提高，一般要以单个资本的增大为前提，而单个资本的增大，是通过资本积聚和资本集中两种形式实现的。所谓资本积聚是指单个资本通过剩余价值的资本化来不断增大自己的总额。它是资本积累的直接结果。资本积聚有两个特点：一是社会财富在单个资本家手中的积聚，会受到社会财富增长程度的限制；二是社会资本分散在许多资本家身上，资本家人数越多，同量社会资本的积累就越分散，资本的增加也会由此受到限制。这是资本积聚的局限性。所谓资本集中则是指把若干分散的小资本合并为少数大资本。在资本集中过程中，竞争和信用是两个最强有力的杠杆。资本集中一般采取两种方式：一是通过竞争，中小资本被大资本所吞并；二是通过信用机构组织股份公司，使分散的资本集中起来。资本集中特别是通过组织股份公司而进行的资本集中，是扩大资本最迅速、最有效的办法。“假如必须等待积累去使某些单个资本增长到能够修建铁路的程度，那么恐怕直到今天世界上还没有铁路。但是，集中通过股份公司转瞬之间就把这件事完成了。”(23.688)

资本积聚与资本集中是互相作用、密切联系的。一方面，资本积聚的进行，一定会引起资本集中，另一方面，资本集中必然会加速积聚。集中与积聚的区别则是，积聚不过是规模扩大的再生产的另一种表现而已，而资本集中是通过改变既有资本的分配来实现的。

2. 相对过剩人口的形成

资本积累最初只表现为资本量的扩大，后来通过资本有机构成的提高，发生了不断增大不变资本部分而相对减少可变资本部分的质的变化。这就必然造成相对过剩的劳动人口。这是在资本有机构成提高条件下，资本积累对无产阶级命运所产生的最重要的影响。

随着资本积累的增长和资本有机构成的提高，在资本总额中，不变资本所占的比重不断增加，可变资本所占的比重则相对减少。因此，同对生产资料的需求相比，总资本对劳动力的需求会相对减少。不仅如此，当某些企业大规模采用先进的机器设备，资本有机构成迅速提高时，可变资本的量还可能绝对减少，从而对劳动力的需求也可能绝对减少。与之相反的趋势是：由于机器简化了操作使妇女、儿童参加工作、小生产者与中小资本家的破产、人口的自然增加、大量移民等原因，造成了出卖劳动力的雇佣劳动者队伍不断扩大。这两种相反趋势的结合，必然造成失业大军或相对人口过剩。

资本主义制度下的过剩劳动人口是相对的，它只是同资本积累对它的需求相比而显得过剩。相对过剩人口是资本积累的结果，是资本主义生产方式的必然产物。同时，这种过剩人口还是资本积累的杠杆，是资本主义生产方式存在和发展的一个必要条件。这是因为，第一，资本主义生产是在周期性的经济危机中发展的，相对过剩人口的存在，可以适应经济周期运行中时而将工人抛向街头、时而又要招收大量劳动力的要求，在这里，相对过剩人口发挥着蓄水池的作用。第二，相对过剩人口的存在，还为资本家加重对在业工人的剥削创造了条件。它是一支绝对隶属于资本的产业后备军，是资本家能够随时获得廉价劳动力、榨取更多剩余价值的保证。因此，在资本主义制度下，是不可能根本消灭失业现象的。

3. 资本主义积累的一般规律及无产阶级贫困化

①资本主义积累的一般规律。

资本的增长，一方面，是资本积聚和资本集中的过程，它使社会财富愈来愈集中在少数资本家手中；另一方面，则是机器排挤工人的过程，它使产业后备军加速形成，使创造社会财富的无产阶级陷入贫困之中，使他们的社会地位和生活状况趋于恶化。马克思指出："社会的财富即执行职能的资本越大，它的增长的规模和能力越大，从而无产阶级的绝对数量和他们的劳动生产力越大，产业后备军也就越大。可供支配的劳动力和资本的膨胀力一样，是由同一些原因发展起来的。因此，产业后备军的相对量和财富的力量一同增长。但是同现役劳动军相比，这种后备军越大，常备的过剩人口也就越多，他们的贫困同他们所受的劳动折磨成反比。最后，工人阶级中贫苦阶层和产业后备军越大，官方认为需要救济的贫民也就越多。这就是资本主义积累的绝对的、一般的规律。”（23.707）

资本主义积累的一般规律，是资本主义基本经济规律即剩余价值规律作用的具体表现。对剩余价值的追逐和资本积累的增长，必然使资产阶级的财富愈来愈多，使无产阶级遭受的失业、压迫和贫困日益加剧。这一规律深刻地揭示了资本主义生产关系的对抗性质，揭示出无产阶级贫困的根源。

②无产阶级的贫困化。

无产阶级的贫困是指整个无产阶级的贫困状况，指无产阶级从属于资本的受奴役、受剥削的社会地位和状况。在考察无产阶级的贫困时，不能只看在业工人、技术工人和熟练工人的状况，还要看失业工人、非技术工人、童工、女工以及农业工人的状况。无产阶级贫困化的突出表现是，在劳动人民所创造的国民收入总额中，无产阶级的工资收入所占的比重不断下降，而资产阶级的剥削收入所占的比重则不断增长。无产阶级的贫困不仅是相对的，有时还是绝对的。它表现在失业和半失业人数的增加、实际工资的降低、生活在贫困线以下的人数增加，劳动强度的提高等方面。无产阶级的绝对贫困还特别表现在资本主义发展初期和经济危机期间。这里应该指出，存在着无产阶级的绝对贫困，并不是说无产阶级的生活一天比一天恶化，也不意味着无产阶级是绝对地日益贫困。恩格斯与列宁都曾指出，揭示出无产阶级的穷苦和贫困是十分必要的，但不主张说绝对地日益穷苦和贫困。

由于生产力水平的提高和工人阶级斗争的加强，从一个长时期来看，工人的物质生活水平有所提高，但是，无产阶级受剥削、受压迫的雇佣地位并未改变。只要资本主义制度存在，无产阶级就不可能从根本上摆脱贫困和从属于资本的境地。

（三）资本主义积累的历史趋势

资本主义生产方式确立和发展的过程，就是资本主义基本矛盾产生和发展的过程。随着资本的不断积累，资本主义的基本矛盾日渐加深，因此决定了资本主义制度必然走向灭亡，这就是资本主义积累的历史趋势。

1. 资本的原始积累

要揭示资本主义生产、发展和必然灭亡的过程，就要追溯资本的原始积累过程。最初的资本主义生产关系，是在封建社会末期小商品生产者两极分化的基础上逐渐产生的。但是，小商品生产者的自发分化和自然经济解体的缓慢进程，无论如何也不能适应当时新的世界市场发展的要求，于是，新兴的资产阶级和资产阶级化的贵族，便用暴力手段剥夺小生产者，迫使生产者与生产资料相分离，并把大量的生产资料和财富集中在自己手里。由于这一积累资本的过程发生在资本主义生产方式完全确立之前，所以叫做资本的原始积累。

资本的原始积累主要包含两方面的内容：

第一，用暴力剥夺小生产者，迫使他们沦为无产者。为了给资本主义的迅速发展提供大批廉价的劳动力，在一些国家还建立起适应资本主义生产方式需要的大土地所有制，这一过程是资本原始积累的基础。历史上发生在英国的“圈地运动”，就是其中的典型。从 15 世纪末到 16 世纪，英国新兴的资产阶级和资产阶级化了的新贵族，为了发展羊毛纺织业，采用暴力手段，强行大规模地圈占农民的土地，逼使农民离开了土地，沦为无产者。国家随后颁布各种血腥的法律，用酷刑迫使无产者进入资本家的工场。最初的雇佣工人，就是这样形成的。其他国家一般也经历过类似的过程。

第二，在国内外榨取、掠夺大量财富，为资本主义的迅速发展积累了货币资本。资产阶级在国内通过国债、税收、关税等手段，对国内劳动人民进行大肆搜刮；在国外通过征服殖民地、贩卖黑奴、鸦片等强盗手段，掠夺了巨额财富。

正是通过这种充满血和泪的原始积累过程，促进了从封建生产方式向资本主义生产方式的转变过程，使资本主义生产方式得以确立。马克思深刻地归结了这一掠夺过程：“这种剥夺的历史是用血和火的文字载入人类编年史的”，(23.783) 并尖锐地指出：“资本来到世间，从头到脚，每个毛孔都滴着血和肮脏的东西。”(23.829)

2. 资本主义基本矛盾决定资本主义制度必然灭亡

资本主义生产方式确定以后，剥夺的过程并没有结束。然而，现在已不仅仅是资本家对小私有者的剥夺，而且是资本家剥夺资本家。这种剥夺是通过资本集中进行的。

资本的积聚和集中，促进了资本主义的发展，但它同时也使资本主义面临矛盾：一方面，资本主义生产日益社会化。随着资本主义积累的发展和资本集中的加剧，资本主义生产的社会化程度越来越高，社会分工越来越细，生产亦越来越专业化。各个生产部门，各个企业之间的经济联系日益紧密，形成相互依赖、相互制约的关系。在此基础上，不仅形成了国内市场，而且形成了世界市场。这种日益发展的社会化大生产，从本质上必然要求社会共同占有生产资料，以统一调节社会生产，共同享有劳动成果。而另一方面，生产资料的所有权却越来越集中到少数大资本家手里，以致形成对资本的垄断。少数大资本家的财富因此而日益增大，劳动人民则日趋贫困。这种生产资料的私人占有与生产的社会性是不能相容的。生产的社会性与资本主义的私人占有间的矛盾，成为资本主义的基本矛盾。

资本主义基本矛盾的发展，表明资本主义生产关系已经越来越不适合生产力的性质，这一矛盾的发展，决定了资本主义制度必然走向灭亡。在资本积累过程中，资本主义社会化大生产的发展，不仅为资本主义制度的灭亡准备了物质条件，而且造就了资本主义制度的掘墓人——无产阶级。因此，资本主义私有制必然要被社会主义、共产主义所代替，这是不以人的意志为转移的客观规律。马克思指出："资本的垄断成了与这种垄断一起并在这种垄断之下繁盛起来的生产方式的桎梏。生产资料的集中和劳动的社会化，达到了同它们的资本主义外壳不能相容的地步。这个外壳就要炸毁了。资本主义私有制的丧钟就要响了。剥夺者就要被剥夺了。"（23.831－832）这就是资本主义积累的历史趋势。

/// 第三章读书难点解释 ///

如何理解"重新建立个人所有制"?

马克思在《资本论》第一卷第二十四章阐述资本主义积累的历史趋势时提出了在未来社会要"重新建立个人所有制"的思想。他指出："从资本主义生产方式产生的资本主义占有方式，从而资本主义的私有制，是对个人的、以自己劳动为基础的私有制的第一个否定。但资本主义生产由于自然过程的必然性，造成了对自身的否定。这是否定的否定。这种否定不是重新建立私有制，而是在资本主义时代的成就的基础上，也就是说，在协作和对土地及靠劳动本身生产的生产资料的共同占有的基础上，重新建立个人所有制。"（23.832）1875 年，马克思在亲自修订过的法文版《资本论》中又补充说，历史上存在过的劳动者的私有制，被资本主义私有制否定了；共产主义所要重新建立的，不是"劳动者的私有制"，而是"劳动者的个人所有制"。(《资本论》法文版、826）多年来，围绕马克思这一论述，理论界进行了颇为热烈的讨论，特别是随着改革的不断深入，许多人又重提对这一命题的阐释，可以说，几乎穷尽了所有可能的理解。然而，却至今未达共识。有学者甚至认为，仅以有限的历史经验，还难以完全证实马克思的这一设想。故要真正解决这一犹如数学王国中的“哥德巴赫猜想”的问题，还面临较大的困难。尽管如此，人们还是阐发了自己的观点，提出了许多有益的思考。这里仅以所收集到的材料，作以下归结。

（一）理论界的几种具有代表性的意见

该如何理解马克思“重新建立个人所有制”的思想，理论界具有代表性的意见似乎可以归结为以下三种：

（1）马克思要“重新建立”的“个人所有制”，是指“生活资料的个人所有制”。这种意见的主要依据是恩格斯在《反杜林论》中的解释。恩格斯说：“靠剥夺剥夺者而建立起来的状态，被称为以土地和靠劳动本身生产的生产资料的社会所有制为基础的个人所有制的恢复，对任何一个懂德语的人来说，这也就是说，社会所有制涉及土地和其他生产资料，个人所有制涉及产品，那就是涉及消费品。”① 持这种意见的同志强调，恩格斯在《反杜林论》中对“个人所有制”的解释是得到马克思的赞同的，而且马克思自己在《哥达纲领批判》中也认为，在未来社会“除了个人的消费资料，没有任何东西可以转为个人的财产”。②

（2）马克思要“重新建立”的“个人所有制”，是指生产资料“人人皆有的私有制”，即社会的生产资料归每个社会成员私有，不存在有些社会成员有生产资料，有些社会成员没有生产资料的现象。这种意见认为，私有制有两种类型，一是“部分人的私有制”，即社会生产资料只被社会上的一部分人所有；二是“人人皆有的私有制”，即“个人所有制”。马克思批判的是第一类型的私有制，并不反对人人皆有的个人所有制。持此观点的同志又把“人人皆有的私有制”等同于“社会个人所有制”，即“既是社会所有制，又是个人所有制”，并断言其中个人所有制即生产资料“个人所有”，是马克思和恩格斯“构想未来社会所有制的基本内核”。马克思恩格斯《共产党宣言》中的论述，是他们的依据：“共产主义并不剥夺任何人占有社会产品的权力，它只剥夺利用这种占有去奴役他人劳动的权力”。③

（3）马克思要“重新建立”的“个人所有制”，指的是生产资料的公有

① 《马克思恩格斯选集》第3卷，人民出版社1995年版，第473页。
② 《马克思恩格斯选集》第3卷，人民出版社1995年版，第304页。
③ 《马克思恩格斯选集》第1卷，人民出版社1995年版，第288页。

制。理由是：马克思提出的“个人所有制”，是与在协作和对土地及靠劳动本身生产的生产资料的“共同占有”联系在一起的。因此，它与社会主义公有制应当是同一概念，二者无论是在内涵上、还是在外延上都是一致的。但是，这种公有制不能认为就是我们曾实践过的社会主义公有制，因为这种公有制并不能使社会每个劳动者切实地感受到他是生产资料的所有者。

此外，学术界还有以下意见：马克思要“重新建立”的“个人所有制”，是指“劳动力个人所有制”；马克思用“重新建立个人所有制”所表达的重点和要义，不是客观财产的归属权，而是人的彻底解放；马克思的“重新建立个人所有制”，是在充分发展的资本主义基础上建立起来的高度发达的公有制，是“既是个人的又是公共的所有制”，是生产资料个人所有制与生产资料公有制的辩证统一，等等①。

（二）不同观点的主要分歧

（1）不同意第一种观点，即认为马克思要“重新建立”的“个人所有制”，是指“生活资料的个人所有制”的同志认为，该解释不符合马克思的原意。因为按照否定之否定规律的内在要求，这个规律的运动过程以什么主题开始，亦应以什么主题结束。马克思把未来社会的所有制取代资本主义所有制看成是一个否定之否定过程的终点，而这一过程的起点则是为资本主义所有制所否定的小生产者的生产资料所有制。既然起点是生产资料所有制，那么终点也应是生产资料所有制，而不可能是消费资料所有制。而且，从历史上看，消费品最终是由个人占有的，资本主义条件下当然也是如此，所以，自然也就谈不上“重建”的问题。②

针对恩格斯的解释是经过马克思认可的问题，有人提出：“对恩格斯的话要全面理解”。首先，恩格斯批判杜林谬论的目的，一是揭示辩证法和否定之否定规律的客观性；二是肯定马克思关于未来社会所有制并非“既是个人又是公共”的所有制，而只能是公有制。前者是恩格斯强调的重点。其次，恩格斯所讲的“个人所有制包括产品即消费品”，指的是未来社会产品的所属及分配的问题，与“重新建立个人所有制”不是同一层次上的问题。……恩格斯所讲的“个人所有制包括产品即消费品”，不过是为了说明：马克思的“重新建立个人所有制”不是公有制与私有的“混沌”制度，但是

---

① 参见王辉：《试探马克思的“重建个人所有制”及在我国的实现》，《财贸经济》1995.5。

② 参见张兴茂：《关于“重新建立个人所有制”的理论思考》，《河南大学学报》（社科版）1995年第2期。

马克思并不否认未来社会中仍存在个人占有的财产。①

（2）不同意第二种意见，即马克思要“重新建立”的“个人所有制”，是指生产资料“人人皆有的私有制”的同志认为，这种观点同马克思的思想完全背道而驰。究其原因，是对这里的“个人”作了肤浅的表面化的理解。马克思的“个人所有制”中的“个人”是联合起来的个人，是实现了社会结合的“个人”。所以，这个“个人所有制”根本不会是分割式的个人占有生产资料。马克思曾再明确不过地指出：“我把生产的发展趋势归结成这样：它……实际上已经以一种集体生产为基础的资本主义所有制只能转变为社会的所有制”。这是社会占有而不是作为各个私人的个人占有这些生产资料。而且，“人人皆有的私有制”在人类社会上并没有作为独立的所有制形态存在过。因为这种私有制一经存在，就会按照其自然过程的必然性演变成“部分人的私有制”。历史的经验已经准确无误地证明了这一点。②

（3）不同意第三种意见，即马克思要“重新建立”的“个人所有制”，指的是“生产资料的公有制”的同志认为，这种观点虽然非常保险，但并不准确。因为：第一，从马克思关于这种公有制所处阶段的论述看，公有制—私有制—公有制是所有制演变的公式，它贯穿在人类社会发展的总过程中，这种否定之否定阶段上的公有制是共产主义社会的所有制。而现在所论述的所有制还只是刚刚变革资本主义社会的社会主义社会及其过渡时期的所有制；第二，从马克思对于这种公有制内涵的论述看，它指的是全社会占有，社会全体成员支配。而现在所论述的所有制还只是自由人联合体共同占有的所有制；第三，从马克思对这种所有制的环境的论述看，它要求国家的消亡、商品货币的消除、劳动成为人们生活的第一需要，人类已进入自由王国。而现在所论述的所有制所处的环境远远没有达到这样的地步。

（三）讨论中引发出的思考

虽然对“重新建立个人所有制”这一命题的看法仁者见仁，智者见智，至今难达共识，但讨论中提出的一些思想，却令人开阔思路，择要如下：

1. 从所有制论本身难以自我求解

有同志认为，对“重新建立个人所有制”之所以长期争论不休，莫衷一

---

① 参见凌令时：《对马克思“重新建立个人所有制”提法的思考》，《贵州教育学院学报》（社科版）1997年第2期。

② 参见张兴茂：《关于“重新建立个人所有制”的理论思考》，《河南大学学报》（社科版）1995年第2期。

是，恐怕与对该问题只从所有制理论本身寻求答案有关，他认为，“从所有制论本身难以自我求解”。目前人们似乎较多地从所有制本身理论框架中以常用的形式逻辑思维来自我求解。诸如：①从所有权质态着眼。所有权是所有制的法律形式，是排他性的特权，从而演绎出生产资料社会所有、生活资料个人所有的观点。②从所有权量态着眼。所有权可表现为一定量的能用价值分割的物权，从而演绎出社会占有全部生产资料、个人占有平等分配相应份额的论点。③从所有制形态着眼。所有制是指劳动与生产资料的结合形式，从而演绎出劳动力作为被他人占有而重新为劳动者自我占有；或者把雇佣劳动重建为自主劳动，肯定劳动主体对劳动的占有支配关系；或者把个人所有归结为人人皆有的私有等论点。由于上述种种论点都能从所有制理论中找到根据，因此难以求得共识。基于上述考虑，他主张跳出所有制理论的框架与形式逻辑思维的束缚，另辟探索新路。①

2. 方法论上的启示

也有同志在文章中就“重新建立个人所有制”这一解惑纷呈的命题，提出了方法论上的思考。他认为，可以用三种方法作指导，探讨马克思这一重要命题：“方法一：马克思的这一命题是对未来社会所有制的设想。”从这一方法出发，作者认为：“对于未来社会的所有制，马克思无论在这里或其他论著中，都只作了原则性的提示，不可能做出具体、详细的论述。……既然马克思的命题还是一种假说和推测，那么，这一命题以及人们对这一命题的解释都需要经过实践的检验，在实践中加以补充和修正，使之成为一种科学的理论。因此，理论工作者的任务主要的恐怕不应是解释自己对马克思这一命题的理解，而应是将马克思的这一命题，即对未来社会所有制的设想，置于一百多年来各国丰富的实践中加以观察。这一方面可以检验、补充和丰富马克思主义的所有制理论，另一方面可以指导所有制改革的实践活动，使所有制的形式和结构更符合社会生产力要求”。

“方法二：要将马克思（包括恩格斯）对未来社会所有制的多次论述加以比较、综合、领会其精神实质。”运用这一方法，作者得出的结论是：“马克思将‘公有’、‘社会所有’与‘个人所有’相提并论。”他认为，之所以如此，是因为：“这表明马克思对个人权利的重视。应当把个人权利是否能得到充分的实现作为衡量公有制是否完善与成熟的基本尺度。……个人权利

① 参见杨昌俊：《从个体全面发展的高度试解“重新建立个人所有制”之谜》，《广东社会科学》1997年第1期。

愈得到充分、合理的实现，也就表明公有制的愈加完善。而要保障个人权利的实现，必须在所有制上体现个人与生产资料的结合。”

“方法三：应将马克思对未来社会所有制的设想置于马克思对于未来社会的设想的大框架之中。”依据这一方法，作者指出：“一些论者在解释马克思未来社会所有制时，往往以自身所经历的社会主义实践经验和所有制模式为背景，这是研究方法上的一个误区，并且成为理解马克思的思想的一道屏障。”①

通过上述观点综述式的解答可以看出，这一问题确实还是一个尚待继续探讨的问题。

二、理论热点问题探讨

实事求是地看待当代资本主义的历史趋势

马克思在其巨著《资本论》中论述了他的资本积累理论，该理论揭示了资本主义生产方式的历史趋势——资本主义必然灭亡。因该论断事关人之思想灵魂、党之兴衰成败，故是我们必须面对的重要话题。

（一）问题的提出

马克思在《资本论》第七篇资本积累理论中得出了著名论断“资本主义私有制的丧钟就要响了。剥夺者就要被剥夺了。”② 列宁在1916年的《帝国主义是资本主义的最高阶段》中，更得出帝国主义“是垂死的资本主义”的论断，如何理解这些论断，是当前学习资本积累及其历史趋势原理必然引发出的重要思考。

这是因为：首先，如何理解这些论断实质上涉及的是信仰、信念问题。这便关系到我们的指导思想，社会制度，干部队伍建设等诸多重大问题；其次，社会主义是作为资本主义的对立物被提出来的，因此，了解当代资本主义及其历史趋势也是振兴社会主义的前提。此外，世纪之交，马克思被西方多家媒体评选为“千年思想家”和“千年风云人物”，与之形成反差的是，有些长期受到马克思主义思想教育的同志，特别是一些年轻人，却对“资本主义必然灭亡、社会主义必然胜利”（以下简称“两个必然”）产生了怀疑与

① 参见应克复：《理解“重新建立个人所有制”的方法论问题》，《马克思主义与现实》1997年第5期。

② 马克思：《资本论》，《马克思恩格斯全集》第44卷，人民出版社2001年版，第874页。

困惑，对此必须认真对待。

（二）出现困惑、怀疑的原因分析

应该看到，在我们的队伍中对“两个必然”产生困惑和怀疑，是有着多方面复杂的社会原因的：有历史变革、社会转型、不同社会制度在相互对峙和交流中出现错综复杂的演进现象的迷惑，有敌对势力的攻击，错误思潮的传播，“苏东剧变”的震撼，还有我们党过去所犯错误的阴影、现有腐败现象的影响以及在宣教效果、学科方向、教材内容等多方面存在缺陷等等，这里特别还要强调的是：我们中的一些人没有用历史的、实践的和发展的观点对待马克思主义，这是出现困惑、产生怀疑的症结所在。

1. 分析该问题的指导思想

从 2004 年开始中央实施了《马克思主义理论研究与建设工程》，这一工程被称为是党的“基础工程”、“生命工程”和“战略工程”，中央对承担《马克思主义经典作家基本观点研究》的课题组提出要求：在研究中要努力做到“四个努力分清”、一个“特别注重”：即：要努力分清哪些是必须长期坚持的马克思主义基本原理，哪些是需要结合新的实际丰富和发展的理论判断，哪些是必须破除的对马克思主义的教条式的理解，哪些是必须澄清的附加在马克思主义名下的错误观点。此外，要特别注重对那些过去不够重视、而今天看来特别具有理论和现实意义的马克思主义经典作家的基本观点进行研究。这也应成为正确对待马克思主义资本积累及其历史趋势原理的指导思想。

2. 对出现困惑、产生怀疑的症结分析

如前所述，没有用历史的、实践的和发展的观点对待马克思主义，这是出现困惑、产生怀疑的症结所在。而“四个努力分清”是指导我们认识困惑、分析症结的指导思想。毫无疑问，我们必须坚信马克思主义的真理性。但与此同时，如果不注意马克思所处的历史环境，甚至没有看到马克思作为科学工作者，对自己许多结论局限性的认识和不断完善自己思想的行动，而是把马克思主义当成了僵化的教条、解决问题的现成答案，那么，教条主义、实用主义的思想方法就要影响我们对马克思主义的完整、准确理解，使我们在坚定共产主义信念上出现偏差，同时阻碍马克思主义的与时俱进。具体说来：

首先，从马克思方面看：他在提出他的学说时也会受到各种局限。

①马克思所处时代的局限：当时正处在资本主义传统大工业迅速发展的时期，资本主义的基本矛盾暴露出来了，但资本主义调解社会矛盾的能力、

生产的继续发展的潜力，基本还没有表现出来，马克思当然会得出资本主义丧钟就要响了的结论。

②写作参考材料的局限：正如有的学者[①]指出的，马克思借以构筑自己思想体系的社会科学总体水平还处在比较低下的状态。当时最重要的是历史学。而马克思所能参考的多是西方学者的著作，而这些学者也只是对西方的历史有比较准确地了解，对东方和世界其他地区历史的了解是有限的，这必然使得马克思对人类社会发展史的考察受到一定的限制。

③写作安排与时间不足的局限：马克思曾指出：提出了资本主义必然灭亡的现行《资本论》，存在着研究对象范围、研究对象的逻辑层次和关于研究对象叙述方法的三大逻辑局限。

其次，从我们方面看：几方面的原因致使我们在接受、运用马克思主义上也容易出现问题。

①接受上的“时代特征”容易导致教条主义。我们中国人对马克思主义的认识，离不开中国的历史和中国的国情。从马克思主义的传播过程来看，中国革命中对马克思主义的学习，从一定意义上说具有其时代特征。比如当时中国最需要的阶级斗争理论等。这种接受方法容易导致教条主义。

②传统的思维模式容易导致本本主义、实用主义。有同志[②]在文章中指出，中国这个传统文化深厚，崇神拜上，习惯一统的国度，总是希望有一个权威来简化行动的程序，省却思考的痛苦。于是传播共产主义幽灵的书一到中国，便立即有了革命的“本本主义”。此外，马克思明明是一个伟大的思想家，而我们却硬要把他降低为一个行动家。共产主义是一种思想而不是一个方案。可是我们急于对号入座，急于过渡。实际上，马克思面对人们急切地询问他社会主义的步骤时说：现在提出这个问题是虚无缥缈的。恩格斯说得更明白：关于未来社会组织方面的详细情况和预定看法吗？您在我这里连它们的影子也找不到。

③实用主义的运用容易造成对马克思主义的误解和信仰危机。马克思主义的继承者，出于宣传和动员的需要，把许多观点教条化、片面化了。例如，将马克思举例说明剥削需要雇佣8个人作为是否存在剥削的标准；只讲“两个必然”，不讲马克思在1859年的《〈政治经济学批判〉序言》中明确提出的：“无论哪一个社会形态，在它所能容纳的全部生产力发挥出来以前，

① 参见章百家：《以历史唯物主义看待马克思主义》，中央党校学习毕业论文。

② 参见梁衡：《特利尔的幽灵》，《当代贵州》2004年第12期。

是决不会灭亡的；而新的更高的生产关系，在它的物质存在条件在旧社会的胎胞里成熟以前，是决不会出现的”所谓“两个决不会”；只讲“暴力革命”不讲有条件时也可以采用“和平手段”；只讲资本主义的剥削与对生产力的破坏，而不讲这一制度对生产力发展所起的作用。于是，在某些不被强调的事情出现时，人们便会误解马克思主义，可见，教条主义、本本主义、实用主义必然造成对马克思主义的信仰危机。

④不能历史地、实践地、发展地看待马克思恩格斯思想的局限性。事实上，马克思作为科学工作者，对自己许多结论的局限性有相当充分的认识；恩格斯在《反杜林论》就曾经这样说过：后人纠正我们的错误往往比我们以轻蔑的眼光纠正前人的认识多得多；我们思想中被纠正的东西比可以保留的东西要多得多。以历史唯物主义的观点看，马克思的研究有局限性的方面，他的历史贡献在于提出了新的问题，开拓了新的研究领域和新的研究方法，这已具有划时代的历史意义。例如：他虽然没有看到资本主义的调节能力，但却已正确地指出：生产力总是向前发展的，生产关系一定要适应生产力发展的要求。资本主义在它还能调节的范围内所做的调整，并未超出马克思的论断。只有了解了这一点，我们才能理解马克思主义为什么会对社会科学，包括历史学、社会学、政治学、经济学，产生如此普遍、深刻和长远的影响，他至今仍是一位人类历史上最伟大的思想家。

有学者概括了当代青年人之所以不那么信奉马克思主义的原因，他讲得不无道理：他说，实际上，建国前马克思主义是最受青年人欢迎的、最受期待的思想，现在一些青年人将其看成是官方的东西、是陈旧、落后的，行将退出历史舞台的东西，说明在改革开放和发展社会主义市场经济的新时期，由于市场经济主体的多元化已经导致了人们价值观念的多元化，使人不再盲目地信仰某种意识形态。市场经济的趋利性，也使人们更多地关注自身的利益，并根据自身的利益来选择和评判意识形态。这些都使得主流意识形态被冲击、被淡化的倾向越来越突出。在这种情况下，如果我们的一些主流意识形态的宣传缺乏用马克思主义基本原理研究当代现实、回答当代问题的勇气和自觉性；缺乏与当代各种思想学术体系对话、交流并论争的热情与魄力；不能切实地解读民众的文化生存和生活诉求而是空话、套话盛行，表达苍白无力与枯燥乏味，甚至出现学术界所说的马克思主义失去了话语权、或所谓“失语”状态，问题将是十分严重的。①

① 黄楠森：《时代发展与马克思主义本土化》，《马克思主义研究论丛》，中央编译出版社第1辑。

(三)实事求是分析当代资本主义及其历史趋势

首先，应历史地把握列宁关于“帝国主义是垂死的资本主义”的论断。列宁之所以提出帝国主义是垂死的资本主义的论断，是有其历史根据的。资本主义的发展，从英国资产阶级革命算起，至今已有几百年的历史了。其演变与发展的进程从来没有停止过。它曾充满活力、有过辉煌，促进了人类文明的进步；但它也充满矛盾和周期性危机，遭遇过经济衰败的大萧条时期。特别是19世纪末20世纪初，它从自由竞争过渡到垄断阶段，内外交困，各种矛盾激化，危机四伏，并导致法西斯势力的泛滥和两次世界大战的爆发。战争造成生产力破坏，生灵涂炭，文明丧失，社会倒退。可见，列宁提出该重要论断有其历史依据。

其次，应该承认：在生产力发展、生产社会化要求的迫使及防止被革命阶级推翻的警示等情况下，当代资本主义中的发达国家在其根本性质不变的前提下，对资本主义生产关系的某些环节和经济社会运行管理机制，作了包括借鉴社会主义做法的调节与调整，因而它的社会矛盾有所缓和；加之经济基础及自然环境较好的历史和自然因素的影响、新科技革命的作用以及对第三世界国家的掠夺与剥削等，使得资本主义发达国家还有相当的生命力。

再次，当代资本主义的调整和发展，改变不了社会主义必然代替资本主义的历史规律。马克思主义认为，任何事物的产生和发展，都有其规律性，不论其发展的具体进程如何，最终都不可能摆脱客观规律；任何规律都是在历史的具体演进中逐渐地和越来越深刻地发挥作用，并最终指向历史结局。由于资本主义经济的基础（资本与雇佣劳动的对立）、本质（剥削剩余价值）、矛盾（生产的社会化和资本主义私人占有之间的矛盾）没有根本改变，因此资本主义制度必然灭亡的历史趋势不会消失。江泽民同志对马克思主义的科学性坚定不移：“尽管现在世界上的情况有许多新变化，但历史发展的总趋势并没有越出马克思主义经典作家所揭示的基本规律。”① 当然，资本主义制度为社会主义、共产主义制度代替的历史过程，将是长期的、复杂的、曲折的。

第四，今后实现社会主义、共产主义制度代替资本主义制度的伟大历史变革的途径、形式和条件，要根据新的情况进行新的探索。“我们对社会未来发展的方向可以做出科学上的预见，但未来的事情具体如何发展，应该由

---

① 转引自中共中央宣传部理论局：《干部群众关心的25个理论问题》，学习出版社2003年版，第3页。

未来的实践去回答。我们要坚持正确的前进方向，但不可能也不必要去对遥远的未来作具体的设想和描绘。”①

第五，“全党同志既要树立共产主义的远大理想，坚定信念，以高尚的思想道德要求和鞭策自己，更要脚踏实地为实现党在现阶段的基本纲领而不懈努力，扎扎实实地做好现阶段的每一项工作。”② 社会主义中国在这个伟大历史变革中的最大贡献，就是把自己的事情办好，建设好中国特色的社会主义、使社会主义制度的优越性充分发挥出来。社会主义代替资本主义的条件，一是资本主义矛盾的积累；二是社会主义的发展，榜样的力量是无穷的，从这个意义上说，后者更为重要。要充分发挥社会主义的优越性，使其成为人类向往的新制度。

总之，马克思的资本积累及其历史趋势原理内容是极其丰富的，对其的理解学术界也是见仁见智，但是，这一理论所揭示的真理性永远不容置疑。

① 江泽民：《在庆祝中国共产党成立八十周年大会上的讲话》单行本，人民出版社 2001 年版，第 41 页。

② 江泽民：《在庆祝中国共产党成立八十周年大会上的讲话》单行本，人民出版社 2001 年版，第 41—42 页。

第二卷　资本的流通过程

第二卷简介

《资本论》第二卷是恩格斯根据马克思的手稿整理和编辑而成的。第二卷研究的是“资本的流通过程”。这里要考察的流通，不是单纯的商品流通，而是流通过程与生产过程统一的广义流通。在这一卷中，马克思考察了产业资本运动的形态变化和运动的实现条件。也可以说，第二卷研究的是产业资本的再生产过程。

《资本论》第二卷共三篇，21章。内容分为三个部分：第一部分是第一篇，资本循环理论，主要考察以货币资本循环为代表的，个别资本运动的阶段和实现运动的条件。第二部分是第二篇，资本周转理论，以生产资本循环为研究对象，考察资本周转的方式、速度以及对剩余价值生产的影响。第三部分是第三篇，社会总资本再生产理论，考察商品资本的运动，揭示社会总资本再生产中的各种比例关系和实现条件。

在第二卷中，马克思主要运用了微观与宏观结合、比例平衡两种分析方法。所谓微观与宏观结合分析法，是指首先以个别资本的运动为研究对象，考察个别资本运动的特点和实现条件，然后，在此基础上，从宏观的角度，考察社会总资本的运动特点，从而揭示社会总资本运动的规律。所谓比例平衡分析法，是指研究各种比例之间的平衡关系。例如，马克思在分析个别资本循环时，强调了货币资本、生产资本和商品资本的分割比例，是资本循环的必要条件；在研究社会总资本再生产时，又揭示了两大部类之间以及各个部类内部等比例关系，是社会总资本再生产实现的必要保证。可见，运用从微观到宏观，从个别资本运动的比例平衡到社会总资本运动的比例平衡的分析方法，是第二卷在方法论上不同于第一、三卷的一个显著特点。

第一章 资本循环和周转理论

一、原著的基本脉络

第一章简介

本章介绍马克思《资本论》第二卷第一篇《资本形态变化及其循环》和第二篇《资本周转》的主要内容。

本章研究了资本循环和周转理论，阐明了资本在循环过程中形态的变化、循环的条件、周转的方式以及资本周转对剩余价值生产的影响，从而揭示了资本运动的客观规律。

马克思在第一、二篇中分别考察了资本的循环和周转。第一篇共 6 章，可分为三个部分，前 3 章为第一部分，分别考察三种资本形态的变化和循环；第 4 章是第二部分，综合分析三种循环的统一，从总体上揭示资本循环的基本特征和实现条件；第三部分是第 5、6 章，考察了资本的流通时间，着重分析了一次循环所耗费的流通费用。第二篇共 11 章，也可分为四个部分，第 7 章为第一部分，是资本周转理论的导论，它对资本周转做了一般的定义，并提出了衡量周转速度的两个指标，即周转时间和周转次数。第二部分是第 8、9 章，考察了固定资本和流动资本的周转方式以及其对资本周转的影响，着重研究了固定资本的周转。第三部分从第 12 章至第 14 章，研究了生产时间和劳动时间对资本、尤其是对流动资本周转的影响。第四部分由第 15、16 两章构成，从不同角度分析了资本周转速度对剩余价值生产的影响。

在这两篇中，马克思运用的研究方法有：微观分析和抽象分析相结合的方法。它以个别产业资本为研究对象，把单个资本从原点出发又回到原点的一次运动过程抽象出来，着重研究资本在该运动过程中的形态变化。分析和综合相结合的方法。第一篇的前 3 章分别考察了资本的三种循环，第 4 章综合分析资本三种循环的内在统一，从总体上揭示产业资本循环的一般规律。在第二篇中先分别考察了资本构成和时间构成，然后，综合分析资本周转快慢的效果。定性分析和定量分析相结合的方法。在分析资本周转质的规定性的同时，也进行了量的分析，如固定资本和流动资本的比例、预付资本量的大小、资本周转速度的快慢等等。通过定量的分析，准确地揭示出资本周转的规律性。

/// 第一章内容要点 ///

（一）资本循环

马克思以单个产业资本运动为考察对象，分析产业资本循环的一般规律。虽然资本循环是货币资本、生产资本和商品资本三种循环的统一，但由于货币资本的循环最能反映产业资本从货币投入开始，经过一定阶段运动又以货币收回的资本价值增殖的全过程，所以，马克思从分析货币资本循环入手，既分析货币资本循环的特殊性，又考察产业资本循环的一般规律。

1. 资本循环中的形态变化

产业资本循环是从货币投入出发，顺次经过购买、生产、销售三个阶段，携带着价值增殖部分以货币形式流回的一次运动过程。用公式可表现为：

$$G—W\cdots P\cdots W'—G'$$

上述公式还可以进一步分解为下面的公式：

$$G—W<\begin{matrix}A\\ Pm\end{matrix}\cdots P\cdots W'—G'$$

G 代表预付货币资本，W 代表购买的生产要素，其中 A 代表雇佣的劳动力，Pm 代表生产资料，P 代表生产资本，G'代表增殖了的货币资本，$\triangle G$ 代表货币形式的剩余价值。

产业资本循环的第一阶段是购买阶段，即 G—W。在这个阶段，资本家用货币购买生产要素，为生产阶段做准备。从表面上看，G—W 是一般商品流通，货币在执行流通手段的职能。但它又是资本运动的特定阶段。因为资本家购买的不是普通商品，而是生产资料和劳动力。劳动力的使用价值是价值和剩余价值形成的源泉，生产资料则是吸收工人劳动和剩余劳动的手段，这两者的结合可以生产剩余价值。因此，货币不仅执行货币职能，同时也执行着资本的职能，成为货币资本。为此，购买阶段也就成为资本循环的一个特定阶段。

通过购买，资本家拥有了生产剩余价值的条件，即一个能够支出更多劳动量的劳动力和能够充分吸收这个劳动量的生产资料，为生产剩余价值做好了准备。

资本循环的第二阶段是生产阶段，即 $W\cdots P\cdots W'$。在这个阶段，资本采取了生产资本的形式，即以劳动力和生产资料形式存在的资本。在生产过程中劳动力和生产资料结合起来，具有了生产剩余价值的职能。劳动力与生产资料的结合方式是以一定的所有制关系为前提的。在资本主义社会，由于生产资料归资本家所有，劳动力只有成为雇佣劳动者才能与生产资料结合，劳动者和生产资料结合的过程，必然成为生产剩余价值的过程，劳动力和生产资料也具有了生产资本的形式。所以，劳动力与生产资料不同的结合方式是划分社会经济时代的标志。

生产资本的职能是生产剩余价值。“生产资本在执行职能时，消耗它自己的组成部分，使它们转化为一个具有更高价值的产品量。”（24.45）这个产品不是普通的商品，它不仅包含生产商品所耗费的生产资本的价值，还包括剩余价值。在此，含有剩余价值的商品，就表现为资本的产物，归资本家所有。

资本循环的第三阶段是售卖阶段，即 $W'—G'$的阶段。在这个阶段，资本采取了商品资本的形式。因为待实现商品价值中包含着剩余价值。资本家销售商品，换回货币，补偿了预付的货币资本，并实现了剩余价值。可见，商品资本的职能就是实现剩余价值。

商品资本的职能对于资本循环具有极为重要的意义。一是只有销售了商品，收回预付的货币资本和实现了剩余价值，资本循环才能重新开始。二是销售速度的不同，也会影响资本职能的发挥。因为销售速度越快，同量资本在一年中执行生产资本职能的次数就越多，可以当作更大量的资本发挥作用。三是商品的销售数量具有决定性的意义。待实现商品价值中不仅包含了预付资本的价值，还包含了剩余价值，它们能否实现，取决于商品销售的数量。只有全部将商品出售了，预付的货币资本才能收回，剩余价值才能实现。

可见，商品资本只有快速、全部、顺畅地实现向货币资本的转化，才能最终完成它的职能，保证资本持续循环下去。

综上所述，资本总循环过程具有如下规定性：第一，产业资本在运动中，顺次经过三个阶段，即购买阶段、生产阶段、出售阶段。其中购买阶段和出售阶段是商品的流通过程，第二阶段是生产过程。所以，资本的总循环过程是流通过程和生产过程的统一。第二，在资本运动的不同阶段，产业资本不断地改变自己的形态，完成不同的职能，在购买阶段，产业资本采取了货币资本的形态，通过购买劳动力和生产资料，完成为剩余价值生产准备条件的职能；在生产阶段，产业资本采取生产资本的形态，将劳动力和生产资料结合起来，完成生产剩余价值的职能；在出售阶段，产业资本采取商品资本的形态，完成实现剩余价值的职能。在资本循环中，产业资本依次采取了货币资本、生产资本和商品资本三种形态。第三，产业资本在经历了一个完整的循环过程后，不仅收回了预付的全部资本价值，而且还带回一个增殖，即剩余价值，实现了资本的保值增殖。第四，产业资本以货币为运动的始发点，在经历了三个阶段后，又以货币作为运动的终结点，资本的运动是一个周而复始的循环过程。

上述四个规定，是以货币资本为代表的产业资本循环总过程的主要内容。虽然货币资本循环最能反映产业资本循环过程的一般规定性，但是，货币资本循环毕竟是产业资本循环的一种特殊形式，是最片面的形式。因为货币资本循环是以投入一定货币开始，又以从流通中取出更多的货币结束，它突出了流通过程的作用，掩盖了生产过程在循环中的决定作用，因而掩盖了剩余价值的真正来源。同时，这种循环形式又能最直接地、典型地表现出产业资本循环的目的和动机，即生产剩余价值。可以说，货币资本循环既是资本的特殊循环，又是资本的一般循环。

产业资本循环还包括生产资本的循环，P…W′—G′—W…P 和商品资本的循环，W′—G′—W…P…W′。这两种资本循环都具有各自的特点。

首先，生产资本循环的起点是一定量的生产要素 P，即劳动力和生产资料形式存在的资本，而循环的终点仍然是生产要素 P。这表明生产要素已经顺次进入了两个生产过程，进行剩余价值的生产。所以，生产资本的循环“不仅表示剩余价值的生产，而且表示剩余价值的周期再生产”；(24.75) 生产资本循环与货币资本循环相比，有两个明显的特点：一是由卖、买两个流通阶段构成的总流通过程是生产过程的媒介，而在货币资本循环中，生产过程则是流通过程的媒介。二是在生产资本循环中，总流通过程表现为简单商品流通，而在货币资本循环中，总流通过程则表现为资本的流通。尤其是总流通过程中买、卖两阶段的颠倒，容易造成一种假象，似乎资本主义生产的目的是生产使用价值，而不是剩余价值，掩盖了资本运动的目的。

其次，商品资本循环的起点和终点都是商品资本 W′。这个商品资本中既包含了资本的价值，也包含了剩余价值，所以，商品资本的循环，既是资本价值的循环，也是剩余价值的循环。

商品资本循环也是一种特殊的循环，它与上述两种资本循环相比，有三个明显的区别：一是在商品资本循环中，有两个流通阶段，即卖阶段和买阶段构成的总流通过程，处在资本运动的初始阶段。这表明商品价值的实现和生产要素的购买，已成为生产过程顺利进行的先决条件。二是在商品资本循环中，资本运动的起点永远是 W′。这个商品是生产过程的结果，包含着预付资本价值和剩余价值。三是商品资本的循环体现了社会总资本的运动。在商品资本运动的起点 W′中，既包含了预付资本的价值和剩余价值，也在实物形态上由各种使用价值构成。因此，商品资本循环不仅包括补偿预付资本的商品运动，也包括含有剩余价值的产品运动；既包括生产消费，也包括个人消费；既包括社会总资本 W′的各个构成部分在价值上如何补偿，又包括在使用价值上如何交换。可见，商品资本循环已超出了单个产业资本循环的范围，体现了社会总资本的运动。

2. 资本循环的实现条件

产业资本的循环是三种循环的统一。一种形式的循环，依次构成了其他形式循环的不同阶段，也保证了其他形式循环的顺利地进行。所以，产业资本循环，是三种循环连续地并列进行的。见下列公式：

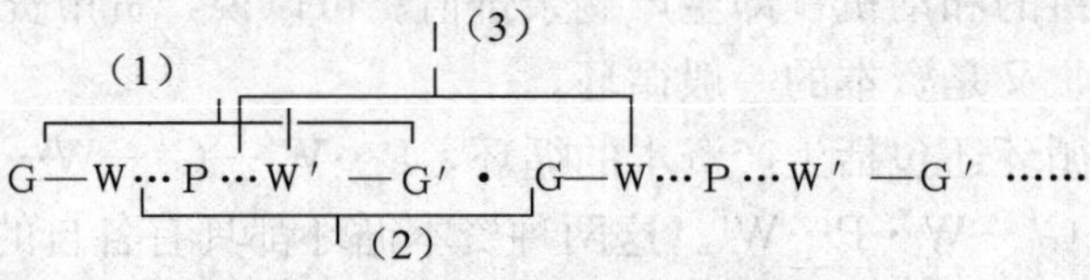

(1) 货币资本循环，即 G—W…P…W′—G′

(2) 生产资本循环，即 P…W′—G′—W…P

(3) 商品资本循环，即 W′—G′—W…P…W′

三种资本循环的区别，实际上只是形式上的区别，如果从整体的角度来考察三种资本循环的统一，就会发现它们的共同特征。

第一，三种循环都是以价值增殖为目的和动机的。在货币资本循环中，G—G′直接地表明投资的目的是为了获得剩余价值；在生产资本循环中，P—P′是从价值增殖过程开始的；在商品资本循环中，W′—W′是从已经增殖的价值，即包含剩余价值的商品资本开始的，又以重新增殖的价值结束的。可见，虽然各种形式的循环表现形式不同，但是追求剩余价值是共同的目的。

第二，循环的过程表现为生产过程和流通过程的统一。

第三，循环过程的每一个因素，即每种形态的资本都表现为出发点、经过点和回归点。

第四，循环过程的所有前提，都表现为过程的结果，同时，又表现为过程本身所产生的前提。例如，G—G′，G是资本运动的前提，又是这个运动过程的结果，而G′又是重新循环的前提。

产业资本循环是三种循环的统一，是一个连续不断的过程。产业资本运动的这种连续性，是由资本主义社会化大生产的性质决定的。要使三种资本循环总能同时地、连续地进行，就必须具备一定的条件。马克思认为产业资本循环必须具备两方面的条件：

一是产业资本必须按照一定的比例分为三个部分，即货币资本、生产资本和商品资本并使之在空间上并存于购买、生产和销售三个阶段。

二是产业资本的每种形态要同时依次经过三个阶段，从一个阶段转到另一个阶段，从一种形态变为另一种形态，即在时间上的继起。

产业资本在空间上的并存和时间上的继起，保证了产业资本的不断运动。这种并存性和继起性是互相依存，互为条件的。首先，继起以并存为前提。如果没有产业资本同时分为货币资本、生产资本和商品资本三种形态，产业资本就不可能顺次经过三个阶段，完成运动的全过程。其次，并存又以继起为保证。如果没有各种形态的资本顺畅地通过循环的各个阶段，产业资本的各个部分也就难以继续并存下去。可见，这两个条件是产业资本实现循环的必要条件。

另外，马克思还分析了外部因素对资本循环的影响。

首先，价值变动对资本循环的影响。作为运动主体的资本价值，必然受价值规律的调节。如果发生了“价值革命”，价值量出现变动，也会影响资本的循环。价值变动会影响资本家的初始投资量。如果在生产力不变的情况下，生产要素的价值下降了，资本家开办一个企业的初始投资就会减少；相反，开办一个企业需要的投资就要增多。价值变动还会影响资本的再生产规模。如果生产资料价值降低了，再生产不仅可在原有规模上进行，还可以将部分货币资本转为积累，在扩大规模上进行。如果生产资料价值提高了，资本家要维持原有生产规模，就必须追加部分货币资本，否则，生产就会萎缩。这样，资本家必须时刻准备一定的货币基金，以备消除“价值革命”的不利影响。

其次，商品市场对资本循环的影响。由于流通过程是产业资本循环的重要阶段，因而它受商品市场的制约。由于生产要素来自商品市场，并不断在市场上得到更新和补充，而生产的产品又必须不断地通过市场卖出去，这样，商品市场的规模和范围、商品流通渠道的多面性和畅通性，都从外部制约着产业资本的循环。

3. 流通费用

流通费用是资本在流通过程中所消耗的费用。它由纯粹流通费用、保管费用、运输费用三个部分构成。这些费用可分为两类，一类是单纯为资本价值实现而支付的纯粹流通费用，另一类是为商品使用价值的保管和运输而支付的生产性流通费用。

纯粹流通费用是单纯为商品价值实现而消耗的费用。这些费用的支出，有助于加快商品价值的实现，对资本循环来说是必要的。但它不创造价值和剩余价值。所以，这些费用只能从剩余价值中得到补偿，是对社会总剩余价值的一种扣除。纯粹流通费用可分为买卖时间引起的费用、簿记的费用和货币的费用。

买卖时间引起的费用是资本在流通过程中，由商品形态 W′转化货币形态 G′，又由货币形态 G 转化为商品形态 W 的转型时间，或说是资本家在市场上执行买者和卖者职能的时间。在这个时间里，资本为了买卖商品，需要支出各种费用。如广告费、商店职员的工资、通讯费以及交易所的开支等，都属于买卖时间引起的费用。它有助于商品价值和剩余价值的实现、产业资本的持续循环。

簿记的费用是对资本增殖活动进行核算和监督所耗费的费用。因为在簿记上既消耗必要的物品，也要雇佣专业簿记人员，这一切都需要支出一定的费用。簿记不仅存在于商品经济社会，也存在于其他经济社会，并随生产社会化程度的提高，越来越发挥着重要作用。

货币的费用是为货币本身而支出的费用。把金银商品当作货币发挥职能时，这些商品只能潜在地滞留在流通领域。这对社会来说，是由生产的社会形式产生的流通费用。另外，金银会在流通中磨损，为了替换这部分货币，社会也需要支出一定的补偿费用。这部分费用将随着资本主义生产的发展而不断增大。虽然纸币已经代替了金银货币，但发行纸币、替换磨损的纸币以及保管作为储备货币的金银和纸币，也需要社会支付一定的流通费用。

保管费用是储备商品所需要的一切费用。保管费用既与纯粹流通费用不同，又与生产过程中的生产费用不同，具有两重性质。保管费用是生产过程在流通中的继续，是为保存商品使用价值追加物化劳动和活劳动所引起的费用，它会加入到商品价值中。这种保管劳动虽不增加商品的使用价值，但它保存了商品使用价值，因而创造价值和剩余价值。为此支付的费用属于生产性费用，由于它的生产性质被流通形式所掩盖，故为流通费用。然而，保管费用只是保管商品的使用价值而支出的费用，并不直接增加商品的使用价值和社会物质财富，所以，从社会的观点来看，保管费用是活劳动或物化劳动的非生产耗费引起的费用，要从社会物质财富中扣除。从这个意义上说，保管费用也"是生产上的非生产费用"。

需要注意，只有正常商品储备的保管费用，才能加入商品价值。所谓正常商品储备就是指商品储备数量既要满足一定时期的社会需要量，而且要大于平均需要量或销售量，还要保证各种商品在由再生产得到补充以前能够满足市场的需要。为保管这些商品而支出的保管费用，是社会必须支付的费用，可以加入商品价值。如果商品储备超过正常限度，为此支出的保管费用就不能加入商品价值，而是对现有价值的一种扣除。

商品运输是商品由于生产和流通的需要，借助一定的运输工具，发生的空间位移，为这种位移而支出的费用是运输费用。

由于商品运输不是直接发生在生产领域，而是发生在流通领域，因此，运输费用表现为流通费用。然而，商品运输与商品使用价值的实现和消费直接相关，是使商品使用价值进入消费领域的必要中介，所以，运输是生产过程在流通领域的继续，从事运输的劳动也创造价值和剩余价值，运输费用作为生产性费用也会加入商品价值。但只有属于社会再生产需要的运输活动所引起的费用，才能加入商品价值。如果因盲目生产或投机活动所产生的不正常运输活动，其运输费用就只能作为"纯粹流通费用"，从剩余价值中扣除。

综上分析，生产性流通费用，如保管费用、运输费用，在社会再生产需要的范围和限度内，是可以加入商品价值。超出这个限度和范围，就不能加入商品价值，只能从剩余价值中扣除。

（二）资本周转

马克思在考察资本循环的基础上，进一步考察了资本的周转方式、周转时间以及周转速度等因素，对剩余价值生产的影响。

资本周转是周而复始的资本循环。研究资本周转的目的，是考察资本周转速度对剩余价值生产的影响。资本周转速度可由资本周转时间和周转次数来表示。所谓周转时间是指资本的生产时间和流通时间的总和，即资本家把资本预付出去，到资本带着剩余价值又回来所需的时间。资本的周转时间与周转速度成反比，周转时间越长，周转的速度就越慢；而周转时间越短，周转速度就越快。在不同产业和企业中，周转时间和速度是不同的，为了计量的统一性，通常以一年作为一个计量单位，计算一年中资本周转的次数，用以衡量资本周转的速度。资本周转的次数就是一年中资本循环的次数。用公式表示为：

$$资本一年周转次数=\frac{1年时间}{资本周转1次的时间}$$

资本周转次数与周转速度成正比，一年中周转的次数越多，表示资本周转的速度就越快；反之，周转速度就越慢。

1. 资本周转方式

资本周转速度受多种因素影响，首先受生产资本构成的影响。

生产资本按其价值转移的方式不同，可以划分为固定资本和流动资本两个部分。这两个部分资本在生产资本中所占的比重不同，直接影响周转速度。

固定资本是指投在机器、厂房等劳动资料上的生产资本。这部分资本的使用价值具有整体投入，部分磨损，直至报废才会进行更新的特点。因而形成独特的周转方式：一是它的使用价值不参加流通，始终在生产领域中发挥职能，直至报废。二是它的价值随着使用价值的磨损，逐步地转移到产品中去，直至转移完毕，才完成一次周转。在固定资本更新之前，转移出去的价值，以货币准备金形式积累起来。

流动资本是指投在原料、辅助材料上的不变资本和投在劳动力上的可变资本部分。虽然不变资本和可变资本在商品使用价值和价值形成中作用完全不同，但它们在价值周转方式上是共同的，故称为流动资本。流动资本周转的特点是：流动资本的使用价值一次投入生产过程，一次全部消耗，价值也一次全部转移到产品中去，随着产品的实现，完成一次周转，实物也得到更新。

值得注意的是，虽然可变资本的价值也取得了流动资本的性质，但它与流动资本中的不变资本不同，参与周转的不是工人需要的生活资料，也不是工人的劳动力，只是资本投在劳动力上的可变资本的价值。

可见，固定资本与流动资本存在很大的差别。这种差别主要表现在：一是周转方式不同。固定资本价值随着使用价值的磨损，部分地实现周转，直到使用价值全部报废，价值才能完成一次周转；而流动资本价值则是随着使用价值一次性消费，一次全部实现周转。二是周转时间不同。固定资本周转的时间比流动资本周转的时间长，固定资本周转一次，流动资本可以周转多次。三是价值预付和收回方式不同。固定资本价值是一次预付，渐次收回；

而流动资本则是一次预付，一次收回。四是使用价值更新频率不同。固定资本是一次投入生产过程，长期使用，直至报废才需要更新，更新间隔较长；而流动资本是一次投入，一次全部消费，更新的间隔很短。

马克思在考察了固定资本的特征以及与流动资本的区别后，专门分析了固定资本本身的磨损、更新、维修和折旧等问题。

固定资本使用中的磨损是影响固定资本寿命的重要因素。固定资本的磨损包括使用价值的磨损和价值的磨损。使用价值的磨损可称为有形磨损或物质磨损。这种磨损是由物质资料的使用和自然力对其的侵蚀造成的。如铁路上的枕木不仅因使用而损坏，也会因自然力的侵蚀而报废。价值磨损是无形的，它与物质磨损无关，是资本价值的贬值，故称为无形磨损或精神磨损。这种磨损表现为已投入使用的固定资本价值的贬值。引起贬值的原因主要有两个：一是由于劳动生产率提高，新生产的同类固定资本价值降低，使原有固定资本的价值贬值；二是由于技术进步，生产出更高性能、更高效率的固定资本，也使原有固定资本效能相对降低而引起的贬值。固定资本的自然力磨损和精神磨损是一种经济损失，得不到价值补偿，只能由资本家通过各种方式加以减轻或避免。

固定资本因磨损需要更新。固定资本的更新是物质替换和价值补偿的统一。固定资本的更新“不是以原来的形式，而是以革新的形式进行补偿”。它受两方面的制约，一方面，由于固定资本使用寿命延长，在其价值转移尚未完毕，实物仍能使用时，资本家不愿提前更新。这是新技术推广的一个障碍。另一方面，由于竞争的加剧，迫使资本家在固定资本使用寿命尚未完结之前，提前更新，用更高效率的固定资本来代替原有的固定资本。这是加快新技术采用的动力。

固定资本的维修是保证固定资本正常使用的必要措施，而维修本身要耗费一定的物化劳动和活劳动，支出一定的维修费用。其中生产过程耗费的维护费用，按年平均计算，作为流动资本中非生产性费用，分摊到产品的价值中去。而修理费用不包括在预付资本中，不能从固定资本转移的价值中补偿，只能作为一种独特的追加资本，平均分摊到产品成本中去，通过产品出售得到补偿。但由于它是经常性的支出，也可算作流动资本。

预付资本的总周转是固定资本的平均周转。预付总资本的周转速度快慢与固定资本比重的大小成反向变化，与流动资本比重的大小成正向变化，这是预付总资本周转的一个规律。

2. 资本周转时间

资本周转时间是由生产时间和流通时间构成的。这两部分时间对资本周转的速度都会产生重要影响。

生产时间是资本停留在生产领域的时间，它又分为劳动时间和非劳动时间两部分。劳动时间是指劳动者生产一件产品所需的工作时间。由于不同生产部门产品的性质、生产技术水平、劳动组织状况等都存在极大的差别，因而，劳动时间参差不齐。劳动时间的长短，对资本周转有重要的影响。首先，影响资本周转的速度。如果资本周转时间等于生产时间，劳动时间又等于生产时间，那么，劳动时间长短决定了资本周转速度的快慢。其次，影响预付资本量。在其他条件相同时，劳动时间越短，资本周转就越快，预付流动资本量就越少；反之则相反。因此，在激烈市场竞争中，资本家为追求利润，必然采取各种方式，尽可能地缩短劳动时间，减少预付流动资本的数量，以加快预付总资本的周转。

非劳动时间包括产品受自然力作用时间、生产资料储备时间和停工时间。产品受自然力作用的时间“指的是与劳动过程长短无关，但受产品的性质和制造产品的方式本身制约的那种中断。在这个中断期间，劳动对象受时间长短不一的自然过程支配，要经历物理的、化学的、生理的变化；在这个期间，劳动过程全部停止或局部停止。”(24.66) 自然力作用时间的长短会影响预付资本数量。自然力作用时间长的部门，预付流动资本需要量就大。因为预付流动资本不会随着劳动过程的结束而流回，而要等待生产过程全部完成，才能随产品的流通，实现周转。可见，资本周转时间慢，预付流动资本就多。同样，对固定资本的影响则表现为“产品一般来说就会变贵”。因为在产品受自然力作用的时间内，尽管固定资本闲置不用，但是其价值仍然需要按照折旧率转移价值，并不断投入维修费，均摊在劳动时间生产的产品中，从而使产品变贵。为了减少支出、降低产品成本，人类总是想方设法，利用各种科学技术，缩短生产时间与劳动时间的差距。

生产资料的储备时间是指已经进入生产领域，但还没有进入生产过程的原料和辅助材料的储备时间。为了生产的正常进行，一定量的储备是必要的。这个储备量，既取决于生产过程的需要，也取决于流通过程购买的顺利。如果购买十分顺利和便利，生产储备就会减少，储备时间就会缩短，预付资本的周转就会加快；反之亦然。可见，以生产储备形式存在的资本最低限额，直接受储备时间的制约，而储备时间又受流通时间的制约。

停工时间是指生产过程中断、生产资本停止发挥作用的时间。这个时间的长短也会影响资本的周转。

综上所述，非劳动时间虽然是客观存在，但是，生产资本在这个时间并不发挥职能，不创造价值和剩余价值，资本呈现闲置状态。所以，应尽可能地减少非劳动时间，才能更有效地提高生产资本的效率，创造更多的价值和剩余价值。

流通时间是指资本在流通领域中停留的时间，它包括出售时间和购买时间两个部分。出售时间是资本实现价值和剩余价值的时间，是流通时间中具有决定意义的部分。“流通时间，从而整个周转期间，是按照这个时间的相对长短而延长或缩短的。”（24.276）购买时间则是资本由货币资本转化为生产资本的时间。这个时间的长短也对流通时间以及对资本周转时间有影响。在生产规模和时间既定的前提下，资本的流通时间越长，周转时间就越长，资本周转速度就越慢，预付资本数量就越大；反之则相反。

马克思认为流通时间受三个因素影响：

第一，商品生产地与商品市场的距离。商品市场离商品生产地越近，商品购买时间和出售时间就越短，商品的库存和生产储备就会减少，资本形态变化就越快，从而流通时间就越短，资本周转速度就越快。

第二，交通运输条件。交通运输条件改善，可以绝对地缩短商品的移动时间，使产地与市场的空间距离在时间上缩短了，进而减少了流通时间，加快了资本的周转。

第三，市场因素。市场供求状况、商品流通渠道、新市场的开拓等因素，都对产品的出售和购买产生影响，都会影响流通时间的长短。

3. 资本周转效果

马克思在考察了生产时间和流通时间对资本周转的影响之后，又从总体角度考察资本周转时间对剩余价值生产的作用，从而完整地揭示资本运动的规律。

资本周转时间的构成会影响预付资本量。资本周转的时间是由生产时间和流通时间构成的。它们的构成比例对预付总资本有直接的影响。例如，假定某个资本的生产时间与劳动时间一致，是 9 周，流通时间是 3 周，整个周转时间是 12 周。预付总资本是 900 元。如果暂时抽象掉固定资本和剩余价值，这样产品价值等于预付流动资本，每周支付 100 元，仅够维持 9 周生产的需要，在 3 周的流通时间内，生产过程将无资本使用，处于停产状态，资本周转中断。要使资本运动继续进行下去，有两种可行的方法：

第一，缩小生产规模，使原预付资本 900 元，均匀地分配给 12 周使用，即由原来的每周 100 元，减少为 75 元。这样，生产资本为 675 元，流通中的商品资本为 225 元。生产规模由 900 元缩小为 675 元，但资本周转顺利地进行下去了。

第二，追加预付资本。缩小生产规模不是在任何条件下都可以进行的。如果要使上例中的生产在不缩小规模的基础上进行，就必须追加 300 元预付资本，使预付总资本由 900 元增至 1200 元。这样，生产才能在原有规模上进行。

上述例子说明，资本周转时间、尤其流通时间不同，维持一定生产规模所要求的预付资本量也极为不等，流通时间越长，预付资本量就越大；反之亦然。可见，资本周转时间的不同构成，对预付总资本的数量有直接的影响。其中货币资本在资本周转中有重要作用。为使生产持续不断地进行，总需要有一部分资本处在货币资本形态，这样，才能保证资本周转和剩余价值生产的进行。

此外，马克思还分析了可变资本周转对年剩余价值量的影响。虽然可变资本与流动资本中的不变资本周转方式一样，但是，两者却存在本质区别，它可以在周转中创造价值和剩余价值，因而，它周转的快慢对剩余价值量的多少，进而对年剩余价值率都有决定性的影响。例如，假定 A 和 B 资本，每年生产需要的可变资本是 12000 元，剩余价值率是 100%，如果 A 资本，每年资本周转 6 次，实际每月投入可变资本是 2000 元，生产剩余价值也是 2000 元，年剩余价值率 2000M×6 次÷2000V＝600%；每年预付可变资本也是 12000 元，如果 B 资本，每年可变资本周转 12 次，实际每月投入可变资本是 1000 元，生产剩余价值也是 1000 元，年剩余价值率＝1000M×12 次÷1000V＝1200%，年预付可变资本是 1000 元。

上例说明，即使在所用可变资本和剩余价值率一定的前提下，由于可变资本周转次数的差别，也会导致预付可变资本量和年剩余价值率的差别，可变资本周转快，就意味着预付可变资本量越少，获得的剩余价值量就越多；反之则相反。可见，可变资本周转速度与年预付可变资本数量成反比，与年剩余价值率成正比。

可变资本周转速度不仅对年剩余价值率有重要影响，对社会再生产的进行也有重要影响。假定 A 和 B 代表不同的部门。

第一，工资来源不同。B 部门可变资本周转时间是 1 个月，那么工人从第二个月，得到的工资就是自己上个周期创造的价值的一部分，B资本就用工人自己创造的价值来支付工资了。A部门则不同。由于它的资本周转时间为2个月，这种情况要到第3个月后才会发生，在这两个月中，A资本就要比B资本多垫支一部分货币资本，给工人发工资，直到第3个月开始，A资本才能用工人创造价值的一部分给工人支付工资。

第二，与其他部门的交换关系不同。B部门由于生产周期短，1个月就可以买卖商品，除工人购买生活资料，企业购买生产资料外，企业也向市场出售本企业的产品。A部门则不同，由于它的资本周转时间是2个月，在这段时间里，企业只是从市场上不断购买生活资料和生产资料，却不向市场提供任何产品。

第三，生产要素的补偿来源不同。任何一个部门在生产中消耗的各种生产要素，都要通过在市场购买而得到补偿。资本周转快的部门，它所需要的生产要素，包括工人所需的生活资料和企业所需的生产资料，部分有可能从本部门生产的产品中得到补偿；而资本周转慢的部门，在很长一段时间，要不断地通过市场购买生产要素，由其他部门提供产品进行补偿。

综上分析，资本周转时间长的部门，在社会再生产中应保持适度的比例；否则会导致市场供给阶段性的短缺和过剩，进而影响社会再生产的进行。

/// 第一章读书难点解释 ///

如何理解资本循环与资本周转的关系？

资本循环和资本周转是有着密切联系又有区别的两个概念。要说明二者的关系，就必须重申它们的内涵：马克思对资本循环的考察，是以产业资本为对象的。资本作为自行增殖的价值，其生命在于不断地运动。资本价值从一定形式出发，依次经过购、产、销三个阶段，采取货币资本、生产资本、商品资本三种不同的职能形式，最后回到出发点，从而使其价值得以增殖的运动过程，就是产业资本循环。马克思将资本周转定义为："资本的循环，不是当作孤立的行为，而是当作周期性的过程时，叫做资本周转。"(24.257) 他还指出："在第二篇，循环是作为周转的循环，也就是作为周转来考察的。"(24.391) 可见，资本周转就是资本不断重复的循环，即资本周而复始的运动。

从二者的内涵不难看出，资本周转和资本循环都是资本运动的形式，有着紧密联系：首先，资本循环是资本周转的起点和基础。没有资本循环就不可能有资本周转。资本周转说到底，是资本循环的不断重复。其次，资本完成一次循环，也就是完成一次周转，这时的资本循环时间同时也是资本周转时间。

但是，资本循环与资本周转又存在明显的区别：首先，资本循环是从出发点又回到出发点；资本周转则是从出发点重新出发，反复不断地循环。其次，资本循环揭示的是资本在一次运动中经历了哪些阶段，采取了哪些形态及所行使的职能；资本周转揭示的则是资本在不断重复的周期性运动中所需要的时间、速度以及它们对剩余价值生产和实现的影响。资本的现实运动一般是周而复始的，因此，资本循环是资本运动的抽象形式，而资本周转才是资本运动的具体形式。或者说，马克思对资本循环的分析，是在抽象形式上对资本运动进行的考察，而他对资本周转的分析，则是在具体的形式上考察资本的运动。

二、理论热点问题探讨

关于流通费用理论的几个问题

随着商品市场由卖方市场转向买方市场，商品实现问题成为了影响企业发展的主要因素。为了加快商品的销售，企业付出了巨大的代价，整个社会用于流通领域的费用激增。如物流成本，欧美等发达国家一般占 GDP 的 10％，我国占 GDP 的 20％。全球广告费，2005 年占到世界 GDP 的 0.96％，日本占 1.18％，韩国占 0.9％。这种发展趋势，引起人们的高度关注，流通费用理论成为了热点课题。

（一）马克思的流通费用与新制度经济学的交易费用的关系问题

马克思和科斯以及新制度经济学都研究了商品在流通过程中产生的费用，先后提出了流通费用和交易费用两个范畴，形成了流通费用理论和交易费用理论。这两种理论形成相隔百年，它们之间有什么联系和区别，这是当代学者十分关注的问题。对此，仁者见仁，智者见智。有两种颇具代表性的观点：一种观点可称为“现代说法论”；另一种可称为“区别联系论”。

持“现代说法”观点的学者认为，科斯的“交易费用”不过是马克思的“流通费用”的现代说法，并没有理论上的超越。“交易费用并不是一个新的理论范畴，事实上，在马克思经济学里早已有了类似的概念，即纯粹流通费用”①。

第一，科斯的交易费用并没有超越马克思流通费用的覆盖范围。所谓交易费用就是利用价格机制的费用。科斯发现：“利用价格机制是有成本的，通过价格机制‘组织’生产的最明显的成本就是所有发现相对价格的工作，它包括市场上每一笔交易的谈判费用、签订契约的费用、长期的契约所节约的签订一系列短期契约的费用，等等，这些费用称为市场费用或市场交易费用”②。后来，经过交易费用学派其他人的补充和拓展，交易费用还包括了：搜寻交易对象的费用、与交易对象谈判的费用、交易双方签订合约的费用、执行合同的费用、交易物运输费用以及与交易相关的政府税收等。而马克思的流通费用却有明确的定义和范围。所谓流通费用就是资本在流通过程中所耗费的费用，包括为买卖商品支出的费用，如广告费、商业工人的工资、通信费及交易所开支等；簿记费用；货币磨损费用；保管费用；运输费用以及政府有关税收，如关税。通过比较两种费用的范围，可以看出交易费用就是流通费用，确切地说是流通费用中的一部分。“它们所指的是同一种费用，只不过说法不同而已……”③

第二，科斯的交易费用理论没有马克思流通费用理论完整和深刻。科斯的交易费用内涵不稳定，有时似乎指流通中发生的费用，有时又似乎还包含企业内部的组织费用，使人们难以把握。科斯在他的著作中，也没有对交易费用进行专门的阐述和深入的结构分析。科斯以后的人们在不断地把交易费用范畴泛化，从科斯的交易费用是利用价格机制的费用，到诺斯、张五常的交易费用是所有不直接发生在物质生产过程中的费用，形成机理、作用对象都有了很大的变化，没有形成稳定的理论体系。马克思的流通费用理论则不同，流通费用范畴的内涵和外延是十分明确的。不仅如此，马克思还以劳动价值论为基础，将流通费用区分为与商品价值运动中相关的费用——纯粹流通费用，与商品使用价值运动相关的费用——生产性流通费用，并分别研究了两类流通费用不同的补偿方式。从理论体系的完整性和分析的深刻性来看，科斯的交易费用理论要逊于马克思的流通费用理论。

---

① 丁冰，张连城：《现代西方经济学说》，中国经济出版社 2002 年版，第 331 页。

② 科斯：《企业、市场和法律》，上海三联书店 1990 年版，第 91 页。

③ 朱延福：《科斯的交易费用理论与马克思的流通费用比较研究》，《中南财经大学学报》1996 年第 3 期。

持“区别联系论”观点的学者认为，交易费用不是流通费用的现代版本①，是新制度经济学的主要分析工具，具有独到的理论和实践价值。这两种理论的产生虽然都与流通领域有关，核心范畴的外延有部分重合，狭义交易费用与纯粹流通费用基本相同，但是，深入分析可以发现，它们之间存在着本质上的不同。主要表现在：

第一，流通费用与交易费用的研究对象不同。一个研究对象是流通，另一个研究对象是交易。流通与交易乍一看，没有什么区别，但深入分析却存在明显的差异。流通是经济客体价值形态变化，即 G—W、W—G 过程，既包括商品实体的运动，也包括商品所有权在不同交换者之间的移位。所以，流通费用既包括商品实体运动产生的费用，如保管、运输等费用，也包括不同交换者“利用价格机制的费用”。而交易则指不同所有者的交换行为，既可以特指流通领域的不同商品所有者的交换行为，也可以泛指非经济领域的社会成员之间的利益交换行为，可见，交易是一个使用广泛的范畴。因此，交易费用是指“人与人之间的利益”交换行为产生的费用。由于科斯、施蒂格勒研究的是流通领域的交易，故而，交易费用特指“利用价格机制的费用”；而诺斯、张五常研究的是社会成员利益交换关系，所以，交易费用自然是指所有不直接发生在物质生产过程中的费用，也可称为制度成本。

第二，流通费用与交易费用的研究目的不同。马克思研究流通费用的目的，是为了揭示资本运动对剩余价值生产的影响。资本在流通领域中循环的时间越长，流通费用就越大，剩余价值的生产就越会受到影响。因为，生产性流通费用会增加企业成本，纯粹流通费用会增大社会的“虚耗”，是对社会剩余价值的扣除。所以，缩短流通时间、减少流通费用，可以相对地扩大生产资本，加速资本流通，提高资本的生产率，从而增加剩余价值。而科斯研究交易费用，是为了探究企业存在的必要性，说明企业是市场的替代物。交易费用的大小，可以直接影响企业经营规模。其后交易费用被引入以资源配置为目的的经济分析以及研究制度的运行和演变中。从而建立了一个新的范式，增强了西方经济学对现实的解释力，成为新制度经济学的一个基本范畴和分析工具。②

---

① 杨波：《交易费用不是流通费用的现代版本》，《当代经济研究》2004 年第 8 期。

② 朱丹：《马克思的流通费用理论与新制度经济学的交易费用理论比较研究》，《理论探讨》2006 年第 12 期。

第三，流通费用与交易费用的性质不同。马克思在讨论流通费用时，不仅明确区分了流通费用的类型，更重要的是研究了不同流通费用在资本运动过程中是怎样补偿的。这样，流通费用就成为商品价格的一个部分，可以量化，并随着商品实现得以补偿。可见，流通费用也可以是会计学上的一个概念，是一种实在成本。而交易费用则不同，一直缺乏一个准确并具有可操作性的定义，从而难以进行量化分析。从交易费用的形成来看，它本质上是一种机会成本，可以作为经济学的一种分析工具，但不能成为可量化的会计学概念。虽然到目前为止，它没有准确的概念、不能量化，但是作为一种新的分析方法，实现了两个方面的理论创新：一是赋予交易活动以稀缺性，从而将交易纳入到经济学成本—收益的理论范式中；二是使人们可以用经济学方法来研究制度的变迁，从而将制度分析纳入经济学分析之中，导致新制度经济学的产生和发展。从这个意义上讲，交易费用的提出是一个理论的创新，增强了现代经济学解释世界的能力。①

（二）关于流通费用理论创新与发展问题

随着生产过程的专业化、迂回化、全球化以及市场需求的多样化和个性化，使交换在数量、时间和空间上达成一致越来越困难，流通过程成为各种影响因素交集的领域和产业链条中最重要的环节。为此，人们的视野从生产聚焦向了流通，有关流通问题的研究也日益热络起来。其中，马克思的流通费用理论如何与时俱进的问题，必然是一个重要的议题。

1. 关于流通费用构成的创新

马克思的流通费用范畴的形成距今已有 100 多年了，有必要根据新的变化，并吸取新制度经济学的思想精华，对流通费用范畴进行与时俱进的创新。这主要体现在对流通费用构成的重新划分和界定上。

有学者从流通主体在商品由生产者转到消费者的过程中实际支出费用的角度，将流通过程分为流通准备阶段和流通实施阶段，分阶段考察了流通费用这个实在成本构成，明确提出流通费用分为商流费用、物流费用、资金流费用和信息流费用四部分。② 具体见表 1。

① 刘向东：《流通费用与交易费用的区别与联系》，《中国人民大学学报》2004 年第 2 期。

② 刘向东：《流通费用与交易费用的区别与联系》，《中国人民大学学报》2004 年第 2 期。

表 1 流通费用的构成

流通费用	交易准备阶段	交易实施阶段
商流费用	(1) 交易信息的搜寻、发布费用 (2) 商品品质检测费用 (3) 界定、度量、保护产权的费用	(1) 讨价还价的费用 (2) 订立合约的费用 (3) 预防、监督、惩戒的费用
物流费用	与物流相关的信息费用	(1) 商品在流通领域储藏、运输的费用 (2) 物流间接费用
资金流费用	与资金流相关的信息费用	(1) 结算费用 (2) 资金流间接费用
信息流费用	信息费用（含信息流间接费用）	实现费用

有的学者则从交换双方存在信息差的角度，探讨了流通费用产生的原因，并在综合马克思的流通费用理论与西方经济学的交易费用理论的基础上，重新界定了流通费用的构成。认为流通是交换的总体，交换的费用既包括在交换制度下交换主体进行交换所需付出的费用，又包括维护交换制度的费用。① 马克思流通费用主要是指在交换制度下交换者用于交换的费用，而西方经济学中的交易费用则主要是指维护交换制度的费用②。所以，实际发生在流通领域中的费用是二者的总和。具体地说，流通费用分为商流费用、物流费用、障碍费用和制度费用四个部分。具体见表 2。

表 2 流通费用的构成

流通费用	
商流费用	(1) 搜寻费用——搜寻交易对象的费用 (2) 谈判费用——消除减少交易中的不确定性而支付的费用 (3) 签约费用——最终落实交易协议的费用，固定费用 (4) 监督费用——为防止交易对象不履行合约而支付的费用
物流费用	(1) 运输费用——克服空间障碍的费用 (2) 库存费用——克服时间障碍的费用 (3) 分拣费用——克服生产与消费在集散上的矛盾而支付的费用
障碍费用	一种准入费用。它主要有关税、许可证等形式
制度费用	保证商品交换正常进行的社会费用，包括界定产权、维护交易规则等费用，交换人以税收的方式支付给国家

① 晏维龙：《交换与流通的费用》，《南京经济学院学报》2000 年第 2 期。

② 马克思主义经济学的流通费用和西方经济学的交易费用在商流费用上有所交叉。

还有的学者从狭义商品流通的角度，将流通过程纳入到“成本—收益”的分析框架下，提出了现代流通成本的范畴，区分了宏观流通成本和微观流通成本，进而考察了流通成本在供应链内的具体构成。该学者认为马克思时代，流通企业并不具有独立地位，只是资本运动的非必要环节。而当今，随着专业化分工的发展，在流通过程中买卖已经表现为流通产业向生产者的“买”和向消费者的“卖”。流通产业要完成流通过程中的服务，就必须投入人力、物力和财力，并获取一定的收益，这样就有必要提出现代流通成本的概念。所谓现代流通成本是在信息不对称条件下，商品从供应链上游向下游运动时，为选择流通过程载体和流通方式，以及保证此流通方式得到执行而发生的劳动与资本的耗费，可以看作是个体有限理性和信息不对称的流通费用与交易费用的交集。还可以根据交易成本分类方法，将流通成本分为宏观流通成本和微观流通成本。宏观流通成本的增长代表了整条供应链上流通的活跃、连接作用的增强；微观流通成本的降低代表了交易主体之间商品和劳务流通的顺畅和便利。现代流通成本概念的提出，并将其划分成宏观流通成本与微观流通成本两种类型，其目的就是将流通成本纳入到“成本—收益”的分析框架中，对供应链进行经济学的分析，同时，也利用两种流通成本的概念从宏观上考察整条供应链运行的状态和从微观上分析流通企业运营的效率，进而推动流通产业的发展。微观流通成本包括信息搜寻成本、谈判成本、物流成本，还包括流通企业的组织成本等。①

由上述分析看出，虽然学者们关于流通费用构成的界定和划分不同，但创新的方向和路径却大致相同。具体体现在：一是在马克思流通费用的框架下，吸收了交易费用的有关内容，拓展了流通费用的外延，使纯粹流通费用内容更加丰富、更加符合现代的实际。二是引进西方经济学的范式和分析工具，如成本—收入分析范式，三维供求曲线中的流通费用等，试图使马克思流通费用理论更加范式化、分析工具化。三是使流通费用成为更容易量化的实体成本，以利于与会计学、管理学接轨，实现模型分析和数据分析，增强理论的可操作性。

2. 关于流通费用补偿问题的创新

由于流通费用结构的变化，支出主体、补偿方式也发生了很大的变化。

第一，生产性流通费用的变化。按照马克思的思想，生产性流通费用是指在流通领域中与商品使用价值运动有关的费用，如仓储、运输、包装等费

① 李颋、徐从才：《论现代流通成本》，《商业经济与管理》2006 年第 12 期。

用。但是，随着耐用消费品逐渐成为市场商品的主体，原来的产品概念被整体产品概念所替代，产品的使用价值拓展了，它不仅包括核心产品—产品的裸体、有形产品—包装，还包括附加产品—售后服务，如安装、维修以及废品的回收等。对于消费者来说，购买商品的同时，也购买了售后服务的合约；对于生产者来说，卖出产品并不意味着责任的完结，还需要不间断地对商品进行维护，为消费者提供服务。这种售后服务是生产过程的延续，是后生产过程。因此，从这个意义上讲，为商品售后服务而支出的费用，是生产性流通费用。这部分费用由两部分组成，一部分是生产企业为了履行售后服务合约而发生的费用，如投资建立售后服务网点、购买交通设备和维修器械等费用，应该与运输、仓储、包装等生产性流通费用一样，加入到商品价值中，通过商品销售加以补偿；另一部分是售后服务中所消耗的费用，包括劳务费、材料费、信息费等等，由于服务发生的不确定性、事后性，不能加入到商品价值中，只能由消费者根据服务的需要按次支付。这样，生产性流通费用就有了两个支付主体：生产企业、消费者；有了两种补偿方式价值：内补偿和价值外补偿。

第二，纯粹流通费用的变化。马克思认为直接耗费纯粹流通费用的企业主要是商业企业，所以，他在《资本论》第3卷考察商业资本时，论述了纯粹流通费用的补偿问题。同时，他还认为纯粹流通费用的补偿来自对社会剩余价值的扣除，具体途径是通过降低生产企业的商品出厂价格，从出厂价格与销售价格的差额中获得补偿。这种经典形态，随着市场环境的变化也发生了极大的改变。主要体现在纯粹流通费用的支出主体、补偿方式以及费用结构上。

生产企业也成为纯粹流通费用的支出主体。在马克思看来，在商业资本独立经营后，生产企业不再直接销售最终消费品，当然也不会支付与商品销售相关的纯粹流通费用。然而，随着商品市场由卖方市场转向买方市场，生产企业为了提高本企业商品的市场影响力，也直接参与商品的销售活动。主要表现为：在商场中设置产品的专营柜台、建立本企业的专卖店；在媒体作宣传本企业产品的广告；与消费者建立各种联系，等等。因此，生产企业支出的纯粹流通费用在急剧增加。其中广告费用增加迅速。据统计，我国1983年，广告费只占国民生产总值的0.039%（以亿元计），到2006年提高到0.75%，增长了近20倍。①

① 《经济日报》1998年12月2日；廖秉宜：《解读2007中国广告业现状及变局》，《广告大观（理论版）》2007年第4期。

纯粹流通费用补偿方式的多元化。马克思认为纯粹流通费用的补偿来自产业工人创造的剩余价值的一部分，是从生产企业的出厂价格与商业的销售价格的差额中获得补偿的。然而，当纯粹流通费用的一部分直接由生产企业支付时，纯粹流通费用的补偿方式便有所改变。首先，来源多元化。商业纯粹流通费用，仍然来自社会剩余价值的扣除。而生产企业支付的纯粹流通费用则表现为销售成本的增加，在出厂价格既定的情况下，来自生产企业利润的扣除。但也有例外，新近颁布的《中华人民共和国企业所得税法实施条例》规定，企业发生的符合条件的广告费和业务宣传费支出，不超过当年销售（营业）收入15%的部分，准予税前扣除。这就意味着广告费不仅是生产企业利润的扣除，还可以通过计入成本，提升价格转嫁给消费者，从而来自工资收入的一部分；通过应税销售收入减少，由国家从社会剩余价值中支付一部分。可见，纯粹流通费补偿来源多元化了。其次，方式多样化。商业企业的纯粹流通费用的补偿来自商品出厂价格之外，而生产企业的纯粹流通费用的补偿则来自商品出厂价格之内。

3. 关于我国物流费用占GDP比重过高的问题

马克思的生产性流通费用，可称物流费用，是运输、保管、管理三项费用的总和。物流费用占GDP的比重，是衡量一国宏观经济运行效率和物流业发展程度的重要指标之一，也是反映一国产业结构和商品竞争力强弱的参考指标之一。一般认为，物流成本越低，说明物流业越发展，商品在流通领域的时间就越短，宏观运行效率就越好；反之亦然。但在使用这一指标时必须注意，一国的产业结构和经济发展周期等因素对其的影响。据《2007年全国物流运行情况通报》公布资料显示，2007年，我国物流费用占GDP的18.4%，目前美国、日本、德国等发达国家的这一比率在8%左右，我国是它们的2倍。“这意味着我国每实现100元GDP的产值，就需付出18.4元的物流成本。而据统计，目前我国一般工业品，从出厂经装卸、储存、运输等各个物流环节，最终到消费者手中的流通费用，约占商品价格的50%，而水果、蔬菜、某些化工产品的流通费用，有时高达70%。”[①] 2001—2007年物流费用占GDP的比重一直在18%以上，居高不下。见图1。

---

① http://gov.macrochina.com.cn/include/shownews.asp? text_id=tz1965840000080000l8&key_word=《2007年全国物流运行情况通报》。

1991年以来我国社会物流总费用占GDP比例

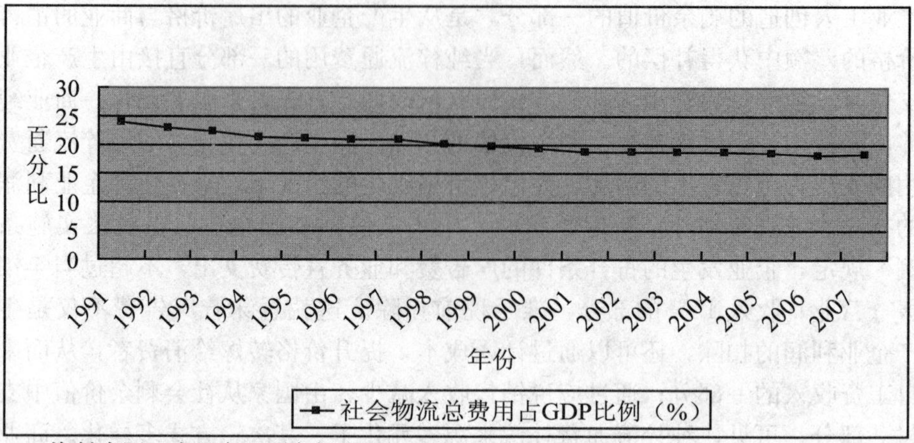

资料来源：中国产业研究报告网 http：//www.chinairr.org

这种状况严重地影响了宏观经济的运行效率和产品的竞争能力。

第一，对我国物流费用与发达国家的差距认识。

人们谈及我国物流费用过高，主要是以发达国家作为参照对象。对于能否直接进行比较，人们的观点是不同的。有人认为由于国别产业结构的差别，物流费用占GDP的比重并不能完全反映两国物流业的发展差别。一般说，制造业比重较高的国家，物流费用占GDP的比重通常较高。① 也有人认为只有在相同产业结构下，比较两国的物流成本占GDP的比重才更为合理。在这个前提下再来讨论降低我国物流成本占GDP的比重，才更具有现实意义。② 还有学者认为物流成本占GDP的比重，用于考察一个国家较长时期物流业发展状态，是具有相当解释力的。③ 尽管人们持有不同观点，但目前物流成本占GDP的比重，仍是国际通用的考察物流业发展状态的重要指标，具有很高的参考价值。

仅选取我国与美国1999—2003年物流成本相关数据对比发现，我国物流费用与美国、日本等发达国家的差距，主要表现在两大方面：见表3、表4。

---

① 李克宁：《谈物流成本与GDP》，《中国流同经济》2002年第4期。

② 王耀球、刘金明：《中美物流成本占GDP比重的比较分析》，《现代物流报》2005年11月10日。

③ 宋则、常东亮：《中国物流成本前沿问题考察报告（下）》，《财贸经济》2005年第8期。

表 3　中美物流费用占 GDP 的比重（%）

	中国物流费用占 GDP 比重	美国物流费用占 GDP 比重
1999	19.9	10
2000	19.4	10.2
2001	18.8	9.5
2002	18.9	8.7
2003	18.9	8.5
2006	18.3	

资料来源：《中国生产性服务业发展报告 2007》第 316 页。

《我国与发达国家物流成本的比较研究》（硕士论文）第 25 页。

表 4　中美物流费用结构的比较（%）

项目 / 年份	中国			美国		
	运输费用	保管费用	管理费用	运输费用	保管费用	管理费用
1999	54.2	29.1	16.7	60.1	36.1	3.8
2000	52.9	30.4	16.8	58.8	37.3	3.9
2001	53.2	30.3	16.5	60.1	35.4	3.9
2002	54.3	30	15.7	63.4	32.7	3.8
2003	56.2	29.5	14.3	64.1	32.1	3.8
期间平均值	54.2	29.9	16	61.3	34.8	3.9

资料来源：《我国与发达国家物流成本的比较研究》（硕士论文）第 33 页。

一是社会流通费用占 GDP 比重高于发达国家 1 倍以上。有学者尝试在比较中剔除产业结构的影响，假设 2000 年我国产业结构已达到美国 2000 年的水平，计算出我国物流成本占 GDP 的比重为 14.29%，美国为 10.2%，剔除统计口径方面的因素，两国还存在 4.09%的差距。① 无论是直接引用数据的比较，还是剔除产业结构影响的数据，都表明我国每实现 100 元的 GDP，消耗的物流成本远远高于美国，在社会物流成本方面存在巨大的差距。

二是管理费用占社会物流费用的比重高于美国 4 倍以上。从数据来看，我国物流管理费用的比重是呈现下降趋势的，2003 年比 1999 年下降了 3.4 个百分点，2007 年又下降了 1.1 个百分点，这表明我国物流管理水平快速提高，但与同期的美国相比还有很大的差距。以至于有关方面人士指出：

① 王耀球、刘金明：《中美物流成本占 GDP 比重的比较分析》，《现代物流报》2005 年 11 月 10 日。

"我国与美国、日本相比，最大的差距在于物流的组织管理水平。"①

第二，对我国物流费用与发达国家差距成因的认识。

我国物流成本高于发达国家，要从多方面找原因：

一是产业结构的影响。我国正处在工业化中期，再加上中国成为了"世界工厂"，产业结构中工业的比重较大，2006 年，第二产业占 48.7%，第三产业占 39.5%，第一产业占 11.8%；整个物质生产部门在 GDP 中占 60.5%。而美国早已进入后工业化时代，服务业占 GDP 的 75%以上，物质生产部门在 GDP 中仅占 25%左右。从产业对物流的消耗来看，依次排列为第二产业、第一产业、第三产业。物质生产部门的物流消耗要大于第三产业。所以，我国物流消耗规模大，占 GDP 的比重也就高。

二是第三方物流发展缓慢的影响。造成我国物流费用比例偏高的一个原因是生产企业自营物流的比重过高。"据有关部门调查，在工业企业中，36%和 46%的原材料物流由企业自身和供方承担，而由第三方物流企业承担的仅为 18%；产品销售物流中由第三方物流企业承担的仅为 16.1%。在商业企业中，由企业自理和供货商承担的物流活动的比重分别为 76.5%和 17.6%。"②我国第三方物流占物流市场总量的 18%，美国为 58%，日本为 80%，欧洲为 76%。我国远远低于发达国家平均水平。这种自我服务的模式导致了物流成本的升高。以美国为例，"采用自营物流时，物流成本占到商品总成本的 30%～40%，采用第三方物流使物流平均成本降低到 14.8%。""1997 年到 2000 年财富 500 强企业利用第三方物流的比例从 40%增长到 56%。"③由此可见，只有大力发展第三方物流才能有效的降低物流成本。

三是物流设施和组织管理水平落后的影响。我国物流设施、技术设备全方位地落后于发达国家，不仅表现在仓储功能、机场利用效率、运输网络的建设、信息技术的应用等硬件方面，还表现在组织管理水平方面。中国物流采购协会 2006 年关于客户对国有、民营和外资物流服务满意度的调查表明，对外资物流服务满意度较高，对国有、民营物流服务满意度较低。正像有的学者指出的"缺乏先进的现代物流服务技术和物流管理体系，是导致中国物流成本高昂最主要的原因。"④

---

① http://gov.macrochina.com.cn/include/shownews.asp?text_id=tz19658400000800018&key_word=《2007 年全国物流运行情况通报》。

② 《中国生产性服务业发展报告 2007》，第 331 页。

③ 刘金明、王耀球：《物流成本占 GDP 的比例分析》，《物流技术》2004 年第 5 期，第 13 页。

④ 《中国国门时报》2005 年 11 月 17 日。

第二章　社会总资本再生产理论

一、原著的基本脉络

第二章简介

本章介绍了马克思《资本论》第二卷第三篇《社会总资本的再生产和流通》的主要内容。

马克思在考察了单个资本的再生产和流通后，转而考察社会总资本的运动，从宏观的角度研究了社会总资本再生产和流通，从而揭示社会再生产的实现条件和按比例发展规律。

第三篇共四章，可分为四个部分，第一部分，第 18 章阐述了社会总资本理论研究的对象和主要内容；第二部分，第 19 章批判了资产阶级古典学派再生产理论的错误；第三部分，第 20 章阐述了社会总资本简单再生产的实现条件；第四部分，第 21 章考察了社会总资本扩大再生产的实现过程和规律。

在本篇中，马克思运用了三种研究方法：（1）宏观分析方法。在前两篇微观分析的基础上，对社会总资本运动进行了总体考察，揭示了社会资本整体运动和流通的规律。（2）数量分析方法。马克思利用数量分析法，考察了社会总资本再生产的比例及平衡条件。（3）从抽象到具体的方法。本篇首先考察社会总资本运动的一般特征，而后分析社会总资本简单再生产的规律，最后在前面抽象分析的基础上，考察社会总资本扩大再生产的规律。

第二章内容要点

（一）社会总资本再生产的理论基础

社会总资本是全社会单个资本的总和。社会总资本的运动，是社会资本的各个独立部分运动的总和。社会总资本的运动采取了社会商品资本，即年总产品的循环形式 W′—G′ · G—W…P…W′。这个运动必须经过商品流通才能完成，所以，只有从生产和流通统一过程来考察社会产品的运动，才能揭示社会总资本再生产的一般规律。这是马克思将第三篇叫做“社会总资本再生产和流通”的原因。

1. 社会总资本再生产的特征和社会总产品的构成

社会总资本的运动表现为社会总商品资本的循环或运动。这个运动与个别资本的运动相比，具有某些独立的特征。主要表现为：

第一，在社会总商品资本的循环中，不仅包括生产消费和交换，也包括个人消费和交换。个别资本的循环，只包含生产消费和交换，即资本家预付一定资本购买劳动力和生产资料，从事剩余价值生产，然后出售产品，完成资本的运动。至于工人用工资和资本家用剩余价值购买消费资料的过程，作为单个资本运动的外部条件。与此不同，在社会总产品的再生产中，工人用工资和资本家用剩余价值购买个人消费品，是其运动的一个重要部分，如果没有个人消费，一部分社会总产品的价值和使用价值就无法实现，社会总资本再生产也就不能进行。可见，个人消费是社会总资本运动的内部条件。

第二，在社会总商品的循环中，不仅包括资本流通，也包括一般商品流通。资本主义流通过程，交织着两种不同性质的交换活动，一方面是资本的流通，资本家在流通中实现含有剩余价值的产品，又用货币资本购买劳动力和生产资料；另一方面，也包含工人用工资和资本家用剩余价值购买个人消费资料的流通活动，属于一般商品流通。但所有这些交换活动，都是社会总产品实现的必要内容，必然包括在社会总资本的运动中。

社会总产品是指一年内社会生产的全部产品的总和。马克思为了揭示社会总资本再生产的规律，对社会总产品从价值和使用价值两个方面进行了科学的分类：

社会总产品按照最终产品的用途，可分为生产资料和消费资料两大类。前者是用于生产消费的产品，后者是用于生活消费的产品。相应地整个社会生产也分为两大部类，即生产生产资料的部类（Ⅰ）和生产消费资料的部类（Ⅱ）。

社会总产品从价值上可分为三个部分，不变资本 C，可变资本 V 和剩余价值 M。不变资本 C 代表生产上消耗的，价值转移到产品中去的不变资本 C 的价值部分；可变资本 V 代表为社会劳动力支付的工资总额；剩余价值 M 代表社会总资本剥削来的剩余价值。

将社会总产品在物质上分为两大部类，在价值上划分为三个部分，是马克思研究社会资本再生产的理论前提。

2. 社会总资本再生产的核心问题

社会总资本再生产的核心问题是社会总产品的实现问题，即社会总产品的价值补偿和物质补偿问题。所谓价值补偿是指社会总产品的各部分价值，通过市场交换得以全部实现。所谓物质补偿是指社会各个生产部门，通过商品交换，将生产中消耗的各种物质资料如数买回，加以替代。

考察单个资本再生产过程，主要是研究价值补偿问题，即资本家如何通过投资，生产剩余价值，然后通过商品交换，收回预付资本并实现剩余价值。至于资本家在市场将产品卖给谁，从哪里买进所需产品，即物质补偿问题，只作为单个资本运动的外部条件，并不加以考察。

而研究社会总资本的再生产，就不能将物质补偿作为外部条件加以舍象，而必须作为内在条件予以考察，即从价值补偿和物质补偿统一的角度加以考察。这是因为：第一，物质补偿是社会总资本再生产的内在活动。这种再生产要求从年总产品中补偿已经消耗掉的生产资料和消费资料，这种补偿能否实现，取决于各个部门生产的产品能否满足物质补偿的需要，如果能够满足，社会再生产就能够顺利进行，否则，会中断。第二，价值补偿和物质补偿是交织在一起的。从社会交换过程来看，一些资本的价值补偿，即出售产品，就是另一些资本的物质补偿，即购买生产资料或工人、资本家购买消费资料。也就是说，各个单个资本是否在市场既卖得出产品，又买得到生产资料，是社会再生产能否进行的关键。可见，社会再生产是价值补偿和物质补偿的统一。社会总产品的实现问题，就成为社会总资本再生产的核心问题。

社会总产品同时实现价值补偿和物质补偿，既受社会产品价值组成部分相互之间比例的制约，又要受它们的使用价值、物质形式的制约。这就要求社会生产的各个组成部分要保持一定的比例，必须满足社会的需要。

3. 货币资本在社会再生产中的作用

由于社会总资本再生产是资本流通和一般商品流通的统一。货币不仅在流通中发挥交换媒介的作用，而且作为货币资本对社会再生产也起着重要作用。

货币资本是社会再生产的第一推动力和持续推动力。在考察单个资本周转时，货币资本显示了两个方面的作用：一是单个资本循环总是以投放一定数量货币开始的，货币资本是资本运动的第一推动力；二是由于资本周转时间的不同、周转时间的两个组成部分，即劳动时间和流通时间的比例不同，因而，以货币形式预付和更新的那部分预付货币资本与执行职能的生产资本的比例也就不同。这样就必须经常保持一部分货币资本，不断地进行预付和更新，以保证再生产的持续进行。如果没有这部分货币资本，再生产就会中断。货币资本是再生产的持续推动力。马克思说："资本主义商品生产——无论是社会地考察还是个别地考察，——要求货币形式的资本或货币资本作为每一个新开办的企业的第一推动力和持续的推动力。"(24.393)

预付货币资本的数量制约着生产规模，也制约着再生产的持续发展。但不能因此说，生产规模的绝对界限是由预付货币资本的大小决定的。实际上，在很多预付资本数量不增加的情况下，企业仍可通过提高生产要素的利用效率、采用新技术、改善劳动组织、提高劳动效率等方式来扩大生产规模。具体表现为：

第一，在工资既定或不按比例增加时，通过延长劳动时间和提高劳动强度，可以扩大生产规模。

第二，在资本不增加的情况下，可以通过挖掘原有技术装备潜力，提高劳动生产率的办法，来扩大生产规模。

第三，利用新科技成果，加强对土地、矿山、森林等自然力的充分利用，来扩大生产规模。

第四，加速资本周转，缩短资本周转时间，来扩大生产规模。

第五，通过资本重组，使资本向不同企业集中，也可扩大生产规模。

可见，生产规模在一定限度内，可以通过扩大内涵的方式，克服预付资本数量限制，实现生产规模的扩张。这种扩大再生产可称为内涵扩大再生产。相对应的是，通过增加预付资本数量，扩大生产规模，这种扩大再生产则称为外延扩大再生产。

（二）社会总资本简单再生产理论

在原有规模上进行的再生产，叫简单再生产。虽然简单再生产不是人类社会再生产的典型形式，但它却包含了再生产的基本规律。这是因为：第一，考察扩大再生产的困难，不是来自剩余价值如何转化为资本，而是来自社会总产品如何实现物质补偿和价值补偿，因而舍象积累因素，只考察简单再生产。第二，简单再生产是扩大再生产的基础。扩大再生产总是在简单再生产基础上的扩张，如假定第1年生产100个产品，第2年扩大生产，共生产125个产品，前者是简单再生产，后者是扩大再生产。扩大再生产包含了简单再生产。同时，用于扩大再生产的资本积累，来自简单再生产创造的剩余价值的转化，物质资料也是由剩余产品供给的。因此，研究社会总资本的再生产，要先从考察简单再生产开始。

1. 社会总资本简单再生产的实现条件

马克思根据社会总产品分为C+V+M三部分，社会生产分为生产生产资料Ⅰ和生产生活资料Ⅱ两大部类的基本理论，设计了简单再生产的基本公式：

Ⅰ. 4000C+1000V+1000M=6000

Ⅱ. 2000C+500V+500M=3000

上述公式包含三个假定：一是假定剩余价值为100%；二是剩余价值全部用于资本家消费；三是两大部类的资本有机构成均为4∶1。

要使社会再生产顺利进行，两大部类之间就必须进行交换，实现产品的物质补偿和价值补偿。马克思认为从最终产品角度来看，社会总产品存在三大交换：

第Ⅰ部类内部的交换。第Ⅰ部类的4000C是生产资料，只能用于生产消费，刚好通过部类内部交换，从物质上补偿生产中消耗的不变资本，在本部类内部实现产品的价值。

第Ⅱ部类内部的交换。第Ⅱ部类的500V+500M是消费资料，正好满足本部类工人和资本家消费的需要，通过本部类内部交换，实现了价值。

两大部类间的交换。第Ⅰ部类的1000V+1000M，从价值上看，是工人的工资和资本家的剩余价值，用于购买消费资料，进行个人消费。但从物质形态看，这些产品是生产资料，根本不能进行直接消费，必须向第Ⅱ部类购买消费资料；同样，第Ⅱ部类的2000C，从价值上看，是生产中消耗的生产资料的价值，需要由生产资料来补偿，但这些产品的实物形态，却是消费资料，也不能直接地满足生产需要，也必须与第Ⅰ部类交换。因此，通过两大部类之间的交换，即第Ⅰ部类的2000C和第Ⅱ部类的1000V+1000M进行交换，各自的产品都实现了物质补偿和价值补偿。

可见，Ⅰ（V+M）=ⅡC是简单再生产的实现条件，即第Ⅰ部类新生产的以生产资料形态存在的价值产品V+M，必须与第Ⅱ部类以消费资料形态存在的不变资本价值C，在价值上相等，在产品上互相满足消费的需要，简单再生产才能进行。如果Ⅰ（V+M）<ⅡC，第Ⅱ部类就有一部分产品，不能实现产品价值，进而在生产中消耗的生产资料也得不到补偿；如果Ⅰ（V+M）>ⅡC，第Ⅰ部类也会有部分产品因过剩而不能实现价值，工人和资本家所需的消费资料也无法得到保证。

如果从两大部类总产品物质内容的角度来看，简单再生产还有两个派生的实现条件：Ⅰ（C+V+M）=ⅠC+ⅡC和Ⅱ（C+V+M）=Ⅰ（V+

M）＋Ⅱ（V＋M）。Ⅰ（C＋V＋M）＝ⅠC＋ⅡC 表明，第Ⅰ部类生产的全部生产资料的数量和品种必须与两大部类对生产资料的需求相适应。这样，第Ⅰ部类的全部产品才能实现价值，而两大部类消耗的生产资料才能在物质上得到补偿。Ⅱ（C＋V＋M）＝Ⅰ（V＋M）＋Ⅱ（V＋M）表明，第Ⅱ部类的生产同样要与两大部类的工人和资本家对消费资料的需求保持平衡，社会对消费资料的需要才能得到满足。这两个公式说明，社会再生产必须满足生产消费和生活消费的需要。

2. 两大部类内部的比例关系

马克思在考察了两大部类之间的比例后，又对不同部类内部的比例进行了考察，阐明了这些比例对社会再生产的重要影响。

马克思依据工人和资本家消费的不同特点，将第Ⅱ部类的消费资料生产分为两个分部类，即生产必要消费资料的分部类Ⅱa 和生产奢侈消费资料的分部类Ⅱb。Ⅰa 专门生产供给工人消费以及部分资本家消费的必需品。Ⅱb 则生产专供资本家消费的产品。这两个分部类的生产也要保持一定的比例，否则也会导致社会再生产的比例失衡。

在简单再生产公式中，Ⅱ部类有（500V＋500M）的产品要在部类内部实现。如果假定上述消费品中，必要消费品与奢侈品比例是 4∶1，剩余价值中用于购买必要消费品和购买奢侈品的比例为 3∶2，工人全部工资都购买必要消费品。那么，Ⅱ（V＋M）就会分割为：

Ⅰa　400V＋240M＋160M

Ⅱb　100V＋60M＋40M

Ⅰa 中的 400V 是工人用工资购买的必要消费品价值，240M 是资本家用一部分剩余价值购买的必要消费品价值，可以在分部类内部完成交换；

Ⅱb 中的 40M 是本分部类资本家用剩余价值购买的奢侈品价值，也可以在本分部类内部实现。

Ⅱb 中的 100V 和 60M 是工人和资本家用于购买必要消费品的可变资本和剩余价值部分。这部分在实物形态上是奢侈品。同时Ⅰa 中的 160M 是资本家用于购买奢侈品的一部分剩余价值，这部分在实物形态上是必要消费品。由于Ⅱb 的工人和资本家需要Ⅰ（100V＋60V）的必要消费品，而Ⅰa 的资本家需要 160M 的奢侈品，因而两个分部类的交换获得成功，产品不仅在价值上得到实现，在物质上也得到补偿。

由此看出，要实现简单再生产，不仅两大部类之间要保持平衡关系，第Ⅱ部类的两个分部类也要保持适当的比例。第Ⅰ分部类的全部剩余产品不仅要满足第Ⅱ分部类工人对必要消费品的需要，而且还要满足两个分部类资本家对必要消费品的需要，第Ⅱ分部类的资本家才能收回以工资形式垫支的可变资本，再生产才能继续。

马克思认为第Ⅱ部类中两个分部类的比例关系，对于社会再生产具有决定性的作用。它不仅制约着生产消费资料部类的内部生产结构，而且决定着第Ⅰ部类中为第Ⅱ部类生产生产资料的部门结构，从而也决定着必要消费品生产与奢侈品生产的比例。在此马克思强调了社会需求结构决定社会生产结构的基本原理。

同样，第Ⅰ部类内部也存在着各种重要的比例关系。第Ⅰ部类为了满足Ⅰc和Ⅱc补偿的需要，也将生产分为两个部分，即为本部类生产生产资料的部分和为生产消费资料的部类制造生产资料的部分，这两部分也形成了一定的比例关系。如上所述，为第Ⅱ部类生产生产资料部门的生产要受第Ⅱ部类需求结构的制约，也受Ⅱc内部需求结构的制约。那么，为满足Ⅰc补偿需要的生产部门又受什么制约呢？受Ⅰc内部补偿方式的制约。由于第Ⅰ部类的不变资本，由大量的不同的资本群构成。它们被分别投入不同的生产资料部门。这些部门补偿消耗生产资料的方式有两种，即自我供给或内部交换。所谓自我供给，就是第Ⅰ部类中的某些部门和企业可以用自己的产品来补偿在生产中消费掉的生产资料。所谓内部交换，就是不同生产部门的企业或同一生产部门中的企业之间交换不同的生产资料，补偿各自生产中消耗的生产资料，实现产品的价值。

3. 固定资本补偿中的比例关系

上述分析，是以不变资本在一年中全部实现价值补偿和物质更新为基础的。但在实际生产中，固定资本价值是随着产品流通逐渐转移的，使用价值则是逐步磨损，直至报废才进行替换。这样，先行转移的固定资本价值，形成折旧基金，处于持币待购状态。因此，在Ⅱc与Ⅰ(V＋M)交换时，必然有一部分产品无法实现价值补偿和物质补偿，致使两大部类再生产中断。

社会再生产遇到的困难，来源于社会各个部门固定资本更新时间一致的假定。然而，在现实资本运动中，固定资本的使用寿命和投入使用的时间各不相同，固定资本更新的时间也必然不同。所以，在再生产中，总有一部分固定资本使用寿命终结，折旧完毕，需要购买生产资料，进行物质替换，这部分可称为Ⅱc（1）。另一部分固定资本则正处在使用中，价值还在逐步地折旧，这部分可称为Ⅱc（2）。在这里，Ⅱc（1）用积累的折旧基金购买生产资料，进行固定资本的物质更新，Ⅱc（2）则通过出售生产资料，获得货币，进行价值折旧。通过两部分资本家的买卖活动，前者实现了物质补偿，后者实现了价值补偿，社会再生产的困难得以克服。

显然，固定资本补偿的实现条件，是固定资本需要物质更新的部分与价值折旧的部分之间，不仅在价值量上保持平衡，也在使用价值上满足需要，即Ⅱc（1）＝Ⅱc（2）。

虽然固定资本补偿需要上述平衡关系，但在实际经济运行中，平衡只是一种偶然的，经常会出现Ⅱc（1）＞Ⅱc（2）或Ⅱc（1）＜Ⅱc（2）的情况。当Ⅱc（1）＞Ⅱc（2）时，即社会固定资本需要物质更新的部分大于需要价值补偿的部分，市场上的生产资料就会短缺，Ⅱc（1）中一部分固定资本不能实现物质替换；当Ⅱc（1）＜Ⅱc（2）时，即固定资本需要物质更新的部分小于需要价值补偿的部分，市场上的生产资料就会过剩，Ⅱc（2）中一部分固定资本因产品不能实现，无法进行价值折旧。上述两种不平衡，虽然可以通过外贸活动得到一定限度的缓解，但无法根本地解决。

（三）社会总资本扩大再生产理论

社会总资本的扩大再生产，是一部分剩余价值转化为资本，生产在规模扩大的条件下重复进行。马克思早就指出，剩余价值的资本化是资本积累，而资本积累是单个资本扩大再生产的重要源泉。同样，资本积累也是社会总资本扩大再生产的源泉。但这并不意味着剩余价值的资本化是无条件的，任何一个由剩余价值转化来的货币都可以作为追加的生产资本。实际上，剩余价值转化为资本或者资本积累是有条件的，这些条件制约着扩大再生产的进行。

1. 资本积累的两个条件以及两者间的平衡

在扩大再生产中，实现资本积累必须具备两个条件：即货币积累和实际积累。

所谓货币积累就是不断地将已经转化为货币的剩余价值积蓄起来，直至满足扩大再生产所必需的数量。一定的生产技术条件决定了投资企业或扩建企业的最低资本数量。如果资本家的货币积累低于这个“门槛数量”，就无法在某些行业投资创办企业或扩建企业。由于资本家可用于积累的剩余价值是有限的，要达到这个数量，就必须在每个生产过程结束后，将有限的剩余价值积蓄起来，经过一定时间的积累，才能使货币积累到扩大再生产所需要的数量，开始扩大再生产。

所谓实际积累是指货币积累达到扩大再生产的“门槛数量”时，用它购买一定数量的生产要素，即生产资料和劳动力，在物质上保证扩大再生产的实际进行。

由于进行货币积累的资本家，在积累达到一定数量之前，只卖不买，那么，货币从何而来呢？马克思指出，由于各个产业或部门要求的货币积累数量不同、企业投产和扩产的时间不同，因而，资本家进行货币积累的时间也必然不同，一部分资本家正在货币积累，而另一部分资本家已转入实际积累。前者只卖不买，从流通中取出货币，而后者则只买不卖，向流通投入货币。这样，进行货币积累的资本家就能从进行实际积累的资本家处得到货币。但是，仅此仍不能进行扩大再生产。因为如果进行实际积累的资本家投入流通的货币量不能满足货币积累的资本家对货币的需要量，仍会使一部分资本家无法进行货币积累。所以，货币积累与实际积累还必须保持平衡，即实际积累投入流通的数量要等于货币积累所需要的数量。

然而，在商品经济中，货币积累与实际积累的平衡是在交换中实现的，靠“看不见的手”自发调节的，所以，两者之间的平衡是偶然的，买卖脱节会经常出现，这样就增加了经济危机的可能性。

2. 扩大再生产的前提条件

马克思说，一国资本积累或扩大再生产的规模不取决于货币的数量，而取决于该国剩余生产要素的数量，即需要追加的生产资料和消费资料的数量。生产资料和消费资料的剩余是实现扩大再生产的前提条件。

资本家为了扩大生产规模，必然将剩余价值分为两个部分，一部分用于个人消费，即M/X，另一部分则用于资本积累。而用于资本积累的部分，又要依据生产的需要，分为两部分，一部分购买追加生产资料△C，另一部分用于增加雇佣工人△V。这样，第Ⅰ部类和第Ⅱ部类就不能再保持简单再生产时的比例关系，需要重新组合。

第一，第Ⅰ部类生产的全部产品在补偿两大部类消耗的生产资料后，还必须有剩余为两大部类提供追加的生产资料，即Ⅰ（V+M）>ⅡC。只有Ⅰ（V+M）>ⅡC，第Ⅰ部类才能满足两大部类追加生产资料的需要。

第二，第Ⅱ部类生产的全部产品在满足两大部类工人消费和资本家消费后，还能为两大部类提供追加的消费资料，即Ⅱ（C+V+M）>Ⅰ（V+M/X）+Ⅱ（V+M/X）。在上述条件下，两大部类的资本家才能在市场交换中获得追加的消费资料。

由此可见，要进行扩大再生产，就必须在积累一定数量货币资本的同时，保证具有相应物质资料的剩余，从而使货币资本积累与物质资料的剩余之间保持平衡。

3. 扩大再生产的实现条件

存在两个前提条件，只能说明再生产有扩大的可能。将可能变为现实的关键在于，两大部类必须通过调整，建立平衡增长的关系，进而实现协调发展。

马克思用两个例子说明扩大再生产实现的过程：首先假定第Ⅰ部类的资本有机构成是4∶1，第Ⅱ部类是2∶1；年剩余价值率为100%；剩余价值用于积累的比率都是50%。

扩大再生产开端公式为：

Ⅰ.4000C＋1000V＋1000M＝6000

Ⅱ.1500C＋750V＋750M＝3000

在上述公式中，虽然社会总资本还是9000，但与简单再生产相比，发生了重大的比例变化，Ⅰ（V＋M）≠ⅡC，而是＞ⅡC，已经具备扩大再生产的前提条件。如果按照假定条件，进行扩大再生产，上述公式就变为：

Ⅰ.4400C＋1100V＋500M/X＝6000

Ⅱ.1600C＋800V＋600M/X＝3000

在这个已进行资本积累的再生产公式中，第Ⅰ部类的4400（C＋△C）是通过部类内部交换来实现的；由于Ⅰ（1000V＋100△V＋500M/X）＝1600，要通过与第Ⅱ部类交换，即出售1600生产资料，然后换回1600的消费资料，这样第Ⅰ部类的产品就全部实现，扩大再生产也能进行下去了。但是，第Ⅰ部类用于交换的生产资料是1600，而第Ⅱ部类用于交换的消费资料仅为1500，这种状况表明第Ⅰ部类为第Ⅱ部类提供了追加的生产资料，因而也要求第Ⅱ部类进行相应的积累；否则，第Ⅰ部类的产品就无法全部实现，扩大再生产则不能进行。为了保证两大部类的协调增长，第Ⅱ部类也要从M中拿出100作为追加的不变资本，与第Ⅰ部类交换，即Ⅰ（V＋△V＋M/X）＝ⅡC＋△C。同时，也相应地增加可变资本50，以维持生产资料与劳动力的比例。进而，第Ⅱ部类全部产品的分配比例就变为：

Ⅱ.1600C＋750V＋50△V＋600M/X＝3000

其中，Ⅱ.750V＋50△V＋600M/X在本部类内部交换。第Ⅱ部类的全部产品也得到了实现，扩大再生产可以进行了。

如果第2年剩余价值率仍为100%，两大部类扩大再生产的产值就表现为：

Ⅰ.4400C＋1100V＋1100M＝6600

Ⅱ.1600C＋800V＋800M＝3200

通过分析扩大再生产过程可以看出，只有保证两大部类交换的平衡，即Ⅰ（V＋△V＋M/X）＝Ⅱ（C＋△C），社会总资本的扩大再生产才能进行。这个公式是扩大再生产的基本实现条件，它表明了两大部类积累的互为条件和相互制约的平衡关系。

以基本条件为基础，还可以从两大部类全部产品价值实现的角度，派生出两个实现条件：

第一，Ⅰ（C＋V＋M）＝Ⅰ（C＋△C）＋Ⅱ（C＋△C）。即第Ⅰ部类全部产品，在价值上要与两大部类的原有不变资本和追加不变资本之和相等，在物质上，第Ⅰ部类生产的生产资料要满足两大部类对补偿生产资料和追加生产资料的需要。

第二，Ⅱ（C＋V＋M）＝Ⅰ（V＋△V＋M/X）＋Ⅱ（V＋△V＋M/X），即第Ⅱ部类的全部产品，在价值上要等于两大部类原有可变资本和追加可变资本，以及资本家用于个人消费的部分剩余价值之和；在物质上，第Ⅱ部类生产的消费资料，不仅要满足两大部类原有工人和资本家的生活消费的需要，还要为追加工人的消费提供消费资料。

扩大再生产实现条件说明，两大部类的积累和生产规模的扩大要同步进行，对生产资料和消费资料的供给和需求也要维持平衡，这样，社会总资本的再生产才能进行。

/// 第二章读书难点解释 ///

为什么说货币本身不是实际再生产的要素？

马克思认为货币积累虽然是实现资本积累的必要步骤，但并不是实际再生产的要素，现实的扩大再生产取决于资本的实际积累。这是因为：

（一）货币积累只是实际积累的基础

一定的生产技术条件决定了投资企业或扩建企业的最低资本数量。如果一个资本家要新建或扩建企业，就必须逐步地将有限的剩余价值积蓄起来，经过一定时间积累后，使货币积累到扩大再生产所需要的数量，才能进行实际积累。所以，货币积累只是实际积累的基础和条件。

（二）货币积累不能代替实际积累

货币积累是资本家积蓄一定数量的货币，由于这些货币在储藏后要转化为追加的生产资本要素，从这个意义上讲，它已经是资本了。但只是潜在资本，即可以随时购买生产要素的资本，而不是实际用于扩大再生产的资本。货币积累要转化为实际积累，还必须经过市场购买阶段。如果资本家无法在市场上买到扩大再生产所需的生产资料和劳动力，扩大再生产仍然无法进行。可见，货币积累不能代替实际积累。

（三）扩大再生产需要实在的生产资本

实际再生产，需要生产资本的实物要素，即一定数量的劳动力和生产资料。只有满足生产过程对追加生产资料和劳动力的要求，扩大再生产才能顺利进行。而扩大再生产需要的生产资料和消费资料，是由社会总产品供给的。货币资本不是实际的生产要素，对实际扩大再生产没有直接的作用。

综上所述，货币积累只是实际积累的开始，并不是实际积累本身，而实际的扩大再生产需要实际积累，从这个意义上讲，货币本身不是实际再生产的要素，不代表追加的新的社会财富。但这不意味着可以忽视货币积累对扩大再生产的重要作用。

二、理论热点问题探讨

马克思再生产理论对我国经济增长的指导意义

随着西方增长理论在我国的广泛传播和在经济增长中的普遍应用，使人们对“哈罗德—多马模型、索洛经济增长理论及库兹涅茨现代经济增长”等耳熟能详，却忘记了经济增长理论的先驱者马克思，误以为他没有经济增长理论。事实上，西方学者认为马克思的再生产理论是经济增长理论。1988年在英国出版的《卡尔·马克思》一书中承认存在“马克思的增长理论”，并认为“马克思是一位增长理论家。”① 不仅如此，西方学者还认为马克思对经济增长理论的形成做出了开拓性的贡献：一是马克思区分了生产资料和消费资料，被西方学者替代为“资本品”和“消费品”；二是马克思再生产的图式是一种简单的经济增长模型；三是马克思的扩大再生产的分析方法是长期动态分析法。为此，英国著名经济学家琼·罗宾逊指出：“（马克思的）扩大再生产的图式，为研究储蓄和投资的问题，以及研究资本品的生产和消费品的需求之间的平衡，提供了一种极其简单而又不可缺少的研究方法。”

---

① 约翰·坎宁安·伍德编：《卡尔·马克思经济学》第3卷，伦敦，克鲁姆·赫尔姆公司1988年版，第172、165页。转引自吴易风：《经济增长理论：从马克思的增长模型到现代西方经济学家的增长模型》，《当代经济研究》2000年第8期，第1页。

她还说："假如马克思曾被当作一位严肃的经济学家来加以研究，……那将节省我们大家许多时间。"① 经济增长模型创始人之一，多马也认为："增长模型……至少可以追溯到马克思。在各经济学派中，我认为马克思主义者最接近于发展一种经济增长的重要理论。"② 由此可见，马克思的再生产理论揭示了经济增长的基本规律和考察经济增长的研究方法，这对于在理论上与时俱进的丰富马克思主义经济增长理论有重要的理论价值，对于指导我国经济增长也有重要的指导意义。

（一）总量平衡和结构平衡是经济增长的实现条件

经济增长问题一直是经济学研究的重大课题。虽然在马克思生活的时代，还没有提出"经济增长"范畴，但是马克思所研究的社会资本扩大再生产问题，实际上就是经济增长问题，扩大再生产的实现条件，也就是经济增长的实现条件。

社会总产品既是经济增长的结果，也是经济增长的前提。如果社会总产品不能实现，不仅货币积累会中断，实际积累也会无法实现，经济必不能持续增长。所以，马克思把社会总产品的实现问题作为核心问题加以研究。西方增长理论是从国民生产总值入手，研究经济增长的实现条件，即总量均衡问题。而马克思则不同，是从价值形态和物质形态两个方面来研究经济增长的实现条件。因此，马克思的经济增长实现条件，既包括总量平衡，即各种价值形式的供求平衡，也包括结构平衡，即各个社会生产部门之间的合理比例。

经济要持续、稳定的增长，首先取决于两大部类的总量平衡。Ⅰ（V+△V+M/X）＝Ⅱ（C+△C）它表明扩大再生产要顺利进行，第Ⅰ部类提供的生产资料必须满足第Ⅱ部类经济增长对生产资料的全部需求，第Ⅱ部类对第Ⅰ部类消费资料的供给必须等于第Ⅰ部类对消费资料的需求，两个部类相互供给和需求必须保持均衡。如果从两个部类的全部产品来看，公式可以变为：

Ⅰ（C+V+M）＝Ⅰ（C+△C）+Ⅱ（C+△C）。公式显示，第Ⅰ部类提供的生产资料不仅要满足两大部类维持原有规模生产所需要的生产资料，ⅠC和ⅡC；还要满足经济增长所需要的生产资料，Ⅰ△C和Ⅱ△C。

Ⅱ（C+V+M）＝Ⅰ（V+△V+M/X）+Ⅱ（V+△V+M/X），同

① 琼·罗宾逊：《论马克思主义经济学》，商务印书馆1962年版，第80页。
② L. 多马：《经济增长理论》，商务印书馆1983年版，第20页。

样，第Ⅱ部类提供的消费资料也要满足两大部类原有工人和资本家的生活需要，还要满足经济增长导致的新增工人的消费需要。

上述分析显示，两个部类为经济增长提供的生产资料和消费资料，只有在价值量和需要量实现平衡时，经济增长才得以持续进行。

经济增长的持续进行，还要取决于结构平衡。这一点正是马克思增长理论与西方增长理论的区别。经济增长不仅需要价值实现，还需要特定品种、性能的生产资料和消费资料进行物质的补偿，物质补偿能否实现主要受两大部类之间及内部结构的制约。所以，经济增长持续进行，还需要结构的平衡。马克思从物质补偿的角度提出了决定经济增长的三类结构平衡：

首先，两大部类之间的结构平衡，即Ⅰ（V＋△V＋M/X）＝Ⅱ（C＋△C）。公式表明，在两类产品交换中，第Ⅰ部类供给的生产资料必须满足第Ⅱ部类固定资本更新和追加投资在产品品种和性能上的需要，同时，第Ⅱ部类提供的一般消费资料和奢侈消费资料，必须满足第Ⅰ部类工人和资本家生活的特定需要。很显然，两大部类交换成功的关键，在于它们相互提供的产品不仅在数量上满足需要，而且在产品的品种和性能上，也能满足相互需要。

其次，两大部类内部的结构平衡。马克思认为第Ⅱ部类内部生产一般消费资料的分部类Ⅱa和生产奢侈消费资料的分部类Ⅱb，也要保持合理的结构和比例，否则，就无法满足两大部类对不同类型消费品的需要。第Ⅱ部类内部比例关系非常重要，不仅制约着生产消费资料部类的内部生产结构，还决定着第Ⅰ部类中为第Ⅱ部类提供生产资料部门的结构，对经济增长具有至关重要的影响。

同理，第Ⅰ部类内部为本部类提供生产资料的分部类与为第Ⅱ部类提供生产资料的分部类也要保持合理的结构和比例。如上所述，为第Ⅱ部类提供生产资料分部类的生产，要受第Ⅱ部类内部需求结构的制约。为本部类提供生产资料分部类的生产，则受部类内部自我供给和内部交换比例和结构的制约。

由此可见，经济的持续、稳定增长，既取决于供求的总量平衡，也取决于结构平衡；既取决于价值的实现，也取决于物质的补偿。

（二）资本有机构成是影响经济增长的决定性因素

西方经济增长理论虽不承认资本有机构成概念，但是他们不得不承认技术进步在经济增长中的重要作用，并将其纳入经济增长模型中。事实上，马克思早在100多年前就看到技术进步对经济增长的推动作用，提出了资本有机构成的范畴，并深入分析了资本有机构成提高对经济增长的双重影响，指出资本有机构成不断提高，是社会化大生产发展的一种客观趋势。

首先，资本有机构成提高是经济持续增长的源泉。资本有机构成提高对经济增长的推动，主要表现在三个方面：一是推动某一个或几个产业的快速增长。个别资本由于在追逐利润的内在动力和生存竞争外在压力下，会不断地进行资本积累，提高资本有机构成，推动企业的经济增长，获得超额利润。个别资本有机构成的提高会通过部门内部竞争的传导，带动整个产业资本有机构成的提高，从而推动该产业的快速增长。二是推动国家经济的持续增长。由于受某些产业资本有机构成提高的带动，社会资本有机构成也会不断提高。社会资本有机构成的提高从两个方面推动了经济增长。一方面，创造出更多利润和丰裕物质产品，增强了积累的实力，推动了整个社会再生产的持续扩大。马克思指出“提高劳动生产力的方法，同时也就是提高剩余价值或剩余产品的方法，而剩余价值或剩余产品又是积累的形成要素。……剩余价值不断再转化为资本，表现为进入生产过程的资本量的不断增长。这种增长又成为不断扩大生产规模的基础。”（23.658）这是因为社会劳动生产力的提高，使生产资料和消费资料更加便宜，等量资本可以购买更多的生产资料、雇佣更多的工人，因而必然导致社会生产规模不断地扩大。另一方面，加快了企业和社会固定资本更新换代的节奏，导致中间需求大幅度的增加，进而率先拉动提供生产资料部门的增长。由于这些部门产业关联度高，也能带动前项产业和后项产业的快速增长，与此同时，这些产业群的高度增长，就会扩大就业的规模，也会拉动消费资料产业的增长，从而推动了全社会的经济增长，从而呈现出投资的“乘数效应”。马克思曾经在《共产党宣言》中感叹：“资产阶级在它不到一百年的阶级统治中所创造的生产力，比过去一切时代创造的全部生产力还要多，还要大。自然力的征服，机器的采用，化学在工业和农业中的应用，轮船的行驶，铁路的通行，电报的使用，整个整个大陆的开垦，河川的通航，仿佛用法术从地下呼唤出来的大量人口，——过去哪一个世纪能够料想到有这样的生产力潜伏在社会劳动里呢？”[①] 从这段话中，我们看到 100 年前被现代人称为“传统经济增长”的急促步伐，更何况当今时代以日新月异发展的新技术为基础的现代经济增长的飞速发展了。三是国别资本有机构成高于世界平均构成的国家，由于该国商品的国别价值低于国际价值，因而，在国际商品交换中，就可以利用价值

① 《马克思恩格斯选集》第 1 卷，人民出版社 1972 年版，第 256 页。

规律的作用，在获得比较利益的同时，还获得“国际超额利润”，从而，形成了以国际贸易为导向型的经济增长。战后的日本以及亚洲“四小龙”经济的持续、高速增长，就是这种增长的典型表现。

其次，资本有机构成提高是导致宏观经济运行失衡的导因。在市场竞争中，企业为了占据竞争优势，获得超额利润，必然要不断地采用新技术和新设备，提高劳动生产率。这样，不变资本在总资本中的比重日益增大，导致资本有机构成不断的提高。资本有机构成的提高，会从三个方面引起宏观经济的波动：

第一，供求失衡。资本有机构成提高的过程，既是资本供给能力不断增加的过程，也是劳动者消费需求增长放缓的过程，或者说是供求不断失衡的过程。这是因为，由于新技术和新设备的采用，劳动生产率的广泛提高，一方面，为社会提供了日益丰富而又廉价的商品；另一方面，也会导致资本替代劳动，减少对劳动力的需要，从而使消费需求增长缓慢，如果没有政府的宏观调控，供求失衡在所难免。

第二，分配失衡。随着工业化的推进，资本有机构成的提高，资本积累能力在不断增强，不仅表现在资本自我投资水平的提高，还表现在利用社会资本能力的增强，因此，按照谁投资谁受益的分配原则，少数掌握大量资本的阶层就会在国民收入分配中占有越来越多的份额，而广大劳动者由于资本积累能力不足，仅能凭借劳动能力和少部分劳动剩余参与分配，这样必然在国民收入分配中占有越来越少的份额，呈现出“马太效应”，从而导致国民经济增长失去有支付能力“需求”的长期拉动和支撑。因为分配失衡会影响长期消费需求的增长，从而“内需”严重不足，影响了经济的持续增长，严重时会酿成社会的动荡，中断经济增长的进程。

第三，结构失衡。如上所述，企业为了追逐超额利润，通过资本密集度的提高，促使本企业的超常规增长，但是，在充分竞争的市场环境中，任何技术进步都难以形成长期的垄断，很快就会在部门或产业中得到推广和普及，从而推动整个产业的经济增长。由于这些部门或产业的非均衡增长，将会拉动相关生产资料产业的增长。如果其他部门和产业不能随之增长，那么，就会出现三个产业之间、各产业内部之间的失衡，从而破坏了宏观经济协调、持续的增长。

（三）外延扩大再生产和内涵扩大再生产是经济增长的两种模式

马克思在再生产理论中揭示了经济增长的两种模式，即外延扩大再生产和内涵扩大再生产，并深入探讨两种增长模式形成的内在机理，较早地将技术进步、劳动力素质提高、分工协作等因素纳入到经济增长模型中。如果将马克思再生产理论与西方增长理论加以比较，我们会发现，传统经济增长理论——哈罗德—多马模型接近马克思的外延扩大再生产模式，而新经济增长理论则更近似马克思的内涵扩大再生产模式。

第一，外延扩大再生产是经济增长的主要模式。马克思在再生产理论中把外延扩大再生产，作为主要研究对象，研究这种经济增长模式的特征、源泉及途径，构建了外延经济增长模型。外延经济增长是以生产规模不断扩大为特征的经济增长，其增长的源泉来自资本的积累，即企业不断地把利润转化为投资。众所周知，增加投资可以从两个方面促进经济增长。首先，从供给方面看，投资增加扩大了生产规模，提高了社会生产能力，大幅度增加产品的供给。马克思考察两种情况：如果在资本有机构成不变的条件下，投资会按照原有技术水平和结构进行，表现为单纯的生产规模扩张；如果在资本有机构成提高的条件下，投资会采用新的技术和设备，在生产规模扩大的同时，还伴随技术进步和劳动生产率的增长，从而加速经济增长。马克思认为这是外延经济增长的常态。从需求方面看，投资要达到目的，必须进行实际积累，需要购买机器设备、原材料和扩大就业，必然产生巨大的生产资料需求和一定数量的消费需求，从而拉动国民经济持续增长。可见，投资既能创造当年的总需求，又能扩大未来的总供给。不断追加投资是一国经济规模扩大的基础和动力。而投资则主要来源于资本的积累，来自剩余价值的资本化。马克思指出："剩余价值不断再转化为资本，表现为进入生产过程的资本量的不断增长。这种增长又成为不断扩大生产规模的基础，成为随之出现的提高劳动生产力和加速剩余价值生产的方法的基础。"(23.685)"生产的扩大，要取决于剩余价值到追加资本的转化，也就是要取决于作为生产基础的资本的扩大。"(24.565)

马克思不仅分析了外延经济增长的源泉，还深入分析了资本积累的两种途径，即资本积聚和资本集中。企业是投资的主体，也是积累的主体。所以，马克思考察了企业的资本积聚和集中。资本积聚是指单个企业通过利润的再投资来不断实现规模增长的。这种积累的方式由于受到企业自身创造利润的能力和货币积累数量的制约，致使企业增长速度慢，有着先天不可克服的缺陷。而资本集中则不同，是一种快速扩大企业生产规模、实现经济增长的有效途径。由于优胜劣汰规律的作用，某些具有优势的企业在竞争中不断地通过兼并和重组其他企业，实现了自身规模的快速增长和劳动生产率的快速提高。信用制度的发展，特别是股份公司及资本市场的发展，为企业进行资本集中提供了便捷、快速的通道，大大推动了企业资本集中，从而促进了社会外延经济增长的持续进行。

第二，内涵扩大再生产是经济增长的一个重要模式。马克思虽然强调资本积累是扩大再生产的主要源泉，但他始终认为积累从而追加投资不是扩大再生产的唯一源泉，并提出了一种新的经济增长模式，即内涵经济增长模式。马克思指出："一定量的资本，没有积累，还是能够在一定界限之内扩大它的生产规模。"（24.565）这一点被西方传统增长理论所忽视，也被社会主义实践所忽视。马克思认为在很多投资不增加的情况下，企业仍然扩大生产规模，实现经济增长。他具体考察了各种非积累因素对扩大再生产的影响。概括起来，主要包括六个方面：一是调动劳动者的积极性，挖掘劳动者的潜能、提高劳动者的技能和劳动的强度，可以大幅度提高劳动效率，从而扩大生产规模，实现经济增长。例如丰田汽车公司每年职工发明大赛，就是发挥工人潜能和创造力的典型。二是充分利用先进技术，改进生产工艺、流程，改进技术设备性能的办法来扩大生产规模。三是提高利用土地、矿山、森林等资源的自然力水平，充分发挥自然力的作用，来扩大生产规模。四是加速资本周转的速度，缩短资本周转时间，扩大生产规模。五是通过资本重组，使资本向不同企业集中，也可扩大生产规模。六是推进企业内部的分工，提高生产专业化、迂回化和协作化的水平，形成企业内部的集体力，也可以扩大生产规模等。简而言之，上述非积累因素，都可以促进生产规模的扩大、推动经济的持续增长。

从上述分析中看到，虽然马克思所处的时代是以外延经济增长模式为主的，但是，马克思并没有忽视内涵经济增长模式的重要作用，把技术改良、劳动力素质和技能的提高、企业内部的分工等非积累因素，纳入经济增长模式中，考察它们对经济增长的重要影响，从而提出了这种被现代经济学称作"集约型经济增长方式"。马克思的这一思想不仅为后来的经济增长理论发展奠定了基础，同时也为我国经济增长方式从以"粗放型"为主向以"集约型"为主转变提供了理论依据。

第三卷　资本主义生产的总过程

第三卷简介

《资本论》第三卷是恩格斯根据马克思的手稿整理和编辑而成，于马克思逝世11年后出版的。第三卷考察的是资本主义生产的总过程。这一“总过程”不仅是生产过程和流通过程的统一，而且是生产过程、流通过程和分配过程的统一；不仅是产业资本运动的总过程，而且是各种资本，包括商业资本、借贷资本等运动的总过程；进一步说，它更是资本主义社会各个剥削集团瓜分剩余价值的总过程。正如恩格斯所说：“第三卷所阐述的就是剩余价值的分配规律。”

第三卷共计7篇52章，内容可分为三个部分。第一部分是第一篇至第三篇，考察平均利润率的形成以及历史条件，揭示了剩余价值在各个产业资本之间的分配规律。第二部分是第四篇至第六篇，分析利润被如何分割为商业利润、利息、银行利润以及地租等转化形式，揭示了商业资本、借贷资本以及土地所有权瓜分剩余价值的内在规律。第三部分是第七篇，它是全卷、也是《资本论》全书的总结。在这篇中，马克思批判了资产阶级经济学“三位一体的公式”的荒谬，阐明了资本主义社会中各种收入分配的源泉，论述了生产关系与分配关系的内在联系，揭示了资本主义的历史局限性和阶级斗争的发展规律。

在第三卷分析中，马克思运用了从抽象到具体、从局部到综合、从本质到现象与从现象到本质相结合等方法。所谓从抽象到具体，是指马克思以利润这个剩余价值最一般、最抽象的转化形式为研究的出发点，分别考察了利润怎样转化为平均利润，又怎样分割为商业利润、利息、地租等具体形态，进而阐明了剩余价值的分配规律；所谓从局部到综合，是指马克思分别考察了剩余价值在产业资本之间、在商业资本、借贷资本以及土地所有者之间的分配规律，尔后，在第七篇综合分析资本主义社会各种收入的源泉，揭示了资本主义社会的阶级结构和历史局限性，得出了资本主义必然灭亡的政治结论。所谓从本质到现象与从现象到本质相结合，是指马克思对利润的每一个转化形式都进行了两个方面的分析，一方面阐明本质形态如何转化为现象形式，例如利润这个本质形态是怎样转化为平均利润，而后又分割为商业利润、利息和地租等现象形式的，另一方面，马克思又分析现象形式是怎样歪曲地反映它的本质。

第一章　平均利润与生产价格理论

一、原著的基本脉络

/// 第一章简介 ///

本章介绍了马克思《资本论》第三卷第一篇至第三篇的主要内容。在这3篇中，马克思以产业资本整体为研究对象，考察了剩余价值转化为利润、利润转化为平均利润以及价值转化为生产价格的客观必然性，揭示了在自由竞争的条件下，产业资本家瓜分剩余价值的一般规律，从而阐明了资本主义生产方式的历史局限。平均利润和生产价格理论在马克思《资本论》中占有极为重要的地位，它是马克思剩余价值分配理论的基础，是商品价值理论的进一步发展，是理解第三卷理论的钥匙。

在第一篇中，马克思论述了剩余价值和剩余价值率是怎样转化为利润和利润率的。该篇共7章，可分为三个部分：第1章至第2章为第一部分，从本质上阐明了剩余价值和剩余价值率是怎样转化为利润和利润率的。第3章至第6章为第二部分，从量的角度，进一步分析剩余价值向利润、剩余价值率向利润率的转化，考察了影响利润率变动的因素。第7章是对全篇的总结和补充。在第二篇中，马克思进一步考察了利润向平均利润、价值向生产价格的转化，揭示了产业资本家瓜分剩余价值的规律。这篇共5章，可分为四个部分：第8章为第一部分，阐明了利润转化为平均利润的必然性；第9章为第二部分，论述了平均利润和生产价格形成的特点；第10章为第三部分，考察了利润向平均利润、价值向生产价格转化的具体过程。第11章至第12章为第四部分，对全篇进行补充。在第三篇中，马克思分析了利润率下降的规律，揭示资本主义生产方式的历史局限性。这一篇共3章，第13章研究利润率下降的必然性以及表现形式；第14章考察影响利润下降的各种因素；第15章考察了利润率下降规律作用的后果以及内部矛盾的尖锐化，从而揭示资本主义生产方式的历史局限性。

马克思在这三篇中运用了四种研究方法：（1）从局部到整体的方法。在

第一篇中，马克思以一个部门的产业资本为研究对象，考察了剩余价值转化为利润的形态变化，舍象了不同部门的产业资本在利润分配中的竞争关系；在第二篇中，马克思则以社会总产业资本为研究对象，考察了不同部门产业资本在利润分配中的竞争关系，揭示了产业资本瓜分剩余价值的一般规律；(2) 从本质到现象的方法。马克思在第一卷分析剩余价值这个本质形态的基础上，重点分析了剩余价值是怎样转化为利润、平均利润这些表现形式的，阐明了本质形态与表象形式之间的关系；(3) 定性分析与定量分析互补的方法。马克思首先从逻辑上分析剩余价值转化为利润、利润转化为平均利润的必然性，尔后，又进一步从量的角度考察了上述转化。(4) 抽象到具体的方法。在第一卷第七篇中，马克思概括地分析了资本主义产生经济危机的根源和基本矛盾。在第三卷第三篇中，又对基本矛盾的各种表现进行了深入的分析，从而更详细和具体地阐明了经济危机的根源。

/// 第一章内容要点 ///

(一) 成本价格和利润

在剩余价值的各种转化形式中，利润是剩余价值最一般的转化形式，是其他各种转化形式的基础。要分析剩余价值是怎样转化为利润的，就必须考察成本价格的形成。

1. 所费资本转化为成本价格

资本主义企业生产的商品价值是由不变资本、可变资本和剩余价值三部分构成，即 W＝C＋V＋M。其中不变资本价值和可变资本价值是用来补偿在商品生产中耗费的资本价值，即所费资本。这部分资本对资本家来说，就是他为生产剩余价值预付 C 和 V，即成本价格。成本价格用 K 来表示。因为没有这部分耗费，资本家就不能进行生产，得到剩余价值，所以，所费资本是资本家为获取剩余价值垫支的成本，剩余价值则表现为成本的增加额。于是，商品价值公式 W＝C＋V＋M，就变成了：W＝K＋M。

所费资本转化为成本价格，是资本主义生产方式的性质决定的。本来，生产商品本身的耗费与生产商品的资本主义耗费是完全不同的两种耗费。生产商品的耗费是指生产中全部物化劳动和活劳动的耗费，形成商品的价值。而生产商品的资本主义耗费则是指生产中消耗的不变资本和可变资本的价值。这两个量是不等的，前者大于后者，差额就是剩余价值。然而，资本主义私有制决定了资本家是生产的主人，劳动者只不过是构成生产资本的一个要素，因此，成本价格只能反映资本的耗费，而非劳动的耗费，剩余价值就表现为成本价格的产物。这样，对资本家来说，所费资本就表现为商品的成本价格。

在资本主义经济中，成本价格范畴具有重要的经济意义。一方面，成本价格不断地得到补偿，是再生产进行的一个必要条件。成本价格必须不断地买回在商品生产中耗费的各种生产要素，才能使再生产进行下去。另一方面，成本价格是资本家盈亏的平衡点。马克思说："商品出售的最低界限，是由商品的成本价格规定的。"如果商品低于它的成本价格出售，资本家就会亏本；如果资本家高于成本价格出售商品，就可以获得盈利。

所费资本转化为成本价格，掩盖了不变资本和可变资本的区别，不论是支出在劳动力上的可变资本，还是支出在生产资料上的不变资本，一律都表现为资本的支出，可变资本在价值增殖中的特殊作用消失了，这样一来，成本价格就掩盖了剩余价值的真正来源。

2. 剩余价值转化为利润

剩余价值本来是可变资本的增加额。但当所费资本转化为成本价格之后，不变资本与可变资本的区别被掩盖，剩余价值就必然表现为成本价格的增加额。不仅如此，在资本家看来，参与剩余价值生产过程的资本，不仅有所费资本，还有全部预付资本，因此，剩余价值还表现为全部预付资本的增加额。虽然只有所费资本进入商品的价值，但在实际生产中，预付总资本作为生产的物质条件，却全部进入生产过程发挥作用，所以，资本家在判断投资是否盈利时，不是将剩余价值与所费资本相比，而是与预付总资本相比，即把剩余价值看作预付总资本的产物。当剩余价值，作为全部预付资本的这样一种观念上的产物，就取得了利润这个转化形式。

显然，利润是剩余价值的转化形式，也是被歪曲了的表现形式。它用P来表示。利润形成后，商品的价值不再表现为K＋M，而是表现为K＋P，即成本价格加利润。

利润的本质是剩余价值，在量上也没有差别。所不同的是，剩余价值是可变资本的增加额，反映了资本对劳动者的剥削关系；而利润则是预付总资本的增加额，反映了资本的盈利能力，所以，它是剩余价值歪曲了的表现形式，掩盖了剩余价值的真正源泉。

在资本主义经济中，剩余价值转化为利润具有客观必然性。一是由于成本价格范畴，抹煞了不变资本和可变资本在剩余价值生产过程中的本质区别，从而割断了剩余价值与可变资本的直接联系，使剩余价值成为预付总资本的产物。二是工资形式将劳动力的价值或价格，歪曲地表现为劳动的价值或价格，似乎工人的全部劳动都是有酬劳动。这样，剩余价值就不再是工人劳动的成果，而是预付总资本的产物。

利润在资本主义经济中具有重要的作用。它是整个资本主义经济活动的出发点和轴心。资本家投资的目的不是为了生产商品本身，而是为了商品价值中包含的利润。追逐利润是资本家从事商品生产的唯一目的和内在动机。利润也是资本主义竞争的基础。由于商品的成本价格与商品的价值之间存在差额，即利润。如果资本家按照商品价值出售商品，就可以得到全部剩余价值；如果资本家以低于商品价值，高于成本价格的价格出售商品，虽不能得到全部剩余价值，但也能获得部分利润。因而，一般地说，商品的成本价格是资本家出售商品的最低价，而价值则是最高价，在此之间可以有无数的销售价格。这就为资本家间的竞争提供了可能。资本家为了获取更多的利润，既可以通过市场提高商品的售价，又可以通过改进技术降低成本价格，彼此之间展开竞争。所以说，利润是竞争的基础。

3. 剩余价值率转化为利润率

剩余价值转化为利润，是以剩余价值率转化为利润率为前提的。因为剩余价值和利润是同一个东西。两者的区别仅表现在，当剩余价值被看作是可变资本的成果，就是剩余价值，这时的比率就是剩余价值率 M'；当剩余价值被看作预付总资本的产物时，就是利润，剩余价值与预付总资本相比就是利润率。所以，当我们使用利润这个范畴时，实际上，已经是剩余价值与预付总资本比较的结果，即剩余价值率已经转化为利润率了。同时，在计算利润量大小时，又总是以一个既定的利润率为基础的。所以说，剩余价值率转化为利润率是剩余价值转化为利润的前提和基础。利润率可用公式表示为：

$$\text{利润率 } P'=\frac{\text{剩余价值}\quad M}{\text{预付总资本}\quad C}=\frac{\text{剩余价值}\quad M}{\text{不变资本 } c+\text{可变资本 } v}$$

剩余价值率与利润率虽然是同一剩余价值量用不同计算方法计算的比率，但是，两者不仅在量上不等，即利润率总是小于剩余价值率，而且它们所体现的经济关系也有本质上的不同：剩余价值率反映资本家对工人的剥削程度，而利润率则反映资本的增殖程度。

4. 决定利润率高低的主要因素

利润率是直接影响资本家获利的重要指标。在预付总资本一定的情况下，资本家获利的多少取决于利润率的高低。为此，资本家总是追逐较高的利润率。但利润率的高低并不取决于资本家的主观意愿，它受多种经济因素的影响。

第一，受剩余价值率的影响。在其他条件不变的情况下，利润率的高低直接取决于剩余价值率的高低。如果在利润率公式中，加进 M′，就可清楚地说明两者的内在关系。由于剩余价值是可变资本与剩余价值率的乘积，M 就可以用 M′×V 来表示，将这个公式代入利润率公式，该公式就会发生如下变化：

$$P'=\frac{M}{C+V}=\frac{M'\times V}{C+V}=M'\frac{V}{C+V}$$

从公式中可以看出，剩余价值率高低与利润率的高低成正比，剩余价值率越高，利润率越高，相反，剩余价值率越低，利润率也就越低。

第二，受资本有机构成的影响。在剩余价值率不变的情况下，利润率的高低与资本有机构成的高低呈反方向变化。假如有 A、B 两个部门，资本总量为 100，剩余价值率为 100%，资本有机构成在 A 部门为 90C∶10V，在 B 部门是 60C∶40V，A 部门资本家得到剩余价值量是 10，利润率 P′＝10%；B 部门资本家得到剩余价值量是 40，利润率 P′＝40%。由此可见，资本有机构成低的 B 部门，P′高于资本有机构成高的 A 部门。

第三，受资本周转速度的影响。马克思曾经论述过资本周转速度快慢对年剩余价值率的影响。虽然预付总资本数量相同，但由于资本周转速度不同，资本家获得的剩余价值量不同，利润率也就不同，利润率高低与资本周转速度快慢成正比。资本周转速度越快，年利润率就越高，反之亦然。

第四，受不变资本节约程度的影响。不变资本的大小也是影响利润率高低的一个重要因素。随着科学技术的发展，人们力图通过分工协作、增加使用时间、减少原材料的耗费等方式，将所使用的不变资本缩减到最低限度。如果剩余价值率和资本周转时间不变，不变资本节约的多少与利润率的高低成正比，即不变资本节约量越大，利润率就越高，反之则相反。

第五，受商品价格的影响。商品价格的变动会直接影响预付总资本的数量，进而影响利润率。在企业经营中，商品价格的变动会从三个方面影响预付总资本的数量。一是生产要素价格会影响固定资本的价值。如果生产要素价格提高了，固定资本价值会增殖；如果生产要素价格下降或有更高效率的机器设备出现，就会使固定资本价值贬值；二是原材料价格会影响流动资本的数量。一个企业需要多少流动资本购买原材料，是由技术条件决定的，在一个时期是一个既定的数量。如果原材料价格降低，用于购买原材料的流动资本数量就会减少，相反，就会增加；三是劳动力的价格变动也会影响流动资本的数量。因为流动资本的一部分是用于支付雇佣工人工资的，如果工人工资提高，用于支付工人工资的流动资本就要增加，反之，就会减少。可见，商品价格提高，预付总资本增加，利润率下降；商品价格下降，预付总资本减少，利润率上升。

（二）平均利润和生产价格

在研究剩余价值转化为利润时，马克思没有涉及部门间资本的竞争。但在研究利润是怎样转化为平均利润时，就必须涉及不同部门资本之间的竞争。马克思以产业资本总体为研究对象，考察利润、商品价值是怎样在不同部门产业资本的竞争中，转化为平均利润和生产价格的。

1. 利润转化为平均利润

由于不同部门资本有机构成不同等原因，等量资本带来的利润量是不同的，然而，资本的本性要求等量资本无论投在什么部门，都要获得等量利润。这一矛盾决定了利润率必须平均化。利润率的平均化是在部门之间的竞争和资本的自由转移中实现。由于追求利润是资本的本能，它决不允许资本投在低利润率的部门，必然要将资本转投到高利润率的部门。而高利润率部门，由于大量资本的涌入，生产超过需求，必然导致利润率下降。与此同时，低利润率部门，由于资本减少，产品供不应求，价格上升，利润率随之提高。这样，又会引起资本反向运动，这种运动的结果，使利润率趋向平均化。平均利润率是资本为争夺有利投资市场开展竞争的结果，它是社会剩余价值总量与社会预付总资本之比。随着不同部门的利润率转化为平均利润率，利润也就转化为平均利润。平均利润率一旦形成，各个产业资本家就按照平均利润率获取平均利润。

平均利润率形成后，虽然平均利润与剩余价值在总量上还是相等的，但对某一个部门来说，它实际获得的平均利润与它所创造的剩余价值在个量上已经发生了背离，即平均利润不等于剩余价值。同时，利润率的平均化，并不意味着不同部门的利润率的绝对平均。因为利润的平均化，并没有排除个别资本家获得超额利润的可能，资本在部门内部及部门间的竞争始终存在。

2. 价值转化为生产价格

商品的价值是成本价格加利润。但随着利润转化为平均利润，商品价值也随之转化为生产价格，即成本价格加上平均利润。然而商品价值是如何在利润率平均化的基础上转化为生产价格的呢？下面举例说明这个转化过程。假定：剩余价值率100%，资本周转1年1次。

生产部门	预付总资本	成本价格	剩余价值	商品价值	部门利润率	平均利润率	平均利润	生产价格	生产价格与价值之差
Ⅰ	90C＋10V	70	10	80	10％	20％	20	90	＋10
Ⅱ	80C＋20V	80	20	100	20％	20％	20	100	0
Ⅲ	70C＋30V	90	30	120	30％	20％	20	110	－10

上表显示这一转化过程具有以下特点：

第一，生产价格的形成是以利润转化为平均利润为前提的。因为只有不同部门间资本的竞争，才能形成平均利润率，在利润率平均化的基础上，商品价值才能转化为生产价格。可见，生产价格是利润率平均化的结果，是资本要求等量资本获得等量利润的结果。

第二，生产价格是价值的转化形式，生产价格与价值相比有明显的不同。在商品价值中，成本价格和利润具有部门的特殊性。成本价格受生产部门的技术水平等因素影响，因部门而异；利润则取决于本部门创造的剩余价值的数量。而在生产价格中，成本价格仍然是特殊的，不同部门之间存在差异，但平均利润则是一般的，任何生产部门创造的剩余价值不论多少，一律获得相等的平均利润。

第三，生产价格形成后，某一部门的资本获得的利润数量与该部门实际创造的数量相背离、生产价格与价值相背离。从上表中可以看到，资本有机构成高的部门，获得的平均利润量大于该部门创造的剩余价值量，即20＞10，生产价格高于价值，即90＞80；而资本有机构成低的部门，获得的平均利润量小于该部门创造的剩余价值量，即20＜30，生产价格也低于商品价值，即110＜120。

第四，价值规律让位于生产价格规律，生产价格成为商品交换的基础、调节商品价格的轴心，商品价格要围绕它上下波动。

上述变化是否否定了价值规律的作用呢？实际并非如此。只要从社会总体来看，这种偏离就会消失。

第一，虽然从某些生产部门来看，商品的生产价格会偏离商品的价值，但是，从社会整体来看，生产价格总和等于商品价值总和。上表显示，社会商品总价值是300，社会总生产价格也是300。显然，局部的偏离，会在不同生产部门的竞争中相互抵消。如上表中部门Ⅰ，生产价格与商品价值偏离＋10％，而部门Ⅲ，则偏离－10％，正负相抵，商品价值和生产价格在总量上还是相等的。

第二，总平均利润和总剩余价值是相等的。因为各个生产部门所获得的平均利润，实质上是社会生产部门分配剩余价值的平均数，所以，某个部门资本家分配的平均利润与实际生产的剩余价值不一致，如上表中部门Ⅰ，获得的平均利润是20，实际生产的剩余价值是10，部门Ⅲ，获得的平均利润是20，实际创造的剩余价值是30，只有部门Ⅱ，获得的平均利润与实际生产的剩余价值相等为20，但是，社会总剩余价值是60，总平均利润也是60，两者相等。

第三，价值是生产价格的基础，生产价格的变动受价值变动的制约。因为无论是成本价格变化，还是平均利润变化，归根结底都是商品价值的变化，都是商品中耗费的活劳动和物化劳动的变化。一般来说平均利润率的变动是极为缓慢的，生产价格的变动主要来自成本价格的变动，来自生产要素价值的变化。这种变化或是由提供生产要素部门的社会必要劳动时间缩短，或是本部门技术结构变化所引起的。既是平均利润率发生了变化，也是由不变资本和可变资本的价值变化导致的。所以，马克思说：在较短的时期，生产价格的变化总是要由商品的实际的价值变动来说明，要由生产商品的社会必要劳动时间的总和的变动来说明。

价值转化为生产价格是资本主义商品经济高度发展的产物。由于生产价格的形成需要一定的条件，即资本和劳动力的自由流动，而这些条件只有在资本主义发展到一定阶段才具备。首先，市场体系的建立，如资本市场、劳动力市场等，为资本和劳动力在不同部门间的流动提供便利条件。其次，信用制度的发展，也为资本家克服自有资本的限制，快速地集中社会资本，进行投资奠定了基础。其三，随着机器大工业的发展，使一切生产部门的劳动都已最大限度地化为简单劳动，从而为劳动力自由流动提供了条件。其四，各种法律的颁布，为资本和劳动力的自由流动提供了制度保证。

（三）市场价值和市场价格

马克思在第一卷中已经考察了价值和价值规律问题。在这里，他又从市场竞争的角度，进一步阐述了价值和价值规律问题。如果说第一卷对价值和价值规律的考察是抽象的，这里，对价值和价值规律的分析则是具体的。价值理论在这里得到了补充和发展。

1. 市场价值的基本规定

市场价值，就是商品的社会价值。所谓"市场价值，一方面应看作是一个部门所生产的商品的平均价值，另一方面，又应看作是在该部门平均条件下生产的、构成该部门的产品的很大数量的那种商品的个别价值。"

(25.199) 这样，市场价值似乎有了两个不同的定义，即一个平均价值，一个个别价值。实际上，这两个定义是同一的。因为商品的平均价值，不是商品的个别价值的简单算术平均，而是它们的加权平均，也就是在平均生产条件下，占该部门产品很大数量的商品的个别价值。一般情况下，市场价值是由占大量的、中等生产条件下生产产品的个别价值来决定的。只有在特殊情况下，市场价值才会由那些在最坏条件下或最好条件下生产商品的个别价值来调节。这个特殊情况就是指，如果优等或劣等生产条件下生产的产品占大量，市场价值就由这些产品的个别价值来调节。

当市场价值由中等条件下生产的产品的个别价值来决定时，优等条件下生产的商品的个别价值就会低于市场价值，从而拥有优等条件的资本家就获得了超额利润；而劣等生产条件的资本家，则由于商品个别价值高于市场价值，其一部分剩余价值无法实现。

市场价格是市场价值的货币表现。市场价格总是随着市场供求的变化，围绕市场价值这个重心上下波动的。

2. 部门内竞争与市场价值的形成

市场价值是在市场竞争中形成的。竞争主要来自两个方面：一是卖方之间的竞争，即部门内部生产同种商品的各个资本家之间的竞争，通过这种竞争，可以形成社会有效供给；二是买方之间的竞争，通过竞争，可以形成市场有效需求。而供求间的均衡与否会影响市场价值的形成。马克思先考察了在供求平衡条件下，部门内部竞争，对市场价值形成的影响。

在供求平衡条件下，部门内部竞争可以使商品的个别价值均衡化为一个相同的市场价值。一般地说，一个部门生产商品的条件，可分为三种情况：一是如果社会需要的产品，是由该部门中等生产条件的厂商提供的，那么，市场价值就由中等生产条件下生产商品的个别价值来调节。二是如果社会需要产品，绝大部分是由该部门劣等生产条件的厂商提供的，市场价值就会由劣等生产条件下生产的商品的个别价值来调节。三是如果在一个极为特殊的情况下，社会需要的产品，是由优等生产条件下的厂商供给的，市场价值也就由优等生产条件下生产的商品的个别价值来调节。

3. 供求关系与市场价值的形成

供求平衡是一种偶然的现象，不平衡则是经常的。这种不平衡可以归结为供过于求和供不应求两种情况。无论是供不应求，还是供过于求，都会对市场价值的形成产生影响。

首先，供求关系的变化，引起了市场价值形成条件的变化。如上所述，在供求平衡条件下，市场价值是由中等生产条件生产的、占大量的商品个别价值来调节。如果市场供过于求，市场价格就会下降，从而导致大量中等生产条件下的厂商产品滞销，经营亏损，只好减产或转产，以形成新的供求平衡。这时，在该部门中占大量的生产条件就不再是中等条件，而是优等生产条件，市场价值就由优等生产条件下的商品的个别价值来调节。如果市场供不应求，商品的市场价格就会上升，从而吸引了大量劣等生产条件的厂商投入生产，增加产品，恢复供求的平衡。这时，劣等生产条件就会在该部门中占据了主导地位，市场价值就会由劣等生产条件下生产的商品的个别价值来调节。

其次，供求关系的变化，会引起一个生产部门市场价值总量的变化。供求均衡实质上是一定量的供给与一定量的需求量的均衡。供给是指提供给市场的商品，这些商品既是满足社会需要的使用价值，又是一定量的市场价值。它代表着该部门实际耗费的社会必要劳动时间。需求，则是指社会对一定量商品的需要，这种“社会需要”是指有一定支付能力的需要，它代表着社会应该生产的商品总量，也代表着社会应该按比例投在该部门的社会必要劳动时间。

当生产部门实际生产的产品数量恰好满足社会对该种产品的需要数量时，即实际耗费的社会必要劳动与社会应该投入的社会劳动相一致时，商品的市场价值就能顺利地实现。正如马克思所说：“要使一个商品按照它的市场价值来出售，也就是说，按照它包含的社会必要劳动来出售，耗费在这种商品总量上的社会劳动的总量，就必须同这种商品的社会需要的量相适应，即有支付能力的社会需要的量相适应。”（25.215）但是，在市场“看不见的手”的作用下，产品实际供给量与社会对该种产品的需要量往往是不一致的。“如果某种商品的产量超过了当时社会的需要，社会必要劳动时间的一部分就浪费掉了，这时，这个商品量在市场上代表的社会劳动时间的数量就比它实际包含的社会劳动量小得多”部分市场价值就不能实现；“如果用来生产某种商品的社会必要劳动的数量，同要由这种产品来满足的特殊的社会需要的规模相比太小，结果就会相反”，（25.209）这些商品在市场代表的社会必要劳动时间的数量就比它实际包含的社会劳动量大得多，因此，这些商品必然要高于它们的市场价值出售。

由于社会需要具有很大的伸缩性和变动性，一种产品的供给量与社会需要量很难一致，因此，该种产品的市场价值总量，不是由这个部门实际耗费的劳动总量来规定的，而是由为满足社会需要，应该按照投在这个部门的社会劳动总量来决定。

这里需要特别指出的是，虽然社会供求对市场价值形成的条件和市场价值总量的规定有重要的影响，但是，供求关系并不能决定市场价值。这是因为，一是形成市场价值实体的是社会必要劳动时间，它本身并不包含一个供求的原子。二是从长期来看，供求是平衡的，生产产品的实际消耗的社会必要劳动时间与社会应该投入的社会劳动时间是一致的，商品可以按照市场价值出售。三是供求关系并不直接影响市场价值的决定，它只是通过生产条件的变化间接影响价值的决定。

4. 供求关系与市场价格

供求关系的变化可以直接影响市场价格的变动。在市场价值一定的条件下，供求变化决定市场价格与市场价值的背离。如供过于求，市场价格就会降到市场价值以下；如供不应求，市场价格就会升到市场价值以上；但是，市场价格与市场价值的偏离是短期的、有限度的。从长期来看，市场价格与市场价值是一致的，市场价值是市场价格运动的轴心。

如果某种产品的市场价格长时间降到市场价值以下，劣等生产条件的厂商，就会减产或者转产，使市场价格回归到市场价值的水平；或者该部门的厂商通过改进技术，降低社会必要劳动时间，使市场价值降低到市场价格的水平。如果市场价格较长时间高于市场价值，就会吸引部门外资本流入该部门，增加产量，使市场价格下降到市场价值的水平；或者改变市场价值形成的条件，由劣等生产条件生产的个别价值来调节市场价值，使市场价值提高，在新的水平上形成市场价格与市场价值的平衡。

（四）利润率趋向下降的规律

马克思在第3篇中，从资本主义生产总过程的角度，通过对利润率下降规律的考察，进一步揭示出资本主义各种矛盾的尖锐化，证明资本主义的历史局限性。

1. 利润率趋向下降规律及起反作用的因素

如前所述，利润率的高低主要取决于剩余价值率和资本有机构成的高低。随着资本积累的增加和资本有机构成的提高，利润率有下降的趋势，或者说，存在利润率趋向下降的客观必然性，即利润率趋向下降的规律。马克思指出，利润率下降趋势，“是劳动的社会生产力日益发展在资本主义生产方式下特有的表现。”

然而，利润率下降，并不排斥资本家获得的利润总量增加。虽然资本有机构成的提高，导致利润率下降，但总资本推动的劳动总量增加，剩余价值或利润也在增加。要保持利润总量的增加，就必须使总资本增加的速度快于利润率下降的速度。否则，总量也会下降。此外，利润率下降规律，还表现在单位商品价格下降的同时，商品总价格中包含的利润量相对增加。随着技术的进步，劳动生产率有了很大的提高，单位劳动时间内，生产产品的数量大大增加，因而每个产品消耗的活劳动减少，商品的价值和价格也就下降。但单个商品中所包含的利润量，会由于剩余价值率提高的速度快于新价值下降的速度而增加。

由于多种反作用因素的影响，利润率并非“直线”下降，而是一种“趋向下降”。因为：一方面，随着劳动剥削程度的提高和工人工资的下降，既可增加剩余价值，又可节约可变资本，导致剩余价值率的提高，从而阻碍了利润率的下降。另一方面，随着技术的进步，单位生产资料的价值降低，减少了不变资本价值的支出，从而提高了利润率，制约了利润率下降的趋势。另外，对外贸易对利润率的下降也有重大影响。

综上所述，在资本主义经济中，由于存在着各种反作用的因素，必然会阻碍利润率下降。但“这些原因不会取消这个规律”，这个规律只是作为一种趋势发生作用。

2. 利润率趋向下降的规律和资本主义矛盾的加深

利润率下降规律的作用，加深了资本主义经济中的一系列矛盾。这些矛盾的激化，必然引发资本主义的经济危机，从而证明了资本主义制度的历史局限性。

第一，加深了剩余价值的生产与实现的矛盾。由于剩余价值的生产和实现的条件，在时间和空间上的分离，就必然会产生尖锐的矛盾。首先，在生产领域中，资本家为了追求更多的剩余价值，在利润率下降的过程中，必然拼命积累资本，扩大生产规模，提高资本有机构成，获取超额利润。然而，在分配领域中，由于资本积累的增长，资本有机构成的提高，工人阶级在社会新创造的价值中，也就是在国民总收入中，所占的比例越来越小，从而社会有支付能力的需求减少，剩余价值的实现面临困难。所以，资本主义生产无限扩大的趋向与社会有支付能力需要相对减少的矛盾必然会逐步激化。

第二，加深了生产扩大和价值增殖间的矛盾。资本主义生产的目的是剩余价值，获取剩余价值的手段是扩大生产规模。然而，扩大生产与价值增殖又是矛盾的。因为利用资本积累、扩大生产、提高资本有机构成的方式，追求更大量的剩余价值，却导致利润率的下降，减缓了资本增殖的速度。同时，随着资本积累的进行，劳动生产率有了较大幅度的提高，从而减少了生产商品的社会必要劳动时间，降低商品的价值，进而导致资本价值的贬值。可见，扩大生产的目的与资本增殖的结果发生了矛盾。

综上所述，随着资本主义生产社会化规模的扩大和社会有支付能力的需要的日益缩小矛盾的尖锐化，必然会引发周期性的经济危机。虽然这种危机可以暂时缓解资本主义的内在矛盾，但是它本身孕育着更大的危机。马克思指出："资本主义生产总是竭力克服它固有的这些限制，但是它用来克服这些限制的手段，只是使这些限制以更大的规模重新出现在它面前。"(25.278)

/// 第一章读书难点解释 ///

如何理解马克思"社会需要"范畴？

"社会需要"是马克思在本卷第二篇第10章中提出的重要概念。这个概念对于理解马克思价值理论是十分重要的。根据马克思有关"社会需要"的论述，我们应着重把握三方面的要点：

第一，社会需要是指社会有支付能力的需要，即以一定的货币收入为基础的需要。这种需要在一定生产力条件下，主要由社会新创造价值中的分配比例、商品价值量以及货币币值三个因素决定。首先，社会各阶级在国民总产值中的分配比例，决定了各阶级的社会支付能力。例如，资本家和工人阶级在社会新创造价值中分配比例、各资本家集团及土地所有者瓜分剩余价值的比例，即剩余价值分割为利润、利息和地租比例等都会直接决定社会需要。其次，商品价值量直接决定社会需要的量。这种影响主要体现在两个层次上：在各阶级分配比例既定时，单位商品价值量，直接决定社会支付能力的大小；社会新创造的商品价值总量，决定了各阶级可分配的价值总量。最后，货币币值对社会需要也有决定性的影响。由于社会需要是以一定量货币收入为基础的需要，货币的贬值或升值直接决定了社会的支付能力，即社会需要的数量。

需要指出的是，这里的社会需要，不是指个人有支付能力的需要，而是指一个阶级或集团整体的社会需要。

第二，社会需要具有很大的伸缩性和变动性。由于社会需要是由社会分配比例、商品价值量以及货币币值决定，随着这三个因素的变化，社会需要也会随之变动。首先，各个阶级在国民收入中分配比例取决于他们的经济地位和力量对比，由于竞争和斗争等原因，各阶级地位和力量会发生变化，也必然引起社会需要的变动。例如，随着资本有机构成的提高，工人阶级在国民总收入中所占的比重越来越小，工人阶级的实际工资呈下降趋势，社会需要随之减少。其次，商品价值量受生产技术水平变化的影响。随着生产技术水平提高，会引起社会必要劳动时间、劳动复杂程度和强度等因素的变化，进而导致商品价值变动，社会需要也会随之变动。最后，货币币值受各国货币政策、外汇汇率等因素的影响，会发生变动，这种变动会直接引起社会需要的变动。

第三，社会需要不同于市场需求。所谓市场需求，是指市场上出现的对某种产品的需要，是商品货币价格发生变化时的需要，可以说是短期需要。它与社会需要有明显的区别：首先，决定因素不同。市场需求主要受市场价格、商品供给数量、消费者偏好、工资水平以及投机活动等因素的影响。而社会需要则受商品价值量、分配比例和货币币值的影响。其次，变化频率不同。决定社会需要的因素，变化是长期性的和趋势性的，从短时期来看，社会需要是一个常量。而市场需求则不同，由于受短期的、偶然的因素影响，呈现多变特性，是一个变量。最后，社会需要是市场需求的基础，市场需求是社会需要的表现。这是因为，商品的市场价值是市场价格运动的重心，市场价格只能围绕它上下波动，所以，价值决定价格的水平和运动的幅度；商品的供给数量取决于生产力的发展水平；工资的变动最终受阶级力量和经济地位制约。所以，从这个意义上讲，社会需要是长期的市场需求。

二、理论热点问题探讨

马克思恩格斯关于国际价值理论及其现实意义

在经济全球化的今天，国际商品交换的基础是什么？怎样决定和实现？日益引起学者的广泛讨论，观点分歧很大。因此，有必要对马克思、恩格斯关于国际价值的相关思想加以梳理和归纳，以便与时俱进的加以完善和发展。

马克思一直高度关注国际贸易和世界市场问题。早在1848年马克思在《共产党宣言》中就揭示了经济全球化的历史趋势。他指出："由于开拓了世界市场，使一切国家的生产和消费都成为世界性的了。""新的工业的建立已经成为一切文明民族的生命攸关的问题；这些工业所加工的，已经不是本地的原料，而是来自极其遥远的地区的原料，它们的产品不仅供本国消费，而且同时供世界各地消费。旧的，靠国产品来满足的需要，被新的，要靠极其遥远的国家和地带的产品来满足的需要所替代。”① 在《经济学手稿 1857—1858》中又强调：“创造世界市场的趋势已经直接包含在资本的概念本身中。”② 马克思曾设想将《对外贸易》和《世界市场》作为“六册计划”中的第 5 册和第 6 册，使之成为政治经济学的重要组成部分，遗憾的是马克思没有完成这一计划，只是在《资本论》、《共产党宣言》、《剩余价值理论》以及经济学手稿中，留下一些宝贵的思想；恩格斯又在整理和出版《资本论》第 2、3 卷的过程中，就上述问题做了进一步的论述，从而形成了马克思、恩格斯的国际价值理论的基本框架，为后人发展该理论奠定了基础。

(一) 马克思、恩格斯关于国际价值的主要观点

国际价值是国际商品交换的基础，是价值规律在世界市场上发挥作用的体现，是马克思劳动价值论在世界市场上的延伸。马克思、恩格斯关于国际价值理论的主要思想，可以概括为如下：

1. 国际价值是国际商品交换的基础

马克思在《资本论》第 1 卷阐述工资的国民差异时，提出了国际价值范畴。他认为在国内商品交换的基础是商品的价值，在世界市场上，商品交换的基础不再是国别价值，而是国际价值。他说：“在世界贸易中，商品普遍地展开自己的价值”③，“不同国家在同一劳动时间内所生产的同种商品的不同量，有不同的国际价值，从而表现为不同的价格，即表现为按各自的国际价值而不同的货币额。”④

国际价值与国别价值一样，也是人类抽象劳动的凝结。所不同的是国别价值量是由一国社会必要劳动时间来决定的。衡量它的内在尺度是劳动时间，外在尺度是本国货币。而在世界市场上，各国的社会必要劳动时间表现为个别劳动时间，各国的货币只能是穿着民族服装的代表，因此，国际价值不可能由它们决定，只能由“世界劳动的平均单位”来计量、由世界货币来表示，由世界劳动的平均必要劳动时间来决定。马克思明确指出：“棉花的价值尺度不是由英国的劳动小时，而是由世界市场上的平均必要劳动时间来

---

① 马克思：《共产党宣言》，《马克思恩格斯选集》第 1 卷，人民出版社 1972 年版，第 254—255 页。

② 《马克思恩格斯全集》第 46 卷上，人民出版社 1979 年版，第 391 页。

③ 马克思：《资本论》第 1 卷，人民出版社 1975 年版，第 163 页。

④ 马克思：《资本论》第 1 卷，人民出版社 1975 年版，第 614 页。

决定”,[①]“国家不同，劳动的中等强度也就不同；有的国家高些，有的国家低些。于是各国的平均数形成一个阶梯，它的计量单位是世界劳动的平均单位”[②]，“对外贸易，只有市场发展为世界市场，才使货币发展为世界货币，抽象劳动发展为社会劳动。”[③]“在这里，商品的独立的价值形态，也是作为世界货币与商品相对立。只有在世界市场上，货币才充分地作为这样一种商品起作用，这种商品的自然形式同时就是抽象人类劳动的直接的社会实现形式。”[④]

2. 不同国家的劳动强度和劳动生产率对国际价值量有直接影响

当商品进入世界市场进行交换时，由于国际价值是在国际竞争中，以各个国家的国别价值为基础均衡而成的，因此，会经常出现国别价值与国际价值的背离。这种背离状况的产生源自各国劳动强度和劳动生产率的差别。如果“一个国家的资本主义越发达，那里的国民劳动的强度和生产率，就越超过国际水平。因此，不同国家在同一劳动时间内所生产的同种商品的不同量，有不同的国际价值，从而表现为不同的价格，即表现为按各自的国际价值而不同的货币额。”[⑤]

在这里，马克思首先探讨了劳动强度对国际价值的影响。他在《资本论》中指出国民劳动强度是指国别中等劳动强度，由于各国中等劳动强度的差别，导致了不同的国别价值。当商品进入世界市场交换时，一国的劳动强度要还源自世界劳动的平均强度，从而，“强度较大的国民劳动比强度较小的国民劳动，会在同一时间内生产出更多的价值，而这又表现为更多的货币。”[⑥] 反之则相反。

马克思还研究了各国劳动生产率不同，对商品国际价值量的影响。他认为生产率较高的国民劳动在世界市场上也被看作劳动强度大于“世界劳动的平均单位”的劳动，从而同一时间形成的商品价值量更大。他说：“价值规律在国际上的应用，还会由于下述情况而发生更大的变化，只要生产效率较高的国家没有因竞争而被迫把它们的商品的出售价格降低到和商品的价值相

---

① 《马克思恩格斯全集》第47卷，人民出版社1979年版，第405页。
② 马克思：《资本论》第1卷，人民出版社1975年版，第614页。
③ 《马克思恩格斯全集》第26卷Ⅲ，人民出版社1975年版，第278页。
④ 马克思：《资本论》第1卷，人民出版社1975年版，第163页。
⑤ 马克思：《资本论》第1卷，人民出版社1975年版，第614页。
⑥ 马克思：《资本论》第1卷，人民出版社1975年版，第614页。

等的程度，生产效率较高的国民劳动在世界市场上被算作强度较大的劳动。"① 反之，生产率较低的国民劳动，也可以被看作劳动强度低于"世界劳动的平均单位"的劳动，同一时间创造的国际价值就较低。这一点与国别价值的形成机制相同。

3. 落后国家在国际交换中处于不利地位

马克思十分重视发达国家与落后国家的国际商品交换问题。他认为落后国家在国际商品交换中处于不利地位，受到发达国家的剥削。他明确指出："一个国家的三个工作日也可能同另一个国家的工作日交换。价值规律在这里有了重大的变化。或者说，不同国家的工作日相互间的比例，可能象一个国家内熟练的、复杂的劳动同不熟练的、简单的劳动的比例一样。在这种情况下，比较富裕的国家剥削比较穷困的国家"。②

关于这种剥削现象产生的原因，马克思认为它是价值规律在世界市场中作用的结果。他说：发达国家"投在对外贸易上的资本能提供较高的利润率，首先因为这里是和生产条件较为不利的其他国家所生产的商品进行竞争，所以，比较发达的国家高于商品的价值出售自己的商品，虽然比它的竞争国卖的便宜。只要比较发达的国家的劳动在这里作为比较高的劳动来实现，利润率就会高，因为这种劳动没有作为质量较高的劳动来付报酬，却被作为质量较高的劳动来出售。""这好比一个工厂主采用了一种尚未普遍采用的新发明，他卖得比它的竞争对手便宜，但仍然高于他的商品的个别价值出售，就是说，他把它所使用的劳动的特别高的生产力作为剩余劳动来实现。因此，他实现了一个超额利润。"③

很显然，在以国际价值为基础的国际商品交换中，发达国家凭借先进的技术和较高的劳动生产率，获得了超额利润，而经济落后国家则只能获得比较利益。经济落后国家获得的"比较利益"与发达国家获得的超额利润相比不仅在量上是微不足道的，在时间上也是短暂的。

4. 国际价值会转化为国际生产价格

在资本主义经济发展的高级阶段，随着资本和劳动力的自由流动，资本不断地追逐等量资本带来等量利润，从而导致商品价值转化为生产价格。这样，生产价格就代替了商品价值，成为市场价格波动的轴心。那么，国际价

① 马克思：《资本论》第1卷，人民出版社1975年版，第614页。

② 《马克思恩格斯全集》第26卷Ⅲ，人民出版社1975年版，第112页。

③ 马克思：《资本论》第3卷，人民出版社1975年版，第264—265页。

值是否也会转化国际生产价格？马克思对此并没有明确的论述。国际生产价格范畴是恩格斯在《资本论》第3卷增补一文中提出来的。他说："在国内单个生产者之间进行的零售贸易中，商品平均说来是按照价值出售的，但是在国际贸易中，由于上面所说的理由，通常都不是如此。这种情况完全和现在的世界相反。现在生产价格适用于国际贸易和批发商业"。① 在这段论述中，恩格斯明确地提出了国际生产价格范畴，并认为在世界市场上，国际生产价格是商品交换的基础。

恩格斯还进一步阐述在国际贸易中，利润率是怎样平均化的。他说："威尼斯人、热那亚人、汉撒同盟的人、荷兰人——每个民族都各有特殊的利润率。这些不同的团体利润率的平均化，是通过相反的道路，即通过竞争来实现的。首先，同一个民族在不同市场上的利润率得到平均化。如果威尼斯的商品在亚历山大里亚得到的利润大于在塞浦路斯、君士坦丁堡或特拉比曾得到的利润，那末，威尼斯人就会把更多的资本投入对亚历山大里亚的贸易，而把相应的资本从其他市场的贸易中抽出。然后，在向同一些市场输出同种商品或类似商品的各民族之间，也必然会逐渐发生利润率的平均化"。② "这些竞争者也会逐渐变成包买商，这时额外利润对所有的人都会变成普通利润，在所有人的资本已经增加的情况下，甚至还会变为更低的利润。利润率的均等再一次形成了，虽然所形成的利润率的水平可能不一样，因为国内生产的剩余价值已经有一部分让给国外的买者了。"③ "在新的地区主要由国家建立的殖民地越多，商会贸易就会让位于单个商人的贸易，从而利润率的平均化就会越来越成为只是竞争的事情。"④ 在上述三段论述中，恩格斯明确指出在国际贸易中利润率平均化的条件，是资本的自由流动和不同国别商人之间的竞争。由于恩格斯生活的时代，经济全球化表现为商品流动的全球化，即世界市场的形成，商业资本可以在竞争中自由的流动，所以，恩格斯强调国际生产价格仅在国际贸易和批发商业领域中形成。

马克思和恩格斯由于历史的局限，并没有完成国际价值理论体系的构建，但是，他们的主要观点、研究思路及方法，为后人与时俱进的发展国际价值理论奠定了基础。

---

① 马克思：《资本论》第3卷，人民出版社1975年版，第1024页。
② 马克思：《资本论》第3卷，人民出版社1975年版，第1022页。
③ 马克思：《资本论》第3卷，人民出版社1975年版，第1026页。
④ 马克思：《资本论》第3卷，人民出版社1975年版，第1023页。

(二)伊曼纽尔对马克思国际价值理论的发展

随着经济全球化的发展，商品、资本、劳动力在各国之间大规模的流动，这与马恩生活的时代相比，发生了翻天覆地的变化，新环境、新条件、新趋向，引发了很多学者对马克思和恩格斯国际价值理论的研究兴趣，并从多个视角讨论了国际价值的形成、转型以及价值规律在世界市场中作用的变化等问题，其中希腊的马克思主义经济学家阿吉里·伊曼纽尔不平等交换理论，是这一个理论发展的典型。他针对国际商品交换中等价形式下的不平等交换的状况，以马克思价值转化为生产价格理论为基础，分析了国际生产价格的形成，论述了国际交换的不平等性，揭示了发达国家对发展中国家的剥削，从而发展了马克思的国际价值理论。

1. 资本在各国间的自由流动会导致利润率的国际平均化和国际生产价格的形成

伊曼纽尔认为在国际上，只要资本在各国间可以自由流动，就会导致利润率的国际平均化和国际生产价格的形成。他说：“资本的流动性和劳动力的流动性一样，它意味着，每单位资本不论在什么场合使用，报酬总是相等的。也就是说，平均利润率象一个轴心似的，围绕着它的各个行业的实际利润率上下波动着，每逢出现差别时，或高于实际利润率或低于实际利润率，资本便从低利润率水平的行业转向高利润率水平的行业，这样的移动将导致均衡的恢复。”① 为此，他按照马克思国内生产价格形成的思路阐述了国际生产价格的形成。他假定有 A、B 两个国家，各有 3 个部门，资本有机构成不同，剩余价值率为 100%。由于资本在各国各部门中的自由流动，就会形成各国各部门的国际生产价格。如果去掉各个部门，就会形成两个国家总的生产价格。

表 1 A 国生产价格的形成

生产部门	不变资本	可变资本	剩余价值	价值	利润率（%）	利润	生产价格
AⅠ	80	20	20	120	20	20	120
AⅡ	90	10	10	110	20	20	120
AⅢ	70	30	30	130	20	20	120
总和	240	60	60	360		60	360

在表 1 中，A 国的利润率平均化的过程中，发生了剩余价值从第 3 部门向第 2 部门的转移。

① A. 伊曼纽尔：《不平等交换》，中国对外经济贸易出版社 1988 年版，第 49 页。

表 2 B 国生产价格的形成

生产部门	不变资本	可变资本	剩余价值	价值	利润率（%）	利润	生产价格
AⅠ	40	20	20	80	33.33	20	80
AⅡ	50	10	10	70	33.33	20	80
AⅢ	30	30	30	90	33.33	20	80
总和	120	60	60	240		60	240

在表 2 中，B 国的利润率平均化过程中，也发生了剩余价值由第 3 部门向第 2 部门的转移。

如果两个国家都维持国别利润率 A 国 20%，B 国 33.33%，那么，两国价值都转化为生产价格，但两国的生产价格都包含了相同的价值增量，（平均计算为 40，从总体计算为 120）在这个基础上交换，A 国 1 小时活劳动换取 B 国 1 小时的活劳动。

表 3 A、B 两国各部门国际生产价格的形成

生产部门	不变资本	可变资本	剩余价值	价值	利润率（%）	利润	生产价格
AⅠ	80	20	20	120	25	25	125
AⅡ	90	10	10	110	25	25	125
AⅢ	70	30	30	130	25	25	125
BⅠ	40	20	20	80	25	15	75
BⅡ	50	10	10	70	25	15	75
BⅢ	30	30	30	90	25	15	75
总和	360	120	120	600		120	600

假定资本可以在 A、B 两国间自由流动，这样就导致了利润率的平均化。在这种情况下，B 国不再按照 120/80 的比率与 A 国交换产品，而是按照 125/75 比率交换。这时 B 国 1 小时的活劳动就只能与 A 国 21/27 小时的活劳动相交换了。

表 4 A、B 两国国际生产价格的形成

生产部门	不变资本	可变资本	剩余价值	价值	利润率（%）	利润	生产价格
A	240	60	60	360	25	75	375
B	120	60	60	240	25	45	225
总和	360	120	120	600		120	600

进而两国也不是按照 360B＝240A 的比率，而是以 375B＝225A 的比率交换产品。A、B 两国的物化劳动分别是 240 和 120，已经反映在生产价格

中，并且最后按照票面价格交换，差别仅仅影响到增加的价值，即两国的活劳动不再是按照 120B＝120A 比率，而是按照 135B＝105A 的比率来交换，即 B 国 1 小时活劳动与 A 国 21/27 小时的活劳动相交换。

伊曼纽尔还观察到资本不仅从发达国家流向发展中国家，也会从发展中国家流向发达国家的“资本倒转”现象，他认为这种现象有利于利润率的国际平均化。“最后这一点值得引起注意。如我早先所述，要紧的不是可流动性完全与否，而是这种流动性是否能足以实现利润的平均化，如果我们事后观察到确实存在利润率平均化的趋向，那么关于可移动性程度的讨论就显得毫无意义了。”① 由此，看出伊曼纽尔不仅发展了马克思生产价格理论，并也对恩格斯关于国际生产价格仅在国际贸易和批发商业领域中形成的思想做了一个补充。

2. 在国际贸易中发达国家获得超额利润是对发展中国家工人创造的剩余价值的转移

伊曼纽尔认为在国际交换中存在两种不平等，即广义的不平等交换和狭义的不平等交换。广义的不平等交换“是在工资相等而资本有机构成不相等时，由价值转变为生产价格而引起的”。这种不平等交换，是由技术水平的差异造成的，发达国家获得的超额利润属于生产率特别高的劳动创造的，所以，“我不愿意把第一种形式看作不平等交换”，因为这种现象不是国际商品交换中特有的现象。狭义的不平等交换是“严格意义上的不平等交换，其特点在于工资和有机构成都不相等”。伊曼纽尔认为狭义的不平等交换才是真正意义的不平等交换，“我的定义是以第二种形式为基础的”，② “不平等的精确要义，剩余价值率的不平等”，即由于发达国家的剩余价值率低于发展中国家，资本有机构成高于发展中国家，因此，在国际生产价格的形成中，必然出现剩余价值从发展中国家向发达国家转移的趋向。所以，发达国家在国际贸易中获得的超额利润是对发展中国家的工人创造的剩余价值的转移，是对发展中国家的剥削。伊曼纽尔深化了马克思关于在国际贸易中发达国家剥削发展中国家的思想，细化了国际贸易中不同性质的超额利润。

3. 工资的国民差异是引起国际贸易中不平等交换的主要原因

伊曼纽尔根据各国劳动力流动的状况，修正了马克思关于劳动力自由流动是一国商品价值转化为生产价格的必要条件的思想。认为由于劳动力不能

① A. 伊曼纽尔：《不平等交换》，中国对外经济贸易出版社 1988 年版，第 74 页。

② A. 伊曼纽尔：《不平等交换》，中国对外经济贸易出版社 1988 年版，第 176 页。

在国际间自由流动，导致了发达国家与发展中国家工资的国民差异很大，剩余价值率的差异也很大。这样，在国际交换中发达国家就可以利用其有利地位转移发展中国家工人创造的剩余价值。所以，工资率的不平等是引起不平等交换的主要原因。他指出："与利润率的情况不同，国际范围没有任何趋于工资比率平均化的迹象"①，"在所有其他条件相等的条件下，工资的不平等是引起不平等交换的唯一原因。""不管商品市场由于不完全竞争会出现什么样的价格变化，不平等交换是由于各地区剩余价值率'制度性的'差别，通过利润平均化而建立的各均衡价格的比率——'制度性的'这个词意味着，无论出现什么原因，这些比率也不受劳动要素市场的影响，并与相对价值没有任何关联。"②

此外，伊曼纽尔还指出发达国家由于工资水平较高，有提高资本有机构成的动力和趋向，而资本有机构成的提高，又会形成广义的不平等交换，使剩余价值从低工资国家流向高工资国家。与此相对应的是低工资国家由于工资水平较低，一方面影响了劳动力质量和素质的提高，另一方面也影响了技术创新的动力，导致资本有机构成提高缓慢，低于世界平均资本有机构成，从而维持了狭义的不平等交换。这种不平等交换严重地阻碍了发展中国家的发展，使之处于一个不利的地位。

4. 综述

伊曼纽尔沿用马克思价值转化生产价格的理论思路，对发达国家与发展中国家间存在的不平等交换关系，进行了全面和深入的理论探讨，揭示了两者之间经济关系的性质和原因，并为发展中国家改变不利交换地位设想了具体的方案。他的探索在一定程度上丰富和发展了马克思的劳动价值理论，并开创了研究经济全球化条件下价值规律作用形式、商品交换中的不平等交换关系的新视角。

伊曼纽尔的不平等交换理论发表后，引起了很多人的讨论。争论主要集中在两个方面：

第一，关于目前是否具备形成国际生产价格条件的争论。

马克思的生产价格形成是以资本和劳动力在国内自由流动为前提条件的。在经济全球化的今天，资本的国际流动相对比较充分，资本可以在发达国家和发展中国家之间双向流动，而劳动力的流动除少部分高素质人才由发

① A. 伊曼纽尔：《不平等交换》，中国对外经济贸易出版社 1988 年版，第 76 页。
② A. 伊曼纽尔：《不平等交换》，中国对外经济贸易出版社 1988 年版，第 91—92 页。

展中国家流向发达国家外，基本上不能大规模地跨国流动，国际生产价格形成的条件是否已经具备，是否只要有资本的流动就可以形成国际生产价格，是否可以将马克思的生产价格理论直接用来论证国际商品交换的价值转移问题，在伊曼纽尔的著作发表后就一直引起国际学术界的争论。

第二，关于工资的不平等是引起国际不平等交换的唯一原因的争论。

从马克思政治经济学的观点来看，工资不是一个独立量，工资的国民差异对国际不平等交换虽有一定的影响，但不是不平等交换产生的唯一原因。不平等交换是由多种原因所致，如资本有机构成、劳动生产率、劳动强度等。在国际交换中，不仅有由于资本有机构成差异，在生产价格形成过程中，导致剩余价值转移形成的不平等；也有马克思所说由于劳动生产率特别高，按照国际价值或生产价格交换中超额利润形成的不平等；当然，还有由于工资的国民差异，在国际生产价格形成中，导致剩余价值从发展中国家流出发达国家所致的不平等。总之，工资的国民差异所导致的国际交换不平等是多种不平等中的一种。

诚然，国际交换中的不平等的表现是多样的，原因是复杂的，但是，在平等交换表面下，隐藏着深深的不平等，发展中国家总是受到发达国家的剥削，处在一个不利的地位，这一点是毋庸置疑的。从这个意义上说，伊曼纽尔的探索，具有重大的理论和实践意义。

（三）马克思恩格斯国际价值理论的现实意义

1. 转变发展方式、扩大我国商品在国际交换中的比较利益

如马克思所说，国际商品交换要以商品的国际价值为基础，如果国别价值高于国际价值，由于国际分工带来的比较效益就较小，如果趋近国际价值，比较效益就会扩大。一国国别价值的高低主要受该国发展方式的制约。粗放型发展方式，就会导致劳动生产率低下、资源消耗巨大、资本有机构成较低，从而导致国别价值高于国际价值，该国从商品交换中得到的比较效益就很少。集约型发展方式，导致劳动生产率较高、资源消耗较少、资本有机构成较高，国别价值接近国际价值甚至低于国际价值，这样，该国从商品交换中不仅获得较高的比较利益，甚至获得超额利润。所以，转变发展方式是发展中国家扭转自己在国际交换中不利地位的重要途径。我国目前多数产业主要靠低廉的劳动力成本优势参与国际市场竞争，尽管在短期内能够增加出口，赢得利润，但是，我国劳动力效率较低、消耗资源过多的缺陷，也导致生产成本增加，比较效益降低。另外，从长期看，我国劳动力的工资水平也呈现上涨的趋向，劳动力成本低廉的优势将不断被削弱。这个结果表明，我

国必须尽快转变发展方式走资源节约型、技术密集型的发展道路，缩短与世界先进技术的距离，加强产、供、销各环节的管理，以便在国际市场竞争中获得更多的价值。

2. 发挥国际价值规律的作用、调整产业和产品结构

各国技术水平、产业结构及产品结构，决定了其在国际分工链条中的地位，从而也就决定各国在交换中获得利益的大小。发展中国家上述方面的弱势，必然在国际分工体系中处在底层位置，获得的产品附加价值很少。为此，我国在积极参与经济全球化的同时，应充分利用国际价值规律的优胜劣汰机制，淘汰高能耗低价值的产业，发展技术密集型、高附加价值的产业，调整产品链条，从生产过程向流通过程拓展，改变我国目前产品供求结构不平衡、简单劳动密集型的低端产品过剩，高质量、高附加值的产品缺乏；第三产业发展严重滞后，尤其是生产性服务发展不足等缺陷。从全球视野，重新布局我国的产业结构、产品结构、技术结构，既合理地利用国际资本流动的好处，发展高技术产业、进军高附加价值环节，发展“朝阳产业”，又防止发达国家将“夕阳产业”转入我国，导致产业、产品的低附加价值化。从而缩小我国产品的国别价值与国际价值的差距，并尽快使我国的国别价值低于国际价值，以提高我国经济在国际市场的整体竞争能力。

3. 构造局部的核心竞争力、获取国际市场的超额利润

从总体上看，我国在国际竞争中处于弱势地位，全面扭转这种状况是一个很长的实力较量过程，但这并不排除我国在某个领域形成局部的竞争优势，在劳动生产率、先进技术、资本有机构成等方面达到或超过国际平均水平，使自己产品的国别价值低于国际价值，获得超额利润的可能性。因此，我国完全可以以新兴技术为基础，发展具有我国优势的高科技产业，在技术创新、产业组织、商业物流、产品品牌等环节形成产品的核心竞争力。从目前来看，我国产品竞争弱势不仅表现在技术创新上，而且也体现在物流、渠道、品牌上，所以，我国必须全方位的“赶超”发达国家。首先，高度重视技术创新，形成国家和企业的创新能力，形成局部的领先优势，在国际交换中占有先机。其次，高度重视组织创新，再造企业组织结构，形成以专业化、迂回化为基础的大中小企业的合理分工体系，形成产业组织优势，提高生产效率。再次，大力发展生产性服务业，培育第三方物流、职业培训、品牌培育、顾客服务等服务行业，推动“制造业的服务化”，大幅度降低流通费用，提高产品的效益。简言之，就是要在国际竞争中，打造我国局部产业优势，逐步实现以较少的国内价值换取较多的国际价值。

第二章 商业资本和商业利润

一、原著的基本脉络

第二章简介

本章介绍马克思《资本论》第三卷第四篇《商品资本和货币资本转化为商品经营资本和货币经营资本》的主要内容。

在这篇中，马克思考察了商业资本的形成、特点和作用，分析了商业资本如何参加利润的平均化，阐明了商业资本家瓜分剩余价值的规律，揭示了商业剥削的特点。

本篇是一个重要的理论转折。在它之前，马克思主要考察产业资本的生产、流通和分配。而从这篇开始，马克思分别对商业资本、借贷资本和土地所有权进行研究，分析了剩余价值在转化为利润和平均利润后如何分割为商业利润、利息、地租等转化形式，从而阐明了剩余价值的分配规律。

资产阶级古典经济学家没能明确地区分产业资本和商业资本，马克思则创造性地区分了产业资本和商业资本，并深入地研究了商业资本的特殊性质以及它在剩余价值生产和实现中的特殊作用。通过对商业资本的专门研究，马克思完成了平均利润理论，从而进一步发展了他的剩余价值学说。

本篇共 5 章，可分为三部分：第一部分包括前 3 章，马克思重点考察和分析了商业资本的特点和作用、商业利润的形成和纯粹流通费用的补偿、商业资本的周转与商品销售价格的关系等问题。这部分是本篇的重点。第二部分是第 19 章，主要研究货币经营资本的业务与职能。第三部分是第 20 章，从历史的角度，考察了资本主义与资本主义以前的商业资本的联系和区别。

本篇的主要研究方法特点是：（1）比较分析的方法。通过对商品资本和商业资本的比较分析，既阐明了两者之间的共性和联系，又指出了商业资本的特殊性质。（2）从本质到现象的方法。本篇从利润这个剩余价值转化的一般形式出发，分析商业利润这种个别形式的形成和特点。（3）历史和逻辑统一的方法。本篇首先对商业资本的本质与作用进行理论研究，然后又对商业资本的产生和发展作了历史的考察。通过考察商业资本的历史，进一步补充和完善理论的分析。

/// 第二章内容要点 ///

（一）商品经营资本

商业资本也叫商人资本，它包括商品经营资本和货币经营资本。本章主要介绍商品经营资本。在资本主义生产方式中，商业资本是产业资本的一种形式，即商品资本的转化形式。

1. 商业资本是商品资本的转化形式

马克思在《资本论》第二卷分析资本循环时曾指出，产业资本在运动中依次采取货币资本、生产资本、商品资本三种形态，独立完成三种职能，即货币资本负责购买生产资料和劳动力，为生产剩余价值准备条件；生产资本实现生产资料与劳动力的结合，生产剩余价值；商品资本专门出售商品，使资本的价值和剩余价值得以实现。由于三种形态的资本，独立执行不同的职能，各自形成了产业资本循环的一个阶段，这就为不同资本家之间实行分工，分别承担不同的资本职能，即产业资本专门负责剩余价值的生产，商业资本家专门经营商品，实现剩余价值，提供了可能。

与此同时，社会分工的发展与市场规模的扩大，又为商品资本的独立化提供了条件。首先，随着市场范围和规模的扩大，使产业资本滞留在流通领域的时间过长，占用的资本量增大，严重地限制了剩余价值生产的扩大，客观上要求商品资本的职能从产业资本中独立出来；其次，商品数量和品种的增加，流通业务的专门化和复杂化，需要大量的专门人才从事销售活动，产业资本自行完成这一职能是不经济的，也是不可能的；再次，有一部分资本家积累了一定量的资本，愿意从事商业经营活动，通过商品的买卖来获利。于是，商品资本的职能就逐渐地从产业资本的运动中分离出来，固定由一部分资本家独立完成。这样，商品资本就转化为商业资本了。显然，商业资本不过是从产业资本中分离出来，独立发挥作用的商品资本，是商品资本独立化的形态。

需要注意，在社会总产品中，总有一部分商品的买卖是在产业资本家之间或企业与消费者之间直接进行的，不需要商业资本介入，所以，商业资本不是全部、只是一部分商品资本的转化形式。

2. 商业资本的职能和运动形式

商业资本作为商品资本独立化的形式，仍然执行商品资本的职能，专门从事商品价值和利润的实现活动，即 W′—G′形态的变化，并通过商品买卖获取利润。它的运动公式是 G—W—G′，即先投入一定量的货币购买商品，然后再出售商品，获取比原来更多的货币（G+△G）。很显然，商业资本运动公式不同于产业资本运动公式：

第一，商业资本的运动完全在流通领域中进行。由于商业资本家不生产商品，只是买卖商品，因而，它的整个经营活动都在流通领域中。运动过程也分为买卖两个阶段，即以一定量的货币购买产业资本家的商品，即 G—W 购买，然后再将商品出售，即 W—G′出售。

第二，商业资本运动的直接目的是追求利润。由于商业资本的运动是从垫支一定量货币开始的，以增殖的货币结束，商品买卖只表现为商业资本获利的媒介或手段，因而，商业资本追求利润的目的一目了然。

第三，在商业资本运动中，同一商品被转手两次。如果比较一下商业资本和商品资本的运动，就会发现，在 W′—G—W 的场合，同一货币换位两次，即出售一种商品换回货币，然后再用这个货币购买另一种商品（生产要素）。而在 G—W—G′的场合，则是同一商品换位两次，支出货币购买商品，然后再出售同一商品换回货币。在货币购买商品的阶段，商品所有权发生转移，即由产业资本转到商业资本的手中，但商品还没有卖给消费者，商业资本还要继续销售活动，才能完成商品资本的职能。对于产业资本 W—G，是商品实现的过程，商品资本执行职能的过程，但对于商业资本来说，G—W—G′，就是商人垫支的货币资本的增殖过程。正是由于同一货币被换手两次，商品资本的实现过程，W—G′就被转化为商业资本的 G—W—G′的独立增殖过程。

3. 商业资本的作用

商业资本的独立化，大大地推动了资本主义经济的发展。

第一，缩短了资本的流通时间。由于商人专门从事商品的买卖，产业资本把商品批发给商业资本，就换回了货币，这样必然缩短产业资本的流通过程，节约时间。即使把商人出售商品的过程计算在内，也会因商人专门经商，对市场行情熟悉，掌握流通渠道，缩短了商品的流通时间。

第二，节约流通资本。由于商人能够集中地进行商品的买卖、运输和储藏，用于买卖的资本，必然小于产业资本家自己从事商业活动时所需要的资本数量。

第三，加速资本周转。商人既可以同时为一个产业部门中的很多资本服务，也可以同时为不同产业的资本服务，因此，商业资本的周转可以不受某一产业资本周转的限制，可以在产业资本周转一次的时间里，完成多次周转，从而推动了社会资本的周转。

必须指出，马克思在分析商业资本作用时，特别强调了商业资本发挥作用是有前提的，那就是商业资本的数量必须保持在社会再生产需要的范围内。如果商业资本数量和规模超过了社会生产所需要的比例和限度，就会造成流通环节过多，费用过大，投资浪费，商品积压，那就不仅没有发挥促进作用，反而，还会阻碍社会再生产的顺利进行。

商业资本的独立化，一方面可以促进经济的发展，但另一方面，因为商业资本活动的独立性，使它完全有可能超过社会购买力而盲目购进商品，发给产业资本一个虚假的需求信号，促使产业资本扩大生产，导致生产过剩，从而诱发经济危机。

（二）商业利润

商业资本为了营销商品，不仅需要投资建设必要的设施，还需要垫支一部分资本用于购买商品和支付流通费用。这些投资必然要求获得利润和补偿。

1. 商业利润的来源及其实现方式

商业资本投资商业的目的，是要获得利润。商业资本家经营商品买卖所获得的利润，叫商业利润。这是剩余价值的一种转化形式。如上所述，商业资本不过是在流通领域中从事商业活动的职能资本，是社会再生产所必须的部分职能资本，它与产业资本一样，投资商业的目的在于获得平均利润。但是，单纯的商品买卖活动，是不创造价值和剩余价值的。商业利润只能来自产业资本占有的一部分剩余价值的让渡。这是因为，商业资本虽然不创造价值和剩余价值，但它对商品交换起中介作用，能够加快商品价值和剩余价值的实现，如果没有商业资本专门负责商品的买卖，产业资本就不能顺畅、快速、低成本地实现自己的商品，甚至还要投资更多的资本和流通费用来推销商品，结果导致利润的减少。

商业资本不仅要获得利润，也要通过与产业资本竞争，获得平均利润。如果商业部门的利润率低于产业部门的利润率，商业资本就会转向产业部门，相反，产业资本也会转向商业部门。正是商业资本与产业资本之间的这种竞争，使商业部门与产业部门的利润率平均化，形成了平均利润率，商业资本也得到了平均利润。商业利润是产业工人创造的剩余价值的一部分，是剩余价值的一种转化形式，它体现了商业资本家和产业资本家共同剥削工人的关系。

然而，商业资本又是怎样实现这种让渡呢？马克思举如下例子说明商业资本参与利润平均化的过程及商业利润的获得方式。

假定一年中预付的总产业资本＝720C＋180V＝900，剩余价值率 M′＝100%，因而商品价值＝720C＋180V＋180M＝1080，平均利润率 P′＝180÷900＝20%。现在又假定，为了实现商品的销售，商业资本投资 100，这样社会总资本为 1000，社会平均利润率 P′＝180÷1000＝18%。按照社会平均利润率，产业资本获得的平均利润为 900×18%＝162，商业资本分得的平均利润为 100×18%＝18。于是，产业资本家出售给商业资本家的商品出厂价格＝720C＋180V＋162M＝1062，商业资本家再按照 1062＋18＝1080 的商品生产价格或价值销售商品，从而获得了平均利润。

由此看出，商业利润是通过商品的购销差价获得的。它不在流通中产生，而在流通中实现，它是产业工人创造的一部分剩余价值的转移，是商业资本参加利润平均化的必然结果。商业利润的整个实现过程并不违背价值规律。

2. 纯粹流通费用的补偿和获利

商业资本为从事商品买卖活动支付的流通费用，也要补偿和获利。通常商业流通费用可分为两类：一类是生产性流通费用，即与生产过程在流通领域中延续有关的费用，包括保管、包装、运输、储藏等方面的费用；另一类是纯粹流通费用，即与商品的买卖有关的费用，包括交易事务所、簿记、广告、通信等方面的费用和商业工人的工资。生产性流通费用的获利和补偿，与生产领域的费用是一样的。纯粹流通费用则不同，由于它不增加商品的价值和剩余价值，它的补偿和获利只能从产业资本占有的剩余价值中扣除。为了说明纯粹流通费用的补偿和获利，仍沿用前例，只增加 50 的纯粹流通费用。那么，社会平均利润率＝（180－50）÷（900＋100＋50）＝12.38%，产业资本按照新的平均利润率计算获得的平均利润为 111.43，这样，商品的出厂价格＝900＋900×12.38%＝1011.43。同样，商业资本也按照新的平均利润率计算获得的利润为 18.57，其中，50 纯粹流通费用的利润是 50×12.39%＝6.19，因此，商业资本的销售价格＝1011.42＋12.38＋6.19＋50≈1080，在这个销售价格中，6.19 是纯粹流通费用的获利，50 是纯粹流通费用的补偿。

上述分析显示，纯粹流通费用的补偿和获利都是对社会剩余价值的扣除，都在商品价值内得到实现。纯粹流通费用补偿和获利从表面上看，似乎增加了社会负担，减少了产业资本的利润，但实际上，产业资本之所以愿意让渡这部分剩余价值，是因为只要纯粹流通费用在社会需要的范围内，商业资本经营商品，比产业资本分散经营流通业务更经济，可以大大减少流通中的资本，节约的数量远远超过耗费的纯粹流通费用，并且有助于产业资本的节约和利润率的提高。由此可以得出一个结论，在社会再生产需要的范围内，合理发展商业，有利于降低社会总资本的运行成本，提高社会经济效益。

3. 商业劳动和商业剥削的特点

在资本主义生产方式中，商业工人与产业工人一样，都是雇佣工人。商业资本家购买他们的目的同样是为了获取剩余价值，商业工人是为了获得劳动力的价值。但是，商业工人的劳动与产业工人的劳动又有本质的不同。产业工人在生产过程中从事的劳动，可以创造价值和剩余价值，是生产性的劳动；而商业工人的劳动，除了一部分生产性劳动外，如保管、包装、运输等外，绝大部分从事商品买卖活动的劳动，并不创造商品的价值和剩余价值，是非生产性劳动。但商业劳动是实现商品的价值和剩余价值所需要的劳动，是社会必要劳动。商业工人自然有权从社会总剩余价值中分得合理的劳动收入。然而，商业工人的劳动又是雇佣劳动，商业资本家就是依靠这种劳动来完成商品资本职能，获取商业利润的，因此，商业工人的劳动也分为有酬劳动和无酬劳动，商业工人从社会总剩余价值中分得的那部分剩余价值，也分为商业工人的劳动力价值和商业利润，即在有酬劳动时间，商业工人通过商业劳动，实现了劳动力的价值，用于补偿商业资本的可变部分，在无酬劳动时间，商业工人为商业资本家实现了产业资本让渡的商业利润。商业劳动对商业资本来说，与创造剩余价值的劳动一样，同样是商业利润的源泉，是一种直接的生产劳动。

可见，商业利润是产业工人在生产领域中创造的，是通过商业工人的无酬劳动在流通领域中实现的，被商业资本家占有的一部分剩余价值。商业利润不仅体现了商业资本家对商业工人的直接剥削，也体现了商业资本家对产业工人的间接剥削。

（三）商业资本的周转

商品资本转化为商业资本后，既受产业资本周转的影响，又形成了独立于产业资本的特有周转。商业资本的独立周转无疑会对平均利润率、商品的价格等产生影响。

1. 商业资本周转的特点

商业资本周转与产业资本的周转以及货币资本周转相比，有如下特点：

第一，周转时间不同。产业资本的周转时间是由生产时间和流通时间两部分构成。而商业资本的周转只是在流通领域中进行，它的周转时间仅由流通时间即购买时间和销售时间构成。

第二，流通中的形态变化不同。产业资本在流通中的形态变化，表现为W′—G—W，同一货币换手两次，在不同商品中起媒介作用。而商品资本在流通中的形态变化，则表现为G—W—G′，同一商品被换手两次，在货币的预付和回流间起媒介作用。

第三，商业资本的运动，与货币发挥流通手段职能的运动不同。虽然它们在货币反复周转实现商品价值这一点上有些相似，但是货币充当交换的媒介是在不同人手中换位，不会发生价值的增殖，而作为商业资本的货币，在经过周转后，会带来利润，即投入的是G，流回的是G+△G。所以马克思说："这就是它的周转作为资本的周转所具有的特征。"(25.339)

以上分析表明，商业资本周转的基本特征是预付的货币资本通过不间断的商品买卖，得到增殖。

2. 商业资本周转和社会再生产的关系

如上所述，商业资本作为产业资本独立化的形式，它的周转既独立于产业资本的运动，又受产业资本运动的制约。正如马克思所讲，是内部的依赖性和外部的独立性的统一。

商业资本的周转受社会再生产的制约。这主要表现在：一是受产业资本生产时间的限制。商业资本是在流通领域中发挥职能的资本，产业资本的生产过程是其运动的基础，如果产业资本的生产受阻，生产时间过长，商业资本的周转时间就越长，反之，产业资本生产顺利，生产时间缩短，商业资本的周转时间也会缩短。二是受个人消费的限制。商业资本是专门负责商品实现的职能资本，商品实现直接受消费者购买速度和范围的制约，如果商品出售的快，商业资本周转时间就快，相反，商业资本周转时间就慢。所以说，商业资本的独立化是相对的和有限的，它的周转受生产和消费的约束。

商业资本周转具有"外部的独立性"。虽然社会再生产是商业资本周转的基础，但它对商业资本周转的制约是长期性和有一定伸缩性的，这就使商业资本运动可以在一定的限度内脱离这种制约，独立地运动。这主要表现为商业资本可以在一定时期和限度内不受消费的制约，连续向产业资本购买商品，实现商品的合理囤积。而资本主义信用制度的发展，又使商业资本可以不受自有资本量的制约，支配社会总货币资本的一个部分，在商品超出合理囤积的范围后，继续向产业资本购买商品。而持续的购买，又会给产业资本一个“虚假的需求”信号，从而推动生产越出原有的界限，进一步地扩大。这样，商业资本的周转可以不受生产过程的限制，使生产继续进行，又可以不受消费和资本量的制约，继续购买。

这种独立性是有限的，当商业资本的运动超出了社会再生产的承受限度，它的“内部的依赖性和外部的独立性”的矛盾尖锐化，“这时，内部联系要通过暴力即通过一次危机来恢复。”（25.340）“于是崩溃爆发了，它一下子就结束了虚假的繁荣。”（25.341）

3. 商业资本周转的作用

商业资本的周转速度对平均利润率和商品销售价格都有重要影响。

第一，商业资本的周转速度对利润率的影响。

商业资本周转与产业资本周转对利润率的影响是不同的。产业资本的周转速度越快，年利润率就越高。商业资本则不同，由于商业资本不创造价值和剩余价值，它周转的快慢，并不直接影响利润率的高低，只是间接地影响利润率。这是因为，“对于商人资本来说，利润率是一个已定的量，一方面由产业资本所生产的利润量决定；另一方面由总商业资本的相对量决定，即由总商业资本同预付在生产过程和流通过程中的资本总额的数量关系决定。”（25.346）在利润率既定的条件下，商业资本获得利润的多少，取决于商业资本在社会总资本中的比重，如果商业资本所占的比重越大，利润就越高，所占比重越小，利润就越低。从这个意义上说，商业资本参加了平均利润率的决定。那么，商业资本周转的速度会影响商业资本在社会总资本中的比重，进而影响利润率的高低。在社会总资本既定的条件下，商业资本周转越快，商业资本的绝对量就越小，产业资本的绝对量就越大，生产的剩余价值就越多，利润率就越高，反之亦然。在产业资本和总剩余价值量既定的条件下，商业资本周转越快，商业资本的绝对量就越小，社会总资本就越少，利润率也就越高，反之则相反。

第二，商业资本周转对商品销售价格的影响。

一般地说，决定商品的销售价格高低有两个因素，即商品的生产价格和平均利润率。例如商人购买一斤面粉的生产价格（产业资本的出厂价格）是 2 元，平均利润率是 20%，每斤面粉销售价格是 2.4 元，如商业资本购买 100 斤面粉，需要投资 200 元，获得的平均利润 40 元，这 100 斤面粉的销售价格是 240 元。可见，产业资本的出厂价格是商品销售价格的最低限，而平均利润率的高低限定商品销售价格的最高限，如平均利润率是 20%时，100 斤面粉的销售价格是 240 元；平均利润率为 10%时，同量面粉的销售价格就为220元。这两个界限是客观存在，不由商业资本决定。

但是，这并不意味商业资本周转对商品销售价格毫无作用。实际上，在平均利润率既定，一定量商业资本获得的利润量不变的前提下，商业资本周转的速度，对商品销售价格有直接的影响。商业资本周转速度越快，它购销的商品量就越多，单位商品内分摊的商业利润就越少，商品的销售价格就越低。反之则相反。仍用上例来说明，商业资本一年周转1次，获利40元，如果商业资本一年周转5次，商业资本家仍投资200元，年商业利润仍然是40元，每100斤面粉的盈利是8元，销售价格就是208元，每斤面粉的售价就是2.08元。这样，商业资本家只有把500斤面粉都出售后，才能获得40元的平均利润。可见，商业资本家加速资本周转，可以降低单位商品的销售价格。

如果就单个商业资本家而言，他的资本周转速度的快慢，对他的年利润率有决定性的影响。马克思说，如果个别商业资本周转较快，“在这种情况下，他会象比平均条件更有利的条件下进行生产的产业资本那样，赚到超额利润。”（25.351）这是因为，在平均利润率和平均资本周转次数既定的情况下，每一次资本周转的利润率也是恒定的，如果个别商业资本加速周转，必然获得的利润就多。例如，假定年平均利润率为20%，资本平均周转为每年5次，平均周转一次的利润率是4%，如果甲商业资本家投资100元，年周转次数是6次，他的资本年利润率就是24%，获利是24元，而乙商业资本家的资本年周转只为5次，也投资100元，年利润率20%，获利20元。显然甲的利润率更高。如果甲商业资本为了使资本周转速度更快，利润率更高，还可以降低他的商品出售价格，加速商品的销售，以便增加自己的竞争力。上述理论分析揭示了商业为什么往往要“薄利多销”的秘密。这就是商业资本周转速度影响商品销售价格的意义。

/// 第二章读书难点解释 ///

如何理解纯粹流通费用的补偿和获利问题？

纯粹流通费用是商品流通的必要费用。这部分费用虽不直接加入生产过程，但加入再生产的总过程。因此，纯粹流通费用不仅需要补偿，而且也要求获得平均利润。但由于商业工人在商品买卖活动中的劳动，不创造价值，只实现商品的价值和剩余价值。那么，商业资本垫支的费用从哪里得到补偿并取得利润？这是一个困难的问题。马克思通过对商业资本家垫支的几部分资本的比较，解决了纯粹流通费用的补偿和获利的问题。

一般地说，商业资本家垫支的资本可以分为三个部分：用于购买商品的资本，用 B 来代表；垫支的纯粹流通费用中相当不变资本的部分，用 K 代表；花费在纯粹流通费用中相当可变资本的部分，用 b 代表。这三部分资本补偿和获利的方式有所不同。

首先，用于购买商品的资本 B，是一种垫支资本，它会随着商品的卖出而不断收回，同时它作为预付总资本的一个组成部分，参与利润率的平均化，获得平均利润。因此，它没有补偿的问题，只是如何获利。

其次，纯粹流通费用中相当于不变资本的部分 K，是“生产者在生产上直接使用的不变资本的一种追加”，它的补偿要从社会总剩余价值中扣除，同时也要参加利润率的平均化，获得相应的利润。

再次，纯粹流通费用中相当于可变资本的部分 b，由于商业劳动不创造价值，它的补偿也只能来自对社会总剩余价值的扣除，同时它也要参加利润率的平均化过程，以获得平均利润。

举例说明，假定产业资本 900，总剩余价值是 180，商业资本垫支购买商品的资本是 100B，纯粹流通费用中的不变资本部分 K 是 30，可变部分 b 是 20，这样按产业资本和商业资本的总和形成的平均利润率就是：首先在社会总剩余价值中扣除纯粹流通费用部分，然后再除以产业资本和商业资本的总和。

$$P'=\frac{180-（30K+20b）}{900+100B+30K+20b}=12.38\%$$

按照平均利润率计算，商业资本获得的平均利润 $=100B\times12.38\%+30K\times12.38\%+20b\times12.38\%=18.57$

这样，商品的销售价格

$$\begin{aligned}&=（XB+B\times P'）+（K+K\times P'）+（b+b\times P'）\\&=XB+P+K+P+b+P\\&=1011.43+12.38+30+3.714+20+2.476\\&=1080\end{aligned}$$

其中 P 代表利润，P′代表利润率，XB 代表 B 周转 X 次实现的商品的价格。

通过分析可以看出，商业资本家预付的三部分资本，通过商品的销售，得到了补偿，并获得了平均利润。其中 B 和 b 都是通过扣除社会剩余价值的一部分来降低商品的购买价格，通过将其加入到商品销售价格中的形式获得补偿，和按平均利润率得到赢利的。可见，商业资本垫支的纯粹流通费用的补偿和获利都来自产业工人创造的剩余价值的一部分。

二、理论热点问题探讨

关于服务业劳动创造价值问题的争论

在马克思时代"微不足道"的服务业，已经成为国民经济活动中的主要产业，成为现代经济增长的源泉。一方面，它在国民经济活动中比重越来越大。美国服务业占全部经济活动的比重超过 80%、产业贡献率超过 85%、产业拉动率超过 4%。[①] 我国服务业虽然落后于发达国家，但也在国民经济活动中占有相当大的比重，2006 年占 GDP 的 39.5%。与此同时，服务业包括的产业也越来越多。除了原有的商业外，还包括随着生产的专业化和迂回化，从制造业企业中独立出来的物流业、职业教育业，随着新技术的发展而成长起来的信息业、广告业等，被称为"新经济"的产业。另一方面，它在产品价值链中创造的附加值也越来越大。从产业链来看，对价值增殖贡献最大的是产前的设计、研发和产后的物流、金融等服务环节，对附加值贡献最小的是制造环节。（见微笑曲线图）[②] 上述巨大变化，对马克思生产劳动理论的解释力提出了严峻的挑战：服务业劳动是不是生产劳动？创不创造价值？围绕这些问题，我国学者展开了热烈的讨论，据粗略检索从 1979—2007 年共有文章 1024 篇，但至今观点仍未形成共识。为了便于大家的研究，我们进行了归纳和点评，并提出了自己的见解。

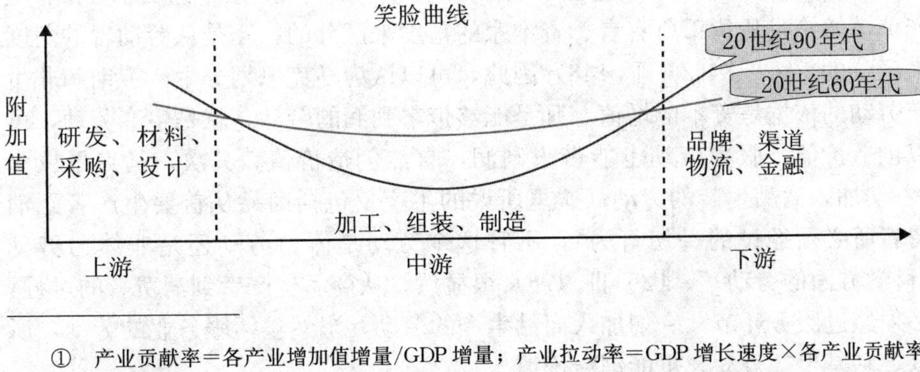

① 产业贡献率＝各产业增加值增量/GDP 增量；产业拉动率＝GDP 增长速度×各产业贡献率。

② 宏碁集团创办人施振荣先生，在 1992 年为"再造宏碁"提出了有名的"微笑曲线"（Smiling Curve）理论。微笑嘴型的一条曲线，两端朝上，在产业链中，附加值更多体现在两端，设计和销售，处于中间环节的制造附加值最低。

（一）关于服务业劳动创造价值问题的不同观点

经过长期的争论，目前形成了四种有代表性的观点。第一种观点认为只有从事物质生产的劳动，才是生产劳动，如农业和工业领域的劳动，而服务业劳动因为不生产产品，所以，不是生产劳动，不创造价值。第二种观点则认为服务业劳动虽然不生产物质产品，但以劳务形式提供产品，带来利润，所以是生产劳动，创造价值。第三种观点认为随着服务业成为社会必不可少的产业，服务业劳动也成为社会总劳动的重要组成部分，也是生产劳动，也创造价值。第四种观点认为生产劳动与创造价值的劳动没有必然联系。

第一种观点的理论支撑来自马克思的三个思想。首先，马克思关于生产劳动的一般定义。马克思从劳动过程的一般角度，考察了生产劳动，指出“如果整个过程从其结果的角度，从产品的角度加以考察，那么，劳动资料和劳动对象表现为生产资料，劳动本身则表现为生产劳动。”（23.205）这是马克思关于生产劳动的“最初定义”。而后他在提出“总体工人”概念时，又明确指出“从物质生产性质本身得出的关于生产劳动的最初定义，对于作为整体来看的总体工人始终是正确的。”（23.556）其次，商品是价值和使用价值统一体，使用价值始终是价值的物质承担者。因而，只有物化在产品上的人类劳动才能创造价值。再次，商业劳动是专门负责商品价值实现的劳动，以商品价值的客观存在为前提，商业利润和商业店员的报酬都是产业工人创造的价值的一部分，所以，商业劳动是非生产劳动，并不创造价值。

第二种观点的理论依据来自两个方面：首先，马克思关于生产劳动的另外一层含义。马克思多次指出：“只有为资本家生产剩余价值或者为资本的自行增殖服务的工人，才是生产工人。”（23.556）“这里，生产劳动和非生产劳动始终是从货币所有者、资本家的角度来区分的，不是从劳动者的角度来区分的，……”（26.Ⅰ.148）因此，可以认为马克思划分生产劳动和非生产劳动的依据是资本的增值，凡是能够带来利润的劳动，就是生产劳动，可以创造价值。服务劳动也能带来利润，自然创造价值。其次，马克思认为“一切加入商品生产的劳动（这里所说的生产，包括商品从首要生产者到消费者所必须经过的一切行为），不管这个劳动是体力劳动还是非体力劳动（科学方面的劳动）”。（26.Ⅲ.476）很显然，从商品生产者到消费者的过程，必须经过服务环节，一切加入商品生产的劳动，当然包括服务业的劳动，所以，它是生产劳动，也能创造价值。

第三种观点认为目前理论界对“生产劳动”范围的界定过于狭窄，不能涵盖全部的生产劳动，需要扩展。主要体现在三个方面：首先，凡是满足社会需要的劳动，都创造使用价值，都是生产劳动。具体说来，生产劳动应该包括：（1）物质产业劳动，即农业、矿业、制造业等，创造了“物质使用价值”；（2）精神产业劳动，即艺术创作、科学研究、旅游等，创造“精神使用价值”；（3）流通产业劳动，即商业、金融、运输、邮政等，创造“流通使用价值”；（4）人身产业劳动，即教育、医疗等；（5）服务产业劳动，即政府、社团、政党以及军队警察等，创造“服务使用价值”。其次，凡创造使用价值的劳动，无论其创造的使用价值形态如何，都创造价值。这种观点强调只有拓展了生产劳动的范围，才能与国民经济核算体系接轨，从而使GDP成为既是体现使用价值总量的指标，也是体现价值总量的指标。

第四种观点的主要理由有两个：首先，生产劳动和创造价值的劳动所反映的经济关系内涵不同。生产劳动的第一定义，是从一般劳动过程出发得出的。它抽象掉劳动过程的具体历史形态，直接反映人与自然的关系，是劳动自然属性的体现。而创造价值的劳动则是从生产的社会性出发得出的，它反映了人们的商品交换关系，是劳动社会属性的体现。其次，生产劳动和创造价值劳动的外延是不重合的。生产劳动的第二个定义，是从资本主义生产性质的角度得出的，即能给资本家带来剩余价值的雇佣劳动才是生产劳动，而不能给资本家带来剩余价值的劳动则是非生产性劳动。由此，创造价值的劳动可以是生产劳动——为资本家带来剩余价值，也可以是非生产劳动——用于商品交换。同时，创造价值的劳动也可以是非生产劳动，例如商业店员的劳动。①

（二）正确理解马克思生产劳动范畴的内在含义

引起观点歧义的主要原因，是对马克思生产劳动含义的不同理解。因此，有必要对马克思的生产劳动范畴进行再认识。

马克思关于生产劳动的论述很多，主要集中在《资本论》、《剩余价值理论》和《直接生产过程的结果》三部著作中。理解的差异主要来自两个方面：一是马克思的观点有的“夹杂”在批判别人的观点中、有的是在阐述其他主题中提出的、有的甚至在字面上还存在“矛盾”。二是马克思阐述问题的方法是从抽象上升到具体，从一般到特殊，因此，他会根据研究的需要在不同阶段，提出不同侧面的定义。这种分析范式和研究方法，给后人准确、完整地理解马克思的思想，带来了很大困难。

① 刘申有、陈庆华：《生产劳动与创造价值的劳动没有必然联系》，《社会科学报》2001年7月5日。

综合马克思有关生产劳动的论述，应从三个角度来理解马克思生产劳动的内在含义：

第一，从劳动过程一般的角度界定生产劳动。

马克思从劳动过程一般的角度，考察了生产劳动，明确指出：“劳动首先是人和自然之间的过程，是人以自身的活动来引起、调整和控制人和自然之间的物质变化过程。”（23.201）“如果整个过程从其结果的角度，从产品的角度加以考察，那么，劳动资料和劳动对象表现为生产资料，劳动本身则表现为生产劳动。”（23.205）这是马克思关于生产劳动的“最初定义”。而后，他在分析分工时，又提出了“总体工人”的概念，指出，在协作劳动下，“产品从个体生产者的直接产品转化为社会产品，转化为总体工人即结合劳动人员的共同产品。总体工人的各个成员较直接地或者较间接地作用于劳动对象。随着劳动过程本身的协作性质的发展，生产劳动和它的承担者即生产工人的概念也就必然扩大。”（23.556）但是，这种扩大仍然是指物质生产过程中的分工和协作，所以，马克思强调：“从物质生产性质本身得出的关于生产劳动的最初定义，对于作为整体来看的总体工人始终是正确的。”（23.556）在这里，马克思撇开了劳动过程的各种社会规定性，将生产劳动定义为从事物质生产的劳动或生产满足人们某种需要的物质产品的劳动。

第二，从商品生产的角度界定生产劳动。

在商品经济中，产品采取了商品的形式。商品是使用价值和价值的统一体，这样，生产劳动不仅表现为物质生产劳动或生产使用价值的劳动，还要通过交换转化为形成价值的社会劳动。所以，马克思从商品生产的角度，又界定了生产劳动的第二定义，即“在考察资本主义生产的本质关系时，可以假定，整个商品世界，物质生产即物质财富的一切领域，都从属于资本主义生产方式。……在这种情况下，可以认为，生产工人即生产资本的工人的特点，是他们的劳动物化在商品中，物化在物质财富中。这样一来，生产劳动，除了它那个与劳动内容完全无关、不以劳动内容为转移的具有决定意义的特征之外，又得到了与这个特征不同的第二定义，补充定义。”（26. Ⅰ. 442）“实现在商品中的劳动，对我们表现为生产劳动”，“只要劳动物化在商品即使用价值与交换价值的统一中，这种劳动就始终是生产劳动”。（49. 99—100）这个定义告诉我们，在商品经济社会中，只有创造商品的社会劳动才是生产劳动，才能创造价值。

马克思也注意到商品不一定都是物质产品，“服务”也是一种商品。他指出：“任何时候，在消费品中，除了以商品形式存在的消费品以外，还包括一定量的以服务形式存在的消费品。”(26.Ⅰ.161)“这种劳动的特殊使用价值在这里取得了‘服务’这个特殊名称，是因为劳动不是作为物，而是作为活动提供服务的，可是，这一点并不使它例如同某种机器有什么区别。”(26.Ⅰ.435)“对于提供这些服务的生产者来说，服务就是商品。服务有一定的使用价值（想象的或现实的）和一定的交换价值。”(26.Ⅰ.149)虽然马克思认为这种服务在当时的资本主义经济中是“微不足道的”、可以“置之不理的”，但他仍然认为服务也是一种“商品”，服务劳动是生产劳动，也是创造价值的社会劳动。

第三，从资本生产的角度界定生产劳动。

马克思为了阐明劳动的资本主义性质，又从资本的角度，对生产劳动和非生产劳动进行了区分。资本主义的生产劳动，不仅包括生产领域生产剩余价值的劳动，而且也包括非生产领域为资本家转移剩余价值的劳动，即“只有为资本家生产剩余价值或者为资本的自行增殖服务的工人，才是生产工人。”(23.556)这种劳动才是生产劳动。正如马克思所说：“这里，生产劳动和非生产劳动始终是从货币所有者、资本家的角度来区分的，不是从劳动者的角度来区分的，……”(26.Ⅰ.148)“这种区分的基础在于，劳动是与货币的货币相交换，还是与作为资本的货币相交换”(26.Ⅰ.439)，与“劳动的物质规定性，从而劳动产品的物质规定性本身同生产劳动和非生产劳动之间的区别毫无关系。”(26.Ⅰ.431)马克思在论述商业劳动性质时强调指出：“对于产业资本来说，流通费用看来是并且确实是非生产费用。……对商业资本来说，是一种生产投资。所以，它所购买的商业劳动，对它来说，也是一种直接的生产劳动”。(25.337)可见，资本主义的生产劳动，就是指与资本相交换，为资本带来利润的各种形式的劳动。这应该是马克思赋予生产劳动的第三定义。

马克思关于生产劳动的三个定义，分别揭示了生产劳动不同层面的规定性，并没有为生产劳动下一个完整的、综合性定义。

（三）对四种观点的理论辨析

第一种观点坚持了马克思关于生产劳动是生产物质产品劳动的定义，却混淆了生产物质产品的生产劳动与创造价值的生产劳动的本质区别。马克思关于生产劳动的第一定义，撇开了劳动过程的社会规定性，从生产物质产品的角度看，一切生产物质产品的劳动，都是生产劳动。然而，创造价值的生产劳动是无差别的人类劳动、是社会劳动，它强调的是劳动的社会性质。一切生产商品的劳动，才是生产劳动。可见，虽然同为生产劳动，却有本质上的差别。如果以马克思生产劳动的第一定义为标准，划分物质生产部门是生产劳动，创造价值，非物质生产部门是非生产劳动，不创造价值，应该说有悖马克思的原意。因为物质生产并不一定创造价值，非物质生产也不一定不创造价值。例如，当物质生产者的劳动，只是生产满足自我需要的产品时，他的劳动就不是生产劳动，也不创造价值。显然，如果从这个角度研究生产劳动，将会得出服务业劳动不是生产劳动，不创造价值的结论。这个结论无法解释服务业快速发展的实际。

第二种观点坚持生产劳动的增殖性，将是否带来利润作为划分生产劳动和非生产劳动的尺度，但却忽视了马克思这个定义的历史针对性。它是针对资本主义生产过程而言，是从资本的角度得出的定义。所以，从这个角度研究服务业劳动是否创造价值的问题，是不合适的。因为能够带来利润的劳动，不一定都是创造价值的生产劳动。在资本主义生产中，不创造价值的劳动，可以是生产劳动。例如，商业劳动对于资本家来说是生产劳动，但却不是创造价值的生产劳动。还有一种劳动生产商品，也创造价值，但是它既不属于生产劳动，也不属于非生产劳动。“农民和手工业者虽然也是商品生产者，却既不属于生产劳动者的范畴，又不属于非生产劳动者。”（26. Ⅰ.437）说农民和手工业者的劳动不是生产劳动，是从资本角度看，因为他们不与资本相交换；说他们的劳动又是生产劳动，是从商品生产的角度看，因为他们生产商品、创造价值。如果按照这种生产劳动定义划分，必然得出服务业都是生产劳动，都创造价值的结论，这样，既会将小商品生产者的劳动遗漏到生产劳动范围外，又会将与创造价值无关的服务业劳动错划到生产劳动范围之内，导致服务业劳动的泛生产劳动化，抹杀了价值创造与价值实现的界限。

第三种观点虽然从社会劳动的角度，考察生产劳动，拓展了马克思生产劳动的范围，在一定程度上具有现实意义，但也存在两个重大缺陷。首先，混淆了创造价值的社会劳动与一般社会劳动之间的区别。生产商品的社会劳动不等同一般社会劳动，它只是其中的一个部分。具有三个明显的特征：一是只有生产用来交换的使用价值的社会劳动，才能创造价值，不生产这种使用价值的社会劳动就不创造价值；二是只有符合社会需要的社会必要劳动，即为了“满足社会对特殊物品的一种特殊需要所必要的劳动”，（25.716）才创造价值。“如果某种商品的产量超过了当时的社会需要，社会劳动时间的一部分就会浪费掉了”，（25.209）不能创造价值。三是与商品生产到消费的全过程相关的社会劳动，才是创造价值的劳动。只有同时满足上述三个要求的社会劳动，才创造价值。其余为满足自己消费、为维护社会秩序而付出的劳动，也是社会需要的劳动，但不需要通过价值来体现、通过交换来实现。其次，过度扩大生产劳动的外延，将一切社会活动，甚至政府、军队、警察等上层建筑的部分劳动，也都看作创造价值的生产劳动，模糊了经济基础与上层建筑的界限，从而使生产劳动这个与经济基础相关的范畴，失去了存在的意义，也就没有讨论生产劳动，甚至劳动价值论的意义了。另外，经济学的范畴是否都必须成为统计学的概念，通过数据加以反映，也是值得商榷的。

第四种观点理论逻辑是不统一的。研究问题的角度，是深入探讨问题的基础。马克思生产劳动的定义是与研究的不同侧面相联系的，生产劳动的第一定义是与物质生产过程相联系的，定义生产劳动是生产物质产品的劳动，揭示了物质生产的特征；生产劳动的“第三定义”是针对资本主义生产过程提出，生产劳动是为资本带来利润的劳动，揭示资本主义生产的本质。由于资本主义经济是商品经济，生产过程是超过一定点的价值形成过程，马克思也探讨过这个形成过程的本质，得出了生产劳动是生产商品的劳动的定义。由此，我们认为探讨服务业劳动创造价值的问题，只能从商品生产或价值形成的角度出发。这是因为，价值是商品的特有属性，只有生产商品的劳动，才是生产劳动，才创造价值。在这里，生产劳动与创造价值的劳动是同一的，即生产商品、创造价值的劳动。如果使用马克思生产劳动的第一定义或第三定义，必然得出生产劳动与创造价值的劳动没有联系的结论。因为创造价值的劳动并不必然带来利润，也不必然生产物质产品，服务业商品。

（四）服务业劳动创造价值之我见

在观点辨析中，笔者已谈了一些对服务业劳动是不是生产劳动，是否创造价值问题的看法，在这里再做一个理论的归结。笔者主要观点是：

第一，只有创造商品的劳动，才是生产劳动，才能创造价值。这个观点有两个理论支点：一是服务业劳动创造的价值是商品价值，而非社会价值。两者同称价值，其含义是完全不同的。商品价值是指商品生产者凝结在其中的抽象劳动，在交换时用于劳动量的计量和比较；而社会价值则是指人类活动对社会的有用性，用于判断人类活动对社会发展的有益程度。如果把服务业劳动创造的价值，理解为社会价值，必然导致生产劳动概念的泛化。如果服务业劳动创造的是社会价值，那么，一切有益于社会的服务活动，如政府、警察、法院、美容、表演、体育等领域的劳动，就都成为生产劳动，都创造了价值。这样，不仅混淆了价值创造与价值分配的区别、经济基础与上层建筑的区别，也使生产劳动失去了存在的理论意义。二是商品可以是满足人类需要的物品，也可以是服务。有很多人误认为，只有创造物质商品的劳动才创造价值，是马克思的思想。这是不准确的。马克思认为劳动是否创造价值与它的存在形式没有直接的关系。不能把人类劳动的凝结或劳动的物化简单地理解为物化在实物商品上。他指出："亚·斯密的缺点只是多少过于草率地把劳动的物化理解为劳动固定在某种可以捉摸的物品中。"（46. 下. 375）"从商品的交换价值来看，说商品是劳动的化身，那仅仅是指商品的一个想象的即纯粹社会的存在形式，这种存在形式和商品的物体实在毫无关系。"（26. Ⅰ. 164）马克思还明确地指出"服务就是商品。服务有一定的使用价值（想象的或现实的）和一定的交换价值。"（26. Ⅰ. 149）"这种劳动的特殊使用价值在这里取得了'服务'这个特殊名称，是因为劳动不是作为物，而是作为活动提供服务的，可是，这一点并不使它例如同某种机器有什么区别。"（26. Ⅰ. 435）由此可见，服务业劳动也是创造价值的劳动。

第二，只有为商品生产服务的服务业劳动，才是生产劳动，才能创造价值。或者说生产性服务业的劳动，是生产劳动，创造价值。马克思论述过运输、保管、储藏等是生产过程在流通领域的继续，这种服务业劳动是生产劳动，是创造价值的。"从而它本身就处在运输中的商品的一个生产阶段，那末，它的价值就作为追加价值转移到商品本身中去。"（24. 66）应该指出的是，在这里，马克思所说的生产性服务业还是指产后服务，是商品从产地到销售地之间的服务。而今天所说的生产性服务业不仅指产后服务，还指过去"总体工人"产前、产中的服务，也已经从生产企业中"外部化"成为独立的服务业。具体表现在两个方面：一是服务已成为现代产品的内生要件。现代产品是由核心产品——裸体产品、有形产品——包装后的产品、附加产品——售后服务三个部分组成，服务也成为商品使用价值的一部分，也是价值的载体。二是生产服务已成为制造过程不可或缺的组成部分。今天生产任何产品都离不开产前、产中、产后的服务，制造仅是生产过程的一个环节，制造业与生产性服务业已经高度融合，人们把这种趋势称为"制造业的服务化"或"二产的三产化"。① 再从发达国家服务业发展结构来看，生产性服务发展速度超过服务业的平均水平，已经占服务业的三分之二；服务中间投入占制造企业中间投入成本的 70%，在产品价格中直接制造成本仅占三分

① 张国云：《二产的三产化：中国制造业走向中国制造的必由之路》，《学习时报》2008 年 6 月 30 日。

之一左右。[1] 美国1970—1986年生产性服务业增长为173.3%，服务业为91%。[2] 而与最终消费者相关的生活性服务业相对增长较慢。可以说，发达国家服务业的壮大是生产性服务业快速发展的结果。由此，完全可以得出生产性服务劳动是生产劳动、创造价值的结论。

第三，生产性服务业的劳动也必须是社会需要的劳动。创造价值的劳动必须是社会需要的劳动，否则，也不能创造价值。“如果某种商品的产量超过了当时社会的需要，社会劳动时间的一部分就浪费掉了，这时，这个商品量在市场上代表的社会劳动量就比它实际包含的社会劳动量小得多。”(25.209) 也就是说，服务劳动创造的价值量取决于社会需要的数量，即社会总劳动分配量，不符合社会总劳动量的服务劳动，也不能创造价值。

① 王子先主编：《中国生产性服务业发展报告2007》，经济管理出版社2008年版，第1页。
② 郑吉昌：《服务经济论》，中国商务出版社2005年版，第66页。

第三章　借贷资本与信用理论

一、原著的基本脉络

/// 第三章简介 ///

第三章介绍的是马克思《资本论》第三卷第五篇的主要内容。

原著第五篇的标题为《利润分为利息和企业主收入　生息资本》。

《资本论》第三卷第五篇考察生息资本和信用理论，其中心是揭示借贷资本是如何参与对剩余价值的瓜分的。在这一篇中，马克思考察了货币资本独立化为生息资本及其有关的一系列问题。本篇所研究的生息资本，是资本主义制度下的借贷资本，借贷资本作为货币资本的独立化形式，是产业资本和商业资本二重的派生形式。

《资本论》第三卷第五篇是整部《资本论》分量最大的一篇，也是唯一分为“正篇”和“续篇”的一篇。原著共包括十六章，它可以分为四个部分：21—24章，研究借贷资本和利息的本质，是全篇的理论基础；25—32章，考察资本主义信用、银行资本及虚拟资本的问题，分析生息资本的运动和现实资本运动的联系和区别，是全篇的中心内容；33—35章从国内和国际两方面研究信用制度和货币流通的相互关系；最后36章追溯生息资本的发展历史，是全篇的终结。

《资本论》第三卷第五篇也是全卷最困难、最复杂的一篇。这是因为这一篇既涉及到抽象的理论分析，又谈到大量的银行、信用、证券交易所等具体问题，再加上马克思写作这一篇时重病复发，“这一篇不但没有现成的草稿，甚至没有可以提供轮廓，以便加以充实的纲要，只不过是开了一个头，不少地方只是一堆未经整理的笔记、评述和摘录的资料。”（25.8—9）也正因为如此，恩格斯虽多次努力，最终没能像他原来设想的那样，对第五篇作大的改动，而是只做了注解，起了一个编辑的作用。

《资本论》第三卷第五篇所研究的问题，是关系到社会经济生活能否正常运转的内容，因而它在第三卷、乃至《资本论》全书中都占有重要位置。

/// 第三章内容要点 ///

(一)借贷资本与利息率

1. 借贷资本的本质及其流通特点

在资本主义经济中，除产业资本和商业资本外，还有由它们转化而成的借贷资本。在资本主义的生产和流通过程中，经常会因各种原因，出现一部分暂时闲置的货币资本；与此相应，另一些产业和商业资本恰恰暂时缺少资本。这样，便产生了资本的借贷关系，使从产业和商业资本在运动中分离出来的这部分货币资本转化成为借贷资本。所谓借贷资本是为了获取利息而暂时贷给职能资本家使用的货币资本。

贷出者的一定量的货币能够转化为资本，从而为资本家带来利润，这时的货币“就它作为可能的资本，作为生产利润的手段的这种属性来说，它变成了商品，不过是一种特别的商品。或者换一种说法，资本作为资本，变成了商品。”(23.378)也就是说，借贷资本的本质在于它是“资本商品”。

借贷资本作为一种独立形式的资本，有特殊的运动形式。用公式表示就是：G—G—W—G′—G′。即借贷资本家把货币贷给职能资本家(G—G)，职能资本家用货币投资，生产出商品(G—W)，由于商品中已包含了剩余价值，所以出售后成了更多的货币(W—G′)，然后，职能资本家将货币还给借贷资本家(G′—G′)。但职能资本家一般情况下不可能将所有的G′都给借贷资本家，因此第一个G′要大于第二个G′。公式G—G—W—G′—G′表明了借贷资本流通的特点：第一，借贷资本的流通是“双重的支出”(G—G，G—W)和“双重的回流”(W—G′，G′—G′)。在这种双重的支出和双重的回流中，实际上包含了两种不同形式的运动：G—W—G′是现实资本的运动；而G—G和G′—G′则是资本的贷放和偿还运动，只是按法律契约交易的结果。第二，借贷资本既不是被付出，也不是被卖出，而只是被贷出。也就是说，以偿还为条件的付出的运动，是借贷资本有条件的让渡的这种独特形式的运动形式。第三，借贷资本的运动是整个现实资本运动的推动力量，是再生产运动的准备和补充。从表面看，借贷资本的运动似乎可以脱离现实资本的运动，但实际上借贷资本的运动最终由现实资本运动所决定。

借贷资本的“资本商品”的本质和它流通的特点，一方面表明借贷资本的买卖和交换是在不放弃货币资本的所有权的条件下，转让了货币资本的使用权；另一方面，由于在借贷资本的表面运动即G—G′中，表现为货币资本的自动增殖，货币资本“无论它是睡着，还是醒着，是在家里，还是在旅途中，利息都会日夜长到它身上来。”（25.443）这使借贷资本最具有资本拜物教性质。

2. 利息的本质和它的表现

借贷资本家把货币资本贷放给职能资本家，是为了获取利息。职能资本家借钱从事生产或经营，目的是为了获得利润。在这里，“同一资本额作为资本对两个人来说取得了双重的存在”（24.396），但是，借贷资本只有在职能资本家手里才发挥职能资本的作用，才能生产利润，而且它只能生产一次利润。因此，职能资本家获取的平均利润只能在量上分为两个部分：一部分以利息的形式归借贷资本家所有，另一部分以企业主收入（也称企业利润）的形式被职能资本家占有。可见，借贷资本的利息是职能资本家因取得贷款而付给借贷资本家的一部分平均利润。由于利润是剩余价值的转化形式，所以利息也是剩余价值的特殊形式。

借贷资本作为“资本商品”应该有价格，这个价格表现为利息。但利息是借贷资本价格的不合理的表现，因为不能说100元的借贷资本商品的价格，在利息是5元的情况下，只值5元。所以，“这里支付的，是利息，而不是商品价格。如果我们把利息叫作货币资本的价格，那就是价格的不合理的形式，与商品价格的概念完全相矛盾。”（25.396）

3. 利息率及其决定因素

利息率是指一定时期内利息额对贷出资本额之比，它通常用百分数来表示。

利息率的高低首先取决于利润率的高低，在其他条件不变的情况下，利息率一般最高不能超过平均利润率，最低不能等于零。如果利息在总利润中占有一个固定比例，利息就会随利润一同上升或下降。其次，利息率的高低受供求竞争的影响，供给大于需求，利息就低，反之，则相反。最后，在供求平衡的条件下，利息率的高低由习惯和法律传统决定。

随着资本主义的发展，利息率有下降的趋势。这首先是因为在资本有机构成提高等因素的影响下，平均利润存在着下降的趋势；其次是因为食利者阶层人数的增加和资本主义信用制度的发展，使闲置的货币不断增加且易于集中，从而造成借贷资本供给的增长速度有超过需求增长速度的趋势。当然，利息率下降的趋势又会受到相反因素的阻碍作用。

4. 利润分割为利息和企业主收入

在借贷关系下，利息是平均利润的一部分，因而平均利润分割为利息和企业主收入，后者包括产业利润和商业利润。

平均利润分割为利息和企业主收入，是资本所有权和资本使用权分离的结果。但这种分割一旦发生并固定化，成为质的分割，资本家会把使用的自有资本而获得的平均利润也作这种分割。平均利润分为利息和企业主收入这种量的分割之所以会转化为质的分割，一是因为，在资本借贷关系广泛发展的条件下，资本可以自由贷放，利息被看作是使用资本的代价，因此，使用自有资本的资本家在评价经营效益时，自然要和靠借贷经营的资本家相比较，这就不可避免地要将利润分成利息和企业主收入。二是因为大多数职能资本家都兼有比例不同的自有资本和借入资本，而且二者比例经常发生变化，这就使资本家从自身的经验中感受到利润分割为利息和企业主收入的客观存在。

平均利润分割为利息和企业主收入造成一种假象，似乎利息和企业主收入是由两个形式不同的源泉所产生的不同收入：一方面，利息表现为资本所有权的果实，表现为资本本身的自然产物；另一方面，企业主收入表现为资本执行职能的结果，表现为资本家管理和监督生产的“劳动”的报酬，即所谓的“监督工资”。这样一来，资本家剥削工人的关系就进一步被掩盖了，资本主义的生产关系更加神秘化。但事实上，“在再生产过程中，执行职能的资本家作为别人所有的资本的代表，同雇佣工人相对立；货币资本家则由执行职能的资本家来代表，参与对劳动的剥削。”(25.427)

马克思对资本家把企业主收入看成是资本家的“监督工资”、否定其剥削性质，进行了批判，他指出：“同货币资本家相对来说，产业资本家是劳动者，不过是作为资本家的劳动者，即作为对别人劳动的剥削者的劳动者。他为这种劳动所要求和所取得的工资，恰好等于他所占有的别人劳动的量，并且当他为进行剥削而亲自花费必要气力的时候，还直接取决于对这种劳动的剥削程度，而不是取决于他进行这种剥削所作出的并且在他支付恰当的报酬时可以让一个经理去作出的那种努力的程度。”(25.435)

（二）资本主义信用和银行资本

信用是在商品货币关系基础上产生和发展起来的。它是商品买卖中的延期付款或货币的借贷行为，是以偿还为条件的价值的特殊运动形式。在不同的社会中，信用所体现的经济关系是不同的。资本主义信用是借贷资本的运动形式，它体现着资本主义的经济关系。借贷资本可采取多种形式，其中主要是商品形式和货币形式，与之相对应，资本主义信用也分为两大类：商业信用和银行信用。

1. 商业信用和商业货币

商业信用是职能资本家之间采取延期付款的方式赊购商品而形成的借贷关系。代表这种关系的凭证，就是商业货币，即商业票据。由债权人“背书”（在票据背面签字）的商业票据，可以在一定范围作为支付手段流通，执行货币的职能，起到互相抵消债权的作用。

商业信用产生于货币作为支付手段的职能，在简单商品经济条件下就已经存在，但是，它的广泛发展，是到了商品经济发达的资本主义社会。商业信用是资本主义再生产过程中不可缺少的条件之一，它对于促进商品流通，加速资本周转，推进资本主义经济的发展，发挥了重要的作用。但是，商业信用又有一定的局限性。这表现在：因为它是私人开给私人的，所以信誉低；因为它只能沿着供给向需求方向提供，所以它的流转方向单一；它还因只限于职能资本家间使用，所以流通范围狭窄。尽管如此，商业信用是信用制度的基础，在经济生活中会长期存在。

2. 银行信用和银行资本

由于商业信用具有一定的局限性，于是，随着商品经济的发展，在货币经营业的基础上产生了银行和银行信用。银行信用是银行向职能资本家提供贷款时所发生的借贷关系。银行信用突破了商业信用的局限性，它能广泛地集中社会的闲置资本，提供数量更大、时间更长、范围更广的信用。

银行是经营货币资本业务的企业。它是借和贷的中介人。它的信用业务包括两个方面：

一是负债业务，即以吸收存款方式借入资金。银行的存款来源于四个方面：①职能资本家存入的暂时闲置的货币资本。②货币资本家的存款。③一切阶级节省下来的和暂时不用的货币储蓄。马克思指出：“小的金额是不能单独作为货币资本发挥作用的，但它们结合成为巨额，就形成一个货币力量。这种收集小金额的活动是银行制度的特殊作用，应当把这种作用同银行在真正货币资本家和借款人之间的中介作用区别开来。”（25.453－454）④各种逐渐花费的收入的存款。

二是资产业务，即将所支配的大量货币资本通过各种形式贷放出去。贷款的基本方式是票据“贴现”，另外还有各种形式的“抵押贷款”、“存款透支”等。贴现是商业银行向企业提供资金的一种方式。银行提供信用，不仅限于采取货币一种形式，它还可以向其他银行开出汇票、支票、开立信用账户。对拥有钞票发行权的银行来说，是发行本行的银行券。“银行券无非是向银行家开出的、持票人随时可以兑现的、由银行家用来代替私人汇票的一

种汇票。”（25.454）

银行资本不同于借贷资本，它是经营货币信用和货币流通技术业务的资本，属于职能资本的范畴。银行进行贷款业务的目的是为了获取银行利润。银行利润是资本家投资银行业、经营银行业务而获取的利润。它来源于雇佣工人在生产过程中所创造的剩余价值，它靠存款与贷款之间的利息差来取得。银行自有资本所获得的银行利润大体相当于工商平均利润。

银行在资本主义经济中具有极其重要的地位和作用。马克思称银行制度造成了社会范围的公共簿记和生产资料的公共的分配的形式。并指出：“资本的这种社会性质，只是在信用制度和银行制度有了充分发展时才表现出来并完全实现。……因此，信用制度和银行制度扬弃了资本的私人性质，它本身，但也仅仅是就它本身来说，已经包含着资本本身的扬弃。”（25.686）他还说，银行制度，就其形式的组织和集中来说，是资本主义生产方式的最精巧和最发达的产物。

（三）信用在资本主义生产中的作用

信用，特别是银行信用在资本主义生产中具有重要的作用。

1. 信用促进平均利润率的形成

资本在各部门间的自由转移，是利润平均化得以实现的前提。但由于各部门的生产资本都有自己特定的自然形态和专门用途，因此，自由转移会受影响。借助信用，使资本家有可能依靠赊购商品和银行贷款，迅速集中大量货币资本，克服生产资料转移中的困难，使利润平均化得到实现。

2. 信用制度节约流通费用

通过信用，一方面货币本身可以以三种方式得到节约：即通过信用关系抵消债权、债务而不使用现金；信用可以加速流通速度而节约货币；信用货币可以代替贵金属流通。另一方面，由于信用的作用缩短了流通时间，加速了资本的周转，减少了货币准备金，也节约了流通资本和费用。

3. 信用制度促进了股份公司的建立和发展

股份公司是通过发行股票把分散的资本集中起来而经营的企业。它的建立离不开信用制度。因为没有发达的货币市场和食利者阶层这些信用的产物，股票就不能发行、上市。股票的发行或是通过银行、有时就是银行本身完成的。同时，股份公司的发展也同样离不开信用制度。

股份公司和股份经济的发展，使资本关系表现出一些新的特点：第一，大大促进了资本的集中。第二，资本在这里直接取得社会资本的形式，而与私人资本相对立，这是对私人资本的否定；企业也表现为社会企业，而与私人企业相对立。“这是作为私人财产的资本在资本主义生产方式本身范围内的扬弃”。(25.493) 第三，实际执行职能的资本家转化为单纯的经理，即别人的资本的管理人，而资本所有者则转化为单纯的所有者，即单纯的货币资本家，这使单纯的货币资本家成为社会生产多余的人。

由于资本主义的发展，恩格斯补充道：“一些以新的工业企业的形式发展起来了。这些形式代表着股份公司的二次方和三次方。”(25.494－495) 而且自由竞争已经日暮途穷，出现了卡特尔和托拉斯。“竞争已经为垄断所代替，并且已经最令人鼓舞地为将来由整个社会即全民族来实行剥夺做好了准备。”(25.494)

4. 信用制度加速资本的集中

资本主义信用的发展，使单个资本家不仅可以支配自己的资本，还可利用信用，在一定界限内，取得绝对支配别人的资本、财产和劳动的权力，使少数人越来越走上投机、冒险和赌博的道路。在投机活动中，成功与失败同时导致资本的集中，导致最大规模的剥夺。这种剥夺在资本主义制度本身内，表现为社会财产为少数人所占有。资本的集中，也促进了工人合作工厂的产生和发展。在工人合作工厂中，一方面还不可避免地保留着资本主义工厂制度的一些缺点，但另一方面，这种工人的合作工厂内部已经没有资本家和工人的对立，这是对资本和劳动的对立的一种“积极”的扬弃，“是在旧形式内对旧形式打开的第一个缺口”。(25.497－498)

5. 资本主义信用的二重性

资本主义信用具有二重性：一方面，由于资本主义信用的发展，加速了资本的集中，从而推动了生产力的发展和世界市场的形成；另一方面，也正是由于信用的作用，大大发展了各种投机事业，加剧了社会生产的无政府状态，从而促进了经济危机的爆发，为资本主义的灭亡创造了条件。马克思说：“信用制度固有的二重性质是：一方面，把资本主义生产的动力—用剥削别人劳动的办法来发财致富—发展成为最纯粹最巨大的赌博欺诈制度，并且使剥削社会财富的少数人的人数越来越少；另一方面，又是转到一种新生产方式的过渡形式。”(25.499)

(四) 虚拟资本

1. 虚拟资本的形成及形式

①虚拟资本的形成与概念。

随着借贷关系的发展，特别是利息这个经济范畴在资本主义经济生活中的普遍化，一切可以获得的固定收入，都被看作是一定数额的资本带来的利息，于是出现了虚拟资本这一经济范畴。马克思说："人们把虚拟资本的形成叫作资本化。人们把每一个有规则的会反复取得的收入按平均利息率来计算，把它算作是按这个利息率贷出的资本会提供的收入，这样就把这个收入资本化了。"（25.528－529）例如：在年收入＝10 万元、利息率＝5％时，这个年收入就被看成是按利息率 5％贷出的资本 200 万元的利息。这个 200 万元被看成是每年有权获取 10 万元的法律证书的资本价值，虽然它实际上并不存在。可见，生息资本的存在和利息范畴的独立化，是虚拟资本形成并存在的客观经济基础。

所谓"虚拟资本"，是以有价证券的形式存在、并能给持有者带来一定收入的资本，它是与现实资本相对而言的想象中的资本。

②虚拟资本的形式。

虚拟资本有两种典型形式：一是国债券。国债券是资本主义国家发行的公共债券。它是债权人因购买国债而得到的书面凭证，债权人可以此凭证从国家得到利息，但不能索要现金，必要时可以转让。国家发行国债券所得到的货币收入，不是作为资本支出，而是作为政务开支使用，利息用税收支付，因而，国债券是"消灭掉了"的资本的"纸制复本"，不代表现实资本。

二是股票。股票是股份公司发给股东的入股凭证，是股东借以取得股息的一种有价证券。马克思在谈到股票这种典型的虚拟资本时指出："这个资本不能有双重存在：一次是作为所有权证书即股票的资本价值，另一次是作为在这些企业中实际已经投入或将要投入的资本。它只存在于后一种形式，股票只是对这个资本所实现的剩余价值的相应部分的所有权证书。"（25.529）这就是说，同一资本不可能有两重存在，如果有两重存在，那就只能一重是现实的资本，另一重是幻想的、虚拟的资本。因为股票代表股份公司的现实资本的相应部分，所以与国债券不同，它是"现实资本"的"纸制复本"。

除了上述两种典型形式外，银行发行的没有准备金的银行券、保存在银行的重复计算的商业票据、没有现实货币资本的银行账面存款、有名无实的银行准备金等，也都是虚拟资本。

2. 虚拟资本的价格决定

由于虚拟资本可以在资本市场上买卖，已经成为商品，因而它有价格，但是它的价格是由一种特殊的方法决定的。虚拟资本的价格，主要取决于两个方面的因素：一是取决于其有权索取的收益的大小和可靠程度；二是取决于现行利息率。它与前者成正比，与后者成反比。

以股票为例：如果一张票面额为1000元的股票，年预期股息率10%，即一年固定收入为100元；再假定银行的平均年利息率为5%。这样，这1000元一张的股票的市场价格就是：100元÷5%＝2000元，或者是：1000元×10%÷5%＝2000元。用公式表示：

$$股票价格=\frac{预期股息额}{利息率}或=\frac{预期股息率}{利息率}\times 股票面额$$

作为虚拟资本的有价证券价格的独特的运动和决定方法，使它们的票面价格往往与市场买卖价格相背离，因而它们必然成为投机的对象。这是虚拟资本的一个特征。与之相联系，虚拟资本还有一个特征，即它价格的回归性。马克思把虚拟资本价格涨落称为一个复归原点的运动。即：“一旦风暴过去，这种证券就会回升到它们以前的水平”。(25.531)“投机性”告诉人们，虚拟资本的价格与它们所代表的实际价值的超常规背离，最终会导致资产贬值，形成“泡沫经济”现象；而“回归性”则告诫人们，虚拟资本价格的暴涨必然要下跌，“泡沫经济”必然要破灭。可见，虚拟资本的固有特性必然诱发金融风险。

3. 货币资本积累与现实资本积累的关系

这里所说的“货币资本的积累”，既包括以银行信用为媒介的借贷货币资本的积累，又包括以证券市场为媒介的虚拟资本的积累；而“现实资本的积累”是指处于社会再生产过程中的一般工商业资本的积累，它反映社会财富的实际增长。随着信用制度和证券市场的发展，货币资本积累和现实资本积累间呈现出复杂的关系：

首先，银行借贷资本的积累和现实资本积累的关系。

一般说来，如果没有现实资本的积累作基础，就不会有借贷货币资本的积累，但是，借贷货币资本的积累不是现实资本积累的绝对反映。这是由于下述原因的结果：①产业资本在周转中形成的暂时闲置的货币资本存入银行会形成借贷资本，但它不反映现实资本的增加和生产规模的扩大。②用于将来扩大再生产而存入银行的工商利润、各种个人要逐渐花费的收入形成的银行存款，也不反映现实资本和生产规模的扩大。③同一笔存入银行的货币资本在银行制度的作用下会膨胀，马克思说过，一切资本好像都会增加一倍，有时甚至增加两倍，从而使银行的借贷资本的相当大部分也成了虚拟资本。可见，货币资本的积累所反映的资本积累，必然总是比现实存在的资本积累更大。此外，从再生产周期看，货币资本数量的变化与现实资本的数量变化也往往是不一致的。前者的增加并不是每次都表示现实的资本积累或再生产的扩大，这在经济危机和萧条阶段表现得最明显。

其次，虚拟资本的积累与现实资本积累的关系。

考察虚拟资本积累与现实资本积累的关系，实际上是分析虚拟资本的增加或减少与职能资本扩大再生产的关系。虚拟资本与现实资本不仅在质上有重大区别，在量上也是不同的。一般情况下，虚拟资本额总是大于实际资本额，而且虚拟资本的积累程度，要远远超过现实资本的积累：①从国债券的积累看：国债券的积累只是表明掌握国家债务的债权人增加；这个债权阶级有权预先把税收的一定数额划归自己所有；资产阶级国家债务在增多。但国债券的增加却表现为虚拟资本的积累，所以，国债券的增加与现实资本扩大再生产毫无关系。②从股票的积累看：与国债券不同，如果股票是由于新建企业发行新股票而增加，那么，股票的积累就反映了现实资本的扩大再生产；如果股票总额的变化是由于股息、利息等的变化引起股票价格涨落的结果，那么，股票总额的增加或减少不反映现实资本的变化。③从商业票据的积累看：商业票据通过银行贴现，构成了银行虚拟资本的一部分。由于商业信用容易造成虚假繁荣，助长买空卖空和投机交易，故而促进生产过剩危机的爆发，因此，商业信用和商业票据的积累，也具有和现实再生产的有效扩大相脱离的可能性。

总之，货币资本的积累虽然要受现实资本积累的制约，但前者可以脱离后者而更快地增长。同时，信用膨胀会驱使生产过程突破需要的界限，造成生产过剩、贸易过剩，从而加深资本主义经济危机。

/// 第三章读书难点解释 ///

（一）如何理解虚拟资本与生息资本的联系与区别

虚拟资本与生息资本存在着密切的联系，从虚拟资本也能为其持有者带来资本收入这一角度看，它也属于生息资本范畴。虚拟资本与生息资本的联系具体说来主要表现在：

首先，虚拟资本是由生息资本特别是银行信用的发展而产生出来的，因为“人们把虚拟资本的形成叫作资本化。”（25.528）没有生息资本和利息等经济范畴的出现和固定化，就不会有收入的资本化，所以，生息资本是虚拟资本产生和存在的前提。其次，虚拟资本数量的变化，依赖于生息资本的贷款筹码—利息率的变化。这是因为决定虚拟资本价格的一个重要因素是利息率的高低，利息率的变化，会直接影响有价证券的价格，从而导致虚拟资本数量的增减。第三，作为虚拟资本的有价证券产生之后，又成为生息资本的一种形式。

但是，虚拟资本和生息资本间又存在着重要的区别：

第一，作为虚拟资本的有价证券本身没有价值，但是它们有价格，它们的价格是由其有权索取的收益的大小和可靠程度、现行利息率的高低等因素决定的；生息资本作为资本商品，本身是有价值的，但却没有合理的价格表现。作为资本商品价格的不合理表现的利息，是由平均利润率的高低、生息资本的供求状况决定，在供求大体平衡时则由习惯和法律传统决定。第二，虚拟资本是先有收入，然后是收入的资本化，因而它不是真正的资本，而是与现实资本相对立的想象中的资本；生息资本是先有货币资本，后有利息收入，是客观存在的资本。第三，虚拟资本都是以有价证券形式表现；生息资本一般是以货币形式存在，或者是以一部分商品形式存在。

总之，虚拟资本和生息资本是既有联系又有区别的两个概念。

（二）如何看待资本主义企业的经理经营管理的性质和工资的来源

马克思在《资本论》第三卷第五篇中对资本家把企业主收入看成是资本家的“监督工资”、否定其剥削性质，进行了批判，他指出：“同货币资本家相对来说，产业资本家是劳动者，不过是作为资本家的劳动者，即作为对别人劳动的剥削者的劳动者。他为这种劳动所要求和所取得的工资，恰好等于他所占有的别人劳动的量。”（25.435）随着资本主义的发展，不仅组织领导协作所需要的指挥劳动，而且监督工人的所谓“监督劳动”，资本家也不再亲自担任，而是交给他们所雇佣的经理去完成。经理不是企业的所有者，而是资本家雇佣的代理人。资本家雇佣他们进行管理的目的，是在企业的管理中执行资本家的意志，榨取更多的剩余价值。但是，他为此也要付出劳动，而且这种劳动又是进行协作生产所必需的。因为凡是协作劳动，都需要有统一的指挥和管理，从这个意义上说，经理人员的管理劳动具有二重性：它既是一种由奴役直接生产者而产生的执行剥削别人劳动职能的剥削活动，又具有社会化生产所必需的一般管理劳动的性质。在资本主义制度下，反映经理劳动性质的主导方面是它所体现的剥削职能。

马克思指出，经理人员工资的数量，只是某种熟练劳动的工资，这种劳动的价格，同任何别种劳动的价格一样，是由劳动市场调节的；而资本家的支付方式是：总利润中要“扣除经理的薪水”，（25.437）所以，资本主义经理的工资是由企业利润支付的。

二、理论热点问题探讨

对马克思股份经济及所有制实现形式思想的再思考

马克思在《资本论》第三卷第五篇中对股份经济有诸多论述，恩格斯在编辑、整理出版第三卷时，结合他所处时代新的实际，也对股份经济问题进行了补充与说明。我国在国有企业改革过程中，对马克思的股份经济理论进行了再认识，特别是随着改革与研究的深入，股份制被党中央界定为“公有制的主要实现形式”，这些无疑会引发出理论上的诸多探讨。这里拟首先对马克思关于股份经济的论述和所有制实现形式的思想进行归结，在此基础上将学术界对相关理论问题认识上的不同意见进行归纳，最后，提出笔者的思考。

（一）马克思关于股份经济的基本观点

马克思十分关注随着生产力发展而出现的股份经济问题，他对股份制经济的基本观点主要包括对股份公司、股份资本等的论述。

首先，关于股份公司的功能，马克思指出：第一，股份公司是发展现代生产力的强大杠杆。马克思在1858年写作《英国的贸易和金融》时，尽管已经预见到股份企业还远没有为自己创造出适当的结构，但他还是认为：“它们是发展现代社会生产力的强大杠杆。”在《资本论》中，马克思论述了股份经济的发展促进了资本主义生产力的进步：“假如必须等待积累去使某些单个资本增长到能够修建铁路的程度，那么恐怕直到今天世界上还没有铁路。但是，集中通过股份公司转瞬之间就把这件事完成了。”① 第二，股份公司是一种平滑地实现资本集中的办法。马克思指出，资本集中能够补充资本积累的作用，使资本家扩大自己的经营规模，资本集中的一个方法就是“通过建立股份公司这一比较平滑的办法把许多已经形成或正在形成的资本融合起来”。由于股份公司的成立，“生产规模惊人地扩大了，个别资本不可能建立的企业出现了”②。第三，股份公司是大资本控制小资本的重要途径。马克思认为“特种工业巨头出现了，他们的权力同他们的责任则成反比，因为他们只对他们所有的那一大宗股票负责，而支配的却是公司的全部资本。

---

① 《马克思恩格斯全集》第23卷，人民出版社1972年版，第688页。

② 《马克思恩格斯全集》第25卷，人民出版社1975年版，第493页。

他们形成了比较固定的成员，而大多数股东却不断地变更。”①

其次，关于股份公司发展的意义，马克思认为：第一，股份公司的发展使资本家成为多余的人。他说：“资本主义生产本身已经使那种完全同资本所有权分离的指挥劳动比比皆是，因此，这种指挥劳动就无须资本家亲自进行了。……不能用借贷也不能用别的方式占有资本的单纯的经理，执行着一切应由执行职能的资本家自己担任的现实职能，所以，留下来的只有执行职能的人员，资本家则作为多余的人从生产过程中消失了。”② 第二，股份公司的发展使股票交易所成为资本主义生产本身的最突出代表。马克思最初对股份经济的研究集中于股份公司，后来随着股票市场的发展，他认为：“自从1865年本书写成以来，情况已经发生了变化，这种变化使今天交易所的作用大大增加了，并且还在不断增加。这种变化在其进一步的发展中还有一种趋势，要把包括工业生产和农业生产在内的全部生产，包括交通工具和交换职能在内的全部流通，都集中在交易所经纪人手里，这样，交易所就成为资本主义生产本身的最突出代表。”第三，股份资本成为社会资本是对私人资本的扬弃。马克思分析了股份公司发展的意义在于“资本主义的股份企业，也和合作工厂一样，应当被看作是由资本主义生产方式转化为联合的生产方式的过渡形式，只不过在前者那里，对立是消极地扬弃的，而在后者那里，对立是积极地扬弃的。”③

（二）对马克思关于所有制实现形式论述的理解

这里需要说明，马克思没有使用过“所有制的实现形式”的概念，但他考察了“法律上的所有权”和“经济上的所有权”的分离及其引发的资本关系和财产组织形式的变化，而这恐怕与“所有制实现形式”问题相关。学者们就此进行了以下分析，认为：

1.“法律上的所有权”和“经济上的所有权”的分离导致财产实现形式的多样化。马克思称那种集占有、支配和使用为一体的职能权利是“经济上的所有权”，其可以与单纯所有相对分离。“资本的法律上的所有权同它的经济上的所有权分离”④ 随生息资本的出现而出现。股份公司更将其发挥到极点：“资本主义生产本身已经使那种完全同资本所有权分离的指挥劳动比比

① 《马克思恩格斯全集》第12卷，人民出版社1962年版，第37页。

② 《马克思恩格斯全集》第46卷，人民出版社2003年版，第434页。

③ 《马克思恩格斯全集》第25卷，人民出版社1975年版，第498页。

④ 《马克思恩格斯全集》第26卷Ⅲ，人民出版社1974年版，第511页。

皆是。因此，这种指挥劳动就无须资本家亲自进行了。"[①] 这些使实现形式的多元成为可能。

2. 法律所有权和经济所有权相统一的实现形式存在于多种经济形态中。马克思指出，从奴隶社会到资本主义社会的初期，财产的法律所有权和它的经济所有权基本上是统一于财产的所有者的，所有者同时就是业主。

3. 法律所有权和经济所有权相分离是资本主义所有制的典型实现形式。在资本主义生产方式下，大土地所有者向资本家出租土地，借贷资本家向职能资本家提供信贷，是典型的两权分离状况。马克思揭示了产业的执行职能的资本家和资本的所有者的关系："他们实际上是伙伴：一个是法律上的资本所有者，另一个，当他使用资本的时候，是经济上的资本所有者"。[②]

4. 法律所有权和经济所有权具有多种结合形式。所有者与经营者是同一所有制主体；所有者与经营者是彼此对立的、不同的所有制主体；所有者和经营者是同一所有制主体的不同部分。

5. 所有制的实现形式说到底是"劳动组织的形式"、财产的具体组织形式。"这些不同的形式同时也是劳动组织的形式，也就是所有制的形式，在每一个时期都发生现存的生产力相结合的现象，因为需求使这种结合成为必要的。"[③] 可见，所有制的实现形式说到底是"劳动组织的形式"。

6. 法律所有权和经济所有权的分离能够造成对生产力发展和生产关系变革的影响。其积极影响是可以促进生产力的发展和生产关系的变革；其消极影响是阻碍生产的发展和增加生产关系的矛盾。

（三）学术界对股份制性质的不同意见及笔者的思考

马克思多次指出股份制的发展是对私人资本的一种扬弃，是向联合生产方式的过渡。那么，在现实经济生活中，它究竟是公有制还是私有制形式呢？学者们见仁见智。

首先，关于股份制企业性质的界定。

关于股份制企业性质的争论，主要集中在该如何看待公私混合的股份制企业、公众股份制企业的所有制性质，人们至今未达成共识。不同意见大致分为三种观点："新公有制论"、"或公或私论"以及"非公非私论"[④]。

---

① 《马克思恩格斯全集》第46卷，人民出版社2003年版，第434页。

② 《马克思恩格斯全集》第26卷Ⅲ，人民出版社1974年版，第565页。

③ 《马克思恩格斯选集》第1卷，人民出版社1972年版，第68页。

④ 李萍、刘金石：《十六届三中全会后我国所有制问题最新研究综述》，《河南大学学报》2005年第5期。

1. 新公有制论

这种观点认为，在社会主义市场经济条件下，要突破对传统公有制的认识，公有制存在多种形式，有公有股参股的混合所有制企业和没有公有股参股的公众股份制企业，都属于新的公有性质的企业，都是公有制企业的重要实现形式。

一是现代公有制论。王珏认为："公有制在工业现代化和市场经济条件下的实现形式—现代公有制。……现代公有制应是符合社会化大生产运行要求，能够体现劳动者主体地位的公有制形式。"① 厉以宁认为要"突破传统的全民所有制形式，把传统公有制改造为新型公有制。"② 在当前社会主义中，现代公有制形式有四种形式：①新的国家所有制，即经过改制后完全由国家独资或几个国家投资机构持股的股份制公司；②由国家控股或国家参股的股份制企业，通常被称为混合所有制企业；③没有国家投资的公众持股企业，包括公众直接持股和间接持股两类，可称为公众所有制企业；④公益性基金所办的企业。③

二是劳动者所有制论。现阶段公有制的基本形式应当并只能是劳动者股份所有制，其具体形态应当是比较规范的公众股份制和职工股份合作制，公众股份制作为新公有制形式，是我国现阶段公有制的一种主要实现形式。④

三是公有资产增值论。陈学法认为，所谓公有制实现形式就是实现公有资产保值与增值的经营方式和组织形式。如果对传统的公有经济进行股份制改造能实现公有资产增值，那么此时的公有经济就不是原来意义上的公有制，而是一种新的意义上的公有制。只要能使公有资产实现保值增值的股份制，都应视为公有制的实现形式。⑤

四是共同占有论。何伟认为，公有制所回答的是生产资料共同占有问题。这种共同占有有多种形式，股份制企业的财产权归企业占有，是一种企业所有制。所以，不论企业是否具有公有股，股份制都应定性为公有经济，即社会经济。⑥

---

① 王珏：《迈向新世纪的中国经济改革》，中国财政经济出版社 2001 年版，第 118 页。

② 厉以宁：《论新公有制企业》，《经济学动态》2004 年第 1 期。

③ 厉以宁：《论新公有制企业》，《经济学动态》2004 年第 1 期。

④ 于金富：《公众股份制是我国现阶段一种公有制主要实现形式》，《经济学动态》2004 年第 4 期。

⑤ 陈学法：《不能把公众控股的股份制等同于私有制》，《经济学动态》2004 年第 10 期。

⑥ 何伟：《论混合经济》，《经济学家》2004 年第 4 期。

五是民有经济论。王珏认为，混合所有制企业是具有民有性质的民有经济，是一种新的公有制形式，是符合马克思主义和市场经济要求的现代公有制，必将成为社会主义基本经济制度中占主体的公有制形式。①

2. 或公或私论

这种观点认为股份制不等于公有制，要根据控股资本的所有制属性来判断混合所有制企业的所有制性质。公有资本控股的企业属于公有制，私人资本或外国资本控股的企业、没有公有资本参股的公众股份制企业则不属于公有制。晓亮、蒋学模、卫兴华、黄范章等人都明确反对"新公有制论"。他们认为"新公有制论"的错误是把所有制性质与企业的组织形式混为一谈，公有制与股份制是两个不同层次的概念：公有制作为所有制的一种形式，反映经济关系的社会属性，属于制度层次的范畴，与它对应的是私有制；股份制作为资本组织方式，属于运行层次的范畴，与它对应的是所有权与经营权统一的自营企业。公有制与股份制的关系是内容与形式的关系，股份制、承包制、租赁制等都可以作为公有制的实现形式。

3. 非公非私论

这派观点认为，股份制既不姓"资"，也不姓"公"，它只是一种资本组织形式。股份制不同于一般的私有制，它作为一种具体制度，在性质上是中性的，即不具有"姓资姓社"这种社会形式规定。蔡继明认为"股份制在性质上既是一种财产组织形式，也是一种特殊的产权形式（所有制形式），它既不是纯粹的私有制，也不是纯粹的公有制，而是介于二者之间的中介，是公私两种产权制度的有机融合，是对私有产权和公有产权的扬弃，它既是社会主义初级阶段公有制的主要实现形式，同时也是非公有制的主要实现形式。"② 黄范章认为"股份制虽萌发、成长于资本主义经济中，但它本质上是生产社会化和市场经济发展的产物，股份制本身并未具有所有制属性，它的核心问题是由'控股权'掌握在谁手里来决定企业法人财产权的归属，所以，股份制与公有制不是一回事，是两张皮。股份制是帮助国有企业实现政企分开的好手段。"③

其次，笔者的意见。

笔者认为：股份制只是一种财产的组织形式，它本身没有姓"资"和姓

① 王珏：《股份制与中国经济体制改革》，《南方经济》2004 年第 3 期。

② 蔡继明：《股份制性质辨析》，《经济学动态》2005 年第 1 期。

③ 黄范章：《不能把股份制跟公有制划上等号》，《经济学动态》2004 年第 10 期。

“社”、姓“公”、姓“私”的区别，其性质决定于其股权结构，全部公有经济和公有经济持股为主体，该股份制企业是公有经济；全部非公有制经济和非公经济持股为主体，该股份制企业是非公经济。

“公有制实现形式”问题在实践中，人们有不同意见是正常的。不断的探讨与实践将使人们的认识不断完善和符合实际。

第四章 地租理论

一、原著的基本脉络

第四章简介

本章介绍的是马克思《资本论》第三卷第六篇的内容。

在这篇中，马克思通过考察资本主义地租的不同形式、形成条件以及产生原因，说明了农业中的超额利润是怎样转化为资本主义地租，土地所有者是如何参与剩余价值瓜分的，从而揭示了这一领域资本主义生产关系的特点。马克思从《资本论》第一卷到第三卷第五篇，虽然考察了资本与雇佣劳动的关系，以及在此基础上形成的各个产业资本家集团瓜分剩余价值的关系，但是，一直没有涉及资本和土地所有权的关系及其在分配关系上的实现形式。不考察这一关系，对资本主义生产关系的分析和研究是不完整的。只有通过对资本主义地租的考察，才能完整地揭示资本主义的生产关系。

第六篇共 11 章，即从第 37 章至 47 章，其内容可分为三个部分。第一部分总论，是第 37 章，说明本篇的研究对象和应注意的问题，论述了资本主义地租的一般原理，为研究资本主义地租奠定理论基础。第二部分是第 38 章至第 46 章，具体考察了资本主义地租的主要形式，包括级差地租、绝对地租以及垄断地租，是地租理论的主体部分。第三部分是第 47 章，主要对资本主义地租的发展进行历史的考察，得出土地私有制与合理的农业经营不相容的结论。

第六篇的研究方法有三个特点：（1）从抽象到具体的方法。首先从一般的角度，分析资本主义地租的特征和本质，然后再分析资本主义地租的各种形式。（2）比较的方法。说明资本主义农业中超额利润和工业中的超额利润形成的不同特点，揭示资本主义地租形成的条件。（3）历史和逻辑统一的方法。考察了资本主义地租产生和发展的历史，使人们从理论和实际的统一上强化对所阐述问题的理解。

/// 第四章内容要点 ///

(一) 资本主义土地所有权与资本主义地租

马克思在第 37 章中，重点阐述了资本主义土地所有权与资本主义地租的内在联系，从而阐明了资本主义地租的本质。

1. 资本主义土地所有权是资本主义地租产生的前提

地租是土地所有权在经济上借以实现的形式。不同形式的地租总是以不同性质的土地所有权存在为前提。因此，要研究资本主义地租，就必须考察资本主义的土地所有权。

为了研究资本主义土地所有权，需要做出两个假定：第一，资本主义生产方式在农业中占据统治的地位，农业已经具备了资本和劳动力自由转移的一切条件。第二，农业中只存在资本主义土地所有权，不存在小农土地所有权和封建土地所有权。

资本主义土地所有权对农业资本主义生产关系和交换关系有决定性的影响，它既决定资本主义地租的形成方式，也决定资本主义地租的发展趋势。所以，考察农业中的资本主义生产关系和交换关系，就必须从考察资本主义土地所有权入手。

2. 资本主义土地所有权的基本特征

土地所有权的前提是指“一些人垄断一定量的土地，把它作为排斥其他一切人的、只服从自己个人意志的领域。”(25.625) 也就是说，土地所有权是指土地所有者对土地拥有排他性的支配、处置权利。资本主义土地所有权是从封建土地所有权和小农土地所有权转化而来的。一方面，通过改造封建土地所有权，废除土地所有者在政治和法律上的种种特权，把直接生产者——农民从对土地的依附关系中解放出来；另一方面，通过各种暴力手段剥夺小农土地所有权，使之成为出卖劳动力的无产者。通过上述“改造”，建立了与资本主义生产方式相适应的土地所有权。资本主义土地所有权与封建土地所有权、小农土地所有权相比，具有以下特征：

第一，土地所有权只拥有纯粹的经济权利，消除了各种非经济的特权，农民成为自己劳动力的所有者。

第二，土地所有权与土地经营权完全分离，土地所有者凭借土地向租地农业资本家索取一定量的货币地租，而农业资本家则直接经营土地，在租约期内拥有土地经营权。

这样，土地所有权已经不再有人身的依附和超经济强制，而取得了“纯粹经济的形式”，即能够取得一定货币收入的形态，这就是资本主义土地所有权的基本特征。

由此看出，资本主义土地所有权的垄断，产生了资本主义地租，或者说资本主义地租是资本主义土地所有权在经济上的实现形式。

3. 资本主义地租的本质和特征

马克思指出，地租是以土地所有权为前提的，不同形式的地租必然体现不同的经济关系。资本主义地租体现了农业中资本主义的生产关系。在农业中，存在“三个并存的而又相互对立的阶级——雇佣工人、产业资本家、土地所有者。”（25.698）农业雇佣工人是实际耕种土地的劳动者，也是剩余价值的创造者。他们创造的剩余价值，一部分被农业资本家以平均利润形式占为己有，而超过平均利润的部分，则被农业资本家作为租用土地的报酬，以地租的形式交纳给土地所有者。可见，地租体现了土地所有者和产业资本共同剥削农业雇佣工人的关系。这是资本主义地租的本质。

由于土地所有权性质的不同，土地所有者获取地租的方式、数量也必然不同。封建地主获取地租，除了凭借土地所有权外，还要依靠“超经济的强制”，强行掠夺农民各种剩余劳动产品；而资本主义土地所有者只能依靠土地所有权，按照纯粹的经济契约来获得地租。地租的数量不再是农民全部剩余劳动产品或部分必要劳动产品，而是农业工人创造的剩余价值的一部分，即超过平均利润的部分。所以，马克思说：“现代意义上的地租，……是超过平均利润即超过每个资本在社会总资本所生产的剩余价值中所占的比例部分而形成的余额。”（25.882）

4. 地租与租金的区别

农业资本家支付给土地所有者的地租，并不是纯粹意义上的地租，而是租金。租金除了包括地租外，还包括其他的成分，如土地上建筑物的利息等。为了准确地考察资本主义地租，必须严格地区分地租和租金。

第一，土地资本的利息和折旧。为了耕种和改良土地而投入的固定资本，一经投入，就与土地合并在一起，所以，马克思称其为“土地资本”。这部分资本是由租地农业资本家投资的，但租约期一到，尚未收回的各种投资，就全部归土地所有者拥有。当重新签订租约时，土地所有者就会把这部分资本的利息和折旧加到地租中去，导致地租和土地价格的上涨。这样，土地所有者不费任何代价就将社会发展的成果，窃为己有。这就是土地所有者随着农业经济的发展而日益富裕的秘密之一，但同时也是农业合理发展的最大障碍之一，“因为租地农场主避免进行一切不能期望在自己的周期内完全收回的改良和支出。”（25.699－700）这种现象反映出土地所有者与农业资本家之间的深刻矛盾：土地所有者为了占有农业资本家的投资，总是企图缩短租期，而农业资本家则总是力图避免在租期内无法收回的长期投资，并采取各种办法掠夺土地的肥力。这种状况严重地阻碍了农业的发展。

第二，平均利润和工资的部分扣除。“在租金里面，还可能有一部分，在一定场合，……是平均利润的扣除，或正常工资的扣除，或同时是这二者的扣除。”（25.705）在资本主义农业中，“一定数量的小资本家，他们由教育、教养、传统、竞争以及其他条件所决定，不得不作为租地农民把自己的资本投到农业上，他们被迫满足于平均利润以下的利润，并把其中一部分以地租形式交给土地所有者。”（25.706）与此同时，由于劳动力相对过剩，“真正农业工人的工资被压低到它的正常平均水平以下，以致工资的一部分由工人的手中扣除下来，变为租金的一个部分，”（25.707）由农业资本家转交给土地所有者。

上述情况表明，租金和纯粹的地租不仅在本质上有区别，在量上也不同，正确区分二者之间的差别，有助于把握资本主义地租的本质。

（二）资本主义的级差地租

资本主义地租有两种主要形式：级差地租和绝对地租。从第 38 章至第 44 章，马克思考察了级差地租的形成、特征和形式。

1. 级差地租的形成和特征

级差地租是等量资本投在等面积的土地上所产生的不同生产率形成的，是由个别生产价格与社会生产价格的差额构成的超额利润转化的地租形式。

①级差地租的形成条件和原因。

马克思认为在分析级差地租时，首先要假定农产品和矿山产品，像其他一切商品一样，是按照生产价格出售的。生产价格等于成本价格加平均利润。农业资本家投资农业必须获得平均利润，否则，他就不投资农业了。因此，级差地租的利润只能来自超过平均利润的超额利润。

这种超额利润与特别有利生产条件及其经营垄断有关。首先，由于土地的自然力是有差别的，等量资本投在不同等级、面积相等的土地上，生产农产品的产量必然不同，单位产品的成本价格也不相同。假定有优、中、劣三个等级的土地，其中劣等地生产条件占大量，社会生产价格由劣等地生产价格来调节，平均利润率为 15%，生产价格＝100＋15＝115，中等地的成本价格为 90，生产价格＝90＋90×15%＝103.5，优等地成本价格为 80，生产价格＝80＋80×15%＝92，但它们都以 115 元的价格出售，优等地获得超额利润23元，中等地获11.5元。可见，特别有利的生产条件，是形成超额利润的自然基础。其次，由于特别有利的生产条件是有限的，“在自然界只存在某些地方。……它是不能由一定的投资创造出来的。”（25.727）因此，占有这种生产条件的资本家，就可以长久地获得超额利润。这种超额利润构成了级差地租的实体。所以，农业资本家对土地经营权垄断是级差地租产生的原因。

由于特别有利的生产条件是被土地所有者拥有的，农业资本家要使用这种生产条件，就必须把超额利润交给土地所有者，否则，土地所有者将不允许其使用它。正如马克思所说：“土地所有权并不创造那个转化为超额利润的价值部分，而只是使土地所有者，……有可能把这个超额利润从工厂主的口袋里拿过来装进自己的口袋。它不是使这个超额利润创造出来的原因，而是使它转化为地租形式的原因。”（25.728）所以，资本主义土地所有权，是使超额利润转化为级差地租的原因。

②级差地租具有如下基本特征。

第一，级差地租是以生产价格的存在为前提的，与自然条件的等级相联系。它来自垄断着有利生产条件的个别资本的个别生产价格与该部门社会生产价格之间的差额。

第二，级差地租总是与较高生产率相联系。构成级差地租实体的超额利润，不是由资本所支配的劳动生产力的绝对增长而产生的，而是由于垄断着有利自然条件的个别资本，同那些没有可能使用这种自然条件的资本相比，相对来说具有较高生产率而产生的，这就是说，级差地租是土地经营权垄断的结果。

第三，自然力不是超额利润的源泉，只是超额利润形成的自然基础。良好的自然条件可以使劳动提高效率，但是它本身并不创造价值和剩余价值。构成级差地租实体的超额利润，只能来自农业雇佣工人的剩余劳动。

第四，土地所有权是超额利润转化为级差地租的原因。土地所有权与超额利润的形成没有任何关系。但土地所有权的存在，使这部分超额利润从农业资本家手中，转移给土地所有者。因此，土地所有权是超额利润转化为级差地租的原因。

第五，地租的存在产生了土地价格。土地价格是一个不合理的范畴。这是因为土地不是劳动产品，本身没有价值，因而不应有价格。但是，由于土地所有者凭借土地所有权，每年可以获得一定量的地租，所以土地就有了价格。土地价格是资本化的地租。

2. 级差地租的形式

级差地租可以分为两种形式，即级差地租Ⅰ和级差地租Ⅱ。

级差地租Ⅰ是等量资本投在等量土地上，由于土地肥力和距离市场位置的不同，具有不同的生产率而形成的地租。

土地肥力和土地位置的差别，是导致同量资本具有不同生产率的主要因素，也是形成级差地租Ⅰ的条件。

土地肥力首先是指自然肥力。自然肥力的差别是由表层土壤的化学结构形成的。但除了自然肥力外，还有人工肥力。自然肥力能被开发和利用多少，取决于农业化学和农业机械的发展，所以，土地的有效肥力，不单纯由自然肥力决定，还与农业生产力的水平直接相关。

土地位置对农业生产也有重要的影响。经营离市场近的土地比经营离市场远的土地，所需的流通费用要少，农产品成本要低。马克思说，土地位置对于新开垦的殖民地来说，是一个决定性的因素，它总是最先开垦沿海和城市周围的土地，而后才向远离市场的内地发展。然而，土地位置的好坏是相对的，它会随着交通运输水平的提高和新经济中心的形成，发生根本的改变。原来位置差的土地，会变为位置好的土地，土地位置上的差别在缩小。

土地“肥力和位置，可以发生相反的作用。一块土地可能位置很好，但肥力很差；或者情况相反。”（25.733）这种情况说明，在土地的开发和利用中，土地肥力和位置会随经济发展的要求而变化，既可能是先开发和利用肥沃的土地，也可能是先开发离市场近，但肥力较差的土地，这要视土地的用途而定。

下面举例说明级差地租Ⅰ的形成。假定三个农业资本家分别租种优等、中等、劣等三块面积相等的土地，都投入400元资本，生产的农产品分别为500公斤、400公斤和300公斤。如果假定平均利润率为20%，这样，三个农业资本家都得到80元的平均利润，但每公斤农产品的生产价格却分别为0.96元、1.2元和1.6元。由于资本主义土地经营权的垄断，农产品的社会生产价格只能由劣等地的个别生产价格来调节，即每公斤1.6元。按照这个价格出售，耕种优等地的农业资本家每公斤农产品可获得超额利润0.64元，500公斤共获得320元，中等地每公斤获得超额利润0.24元，400公斤共获得96元。这些超额利润就形成了级差地租Ⅰ。

以上分析，是以土地存在肥力差别为例的，同样土地位置差别也能形成级差地租Ⅰ。凡是距离市场近的土地，流通费用就少，反之，流通费用就大。因此，农产品的社会生产价格必然由距离市场最远的土地的个别生产价格来调节，经营距离市场近的土地的农业资本家就能获得超额利润，进而形成级差地租Ⅰ。

级差地租Ⅱ是在同一块土地上，连续投入等量资本产生不同的生产率形成的地租。由于农产品的生产价格由劣等地来调节，只要在同一块土地上连续投资所产生的生产率，高于劣等地的生产率，所生产的农产品生产价格低于劣等地的生产价格，就可以产生级差地租Ⅱ。

但不能因此认为，劣等地没有级差地租Ⅱ，实际上劣等地也有级差地租Ⅱ。因为级差地租Ⅱ是由于在同一块土地连续投入同量资本，而导致的不同生产率所形成的地租，那么，只要在劣等地上连续投资，也会产生不同的生产率，从而形成级差地租Ⅱ。例如：

当在劣等地上追加等量投资所产生的生产率高于初始投资的生产率时，农产品的生产价格必然低于初始投资农产品的生产价格，因而，产生了超额利润，形成级差地租Ⅱ。

当在劣等地上追加等量投资所产生的生产率低于初始投资的生产率时，农产品的社会生产价格就会下调，改由追加投资所生产的农产品的生产价格来调节，初始投资产生了超额利润，从而形成了级差地租Ⅱ。

级差地租Ⅰ与级差地租Ⅱ之间既存在联系，又存在区别。首先，级差地租Ⅰ和级差地租Ⅱ的实体——超额利润的形成是没有差别的，都是等量资本投在土地上产生不同生产率的结果。投在不同的土地上产生不同的生产率，形成级差地租Ⅰ；连续投在同一块土地上产生不同的生产率，形成级差地租Ⅱ。其次，级差地租Ⅰ是级差地租Ⅱ的基础和出发点。从资本主义农业发展的历史来看，只有在肥力和位置不同的各级土地同时并列耕种的基础上，也就是在级差地租Ⅰ的基础上，才会产生级差地租Ⅱ。最后，级差地租Ⅱ是级差地租Ⅰ的发展形式。级差地租Ⅰ与土地肥力和位置的差别相联系，级差地租Ⅱ除了与土地肥力和位置相联系外，还同各个资本家拥有的资本量相联系。资本量的大小，对于级差地租Ⅱ的形成有重要作用。由于农业与工业不同，农产品价格不是由中等地生产条件来调节，而是由劣等地生产条件来决定，因此，资本不需要达到“平均资本量”，而只要到达“最低资本量”，就可以获得平均利润，如果高于“最低资本量”，就可以取得超额利润，并转化为级差地租Ⅱ。

(三）资本主义的绝对地租

绝对地租是资本主义地租的另一种基本形式。它是由土地所有权的垄断直接产生的、一切租用土地都必须支付的地租。

1. 绝对地租产生的原因

在前面分析级差地租时，曾假定劣等地不支付地租。实际上，只要土地属于土地所有者，不论好地坏地，农业资本家都必须支付地租，否则，土地所有者将不允许耕种。这样，劣等地的农产品的价格只有上涨到既为农业资本家提供平均利润，又能产生一个超额利润为土地所有者提供地租的时候，农业资本家才会耕种劣等地。由此可见，“土地所有权就是引起这个价格上涨的原因。土地所有权本身已经产生地租。”（25.851）

值得注意的是，单纯法律上的土地所有权，并不会为土地所有者带来任何地租。土地不出租，土地所有者就没有任何收益，在经济上就没有任何价值。只有土地所有者与租地农业资本家之间建立了一定的经济关系后，土地所有权通过收取地租体现出它经济上的价值。土地所有权垄断是绝对地租产生的原因。

2. 绝对地租形成的条件

绝对地租是农产品价格高于社会生产价格所形成的超额利润。那么能否说，形成绝对地租的超额利润来自高于农产品价值的垄断价格？实际并非如此，农产品高于社会生产价格出售，并不一定高于它的价值。因为一种商品的生产价格是高于、等于或低于它的价值，取决于资本有机构成。如果一个生产部门的资本有机构成高于社会平均资本构成，它的产品生产价格必然高于产品的价值。反之，则相反。只有生产部门的资本有机构成恰好等于社会平均构成，它的产品生产价格才会等于产品的价值。

从资本主义历史来看，农业发展落后于工业，因而，农业资本有机构成低于工业资本有机构成。在这个条件下，“农业上一定量的资本，同有社会平均构成的同等数量的资本相比，会生产较多的剩余价值，”（25.857）农产品的价值必然会高于它的生产价格，农业资本家才能以高于生产价格，同时又不超过价值的价格出售农产品，从而获得超额利润。可见，农业资本有机构成低于社会资本有机构成，是绝对地租形成的条件。

但这只能说明，农业中存在一个可以形成绝对地租的超额利润，还不足以证明绝对地租的存在。因为在工业中也存在这样的超额利润，但并没有使拥有先进生产条件的资本家获得一个长期的、稳定的超额利润。因为在工业中资本的自由竞争和利润的平均化，使这种超额利润存在的时间是暂时的，形不成稳定的收入，工业品的总价值与总生产价格是一致的。农业中情况则不同，土地所有权垄断限制了资本的自由投入，阻碍了农业利润在各个部门之间的平均化，使这种来自农产品价值与生产价格差额的超额利润，成为了农业资本家的稳定的、长期的收入，进而形成了绝对地租。当然，随着科学技术的进步，农业资本有机构成将会等于或高于社会资本平均构成，农产品的价值可能不再超过生产价格，这时，上述意义的绝对地租就会消失。但是，只要土地所有权还存在，租种土地需要交纳绝对地租，就会形成另外一种意义的绝对地租。

（四）非农业用地地租和土地价格

非农业用地地租主要包括建筑地段地租和矿山地租。由于土地所有权的存在，租用任何土地，无论是用于经营农业，或是建造房屋，还是开采矿藏，都必须支付地租。非农业用地地租也分为级差地租和绝对地租。

1. 建筑地段地租

建筑地段的地租，是资本家为了修建各种建筑物，向土地所有者租用土地而交纳的地租。建筑地段地租的基础和一切农业用地地租的基础一样，是由真正的农业地租调节的。但是，与农业地租相比，它又具有一些突出的特点：

第一，位置对级差地租具有决定性的影响。位置好的地段，如都市的繁华区，靠近车站、港口等地区的土地，比远离这些地区的土地的地租要高很多倍。

第二，垄断价格在许多情况下，占有明显优势。如拥有温泉、瀑布、可观赏云雾等特殊地段，其可以提供特殊产品和服务的价格是垄断价格，形成垄断地租。这种地租往往把劳动者工资很大一部分吞吃掉。

建筑地段地租会随着经济的发展，有提高的趋势。主要原因是：

随着人口的增长，对住宅的需求会增加，地租会提高；随着投资的增加，土地上的建筑物会越来越多，“土地资本”的利息和折旧也会随之增长，从而使租金提高；土地投机也会使土地所有者任意地提高地租。在繁华的大城市中，建筑投机的对象是地租不是房屋，投机者不过是通过建造房屋在地租的上涨中发财而已。

2. 矿山地租

矿山地租是资本家为向土地所有者租用矿山而支付的地租。矿山地租的决定方法，和农业地租是完全一样的。它也包括地租的各种形式。

矿山级差地租。由于各个矿山的蕴藏丰度不同，距离市场和交通枢纽的远近不同，矿产品的个别生产价格也不同，但社会生产价格仍由劣等矿的生产价格调节，因而，经营富矿或中等矿的资本家就可以得到超额利润，从而形成级差地租。

矿山绝对地租。在采矿业中，由于不需要购买原料，减少了不变资本的支出，资本有机构成通常低于工业资本有机构成，从而使矿产品的价值高于生产价格，在存在土地所有权的条件下，矿产品也会以高于生产价格的价格出售，进而形成绝对地租。

矿山垄断地租，某些稀有矿产品，由于供不应求，可以按照垄断价格出售，形成了垄断地租。

3. 真正的垄断地租

所谓真正的垄断地租是指垄断特殊自然条件而形成的地租。例如用一种泉水酿造的白酒，味道特别好，由于泉水有限，导致这种白酒极为稀缺，故而就可以按照垄断价格出售，获得超额利润。由于这块拥有泉水的土地属于土地所有者，所以，资本家必须将这部分超额利润交给土地所有者，形成垄断地租。

4. 土地价格

在论述级差地租的特征时曾指出，土地价格是资本化的地租。它实际上是用利息率计算的地租的购买价格，由地租量和利息率的高低决定。其计算公式是：

$$土地价格=\frac{地租额}{利息率}$$

土地价格虽然是一个不合理的范畴，但它却体现着一定的生产关系。这是因为，土地所有权的垄断，使土地所有者获得了稳定的地租收入，如果出售土地，就意味着转让了获得地租的权利，因而必然要索取相应的报酬，这个报酬就是土地价格；而对于购买土地的货币所有者来说，必然要比较购买土地获得的地租收入与货币资本存在银行的利息收入，而后决定是否购买。显然，把土地价格作为出售土地的资本化收入，具有其客观必然性。

土地价格的变动，主要受地租数量、利息率、土地资本的利息和折旧以及土地供求状况等因素的影响：首先，在其他因素不变的条件下，土地价格的高低与地租额的大小成正比；与利息率的高低成反比。其次，由于土地资本的利息和折旧增加，会使租金增加，从而引发土地价格的上涨。实际上，影响土地价格的地租，既包括真正的地租，也包括土地资本的利息和折旧的租金，从这种意义上也可以说，土地价格是土地租金的资本化。最后，土地供求关系对土地价格的高低也有重要影响。随着经济发展，土地价格会呈现上涨趋势。总而言之，土地价格的变动是多种因素共同作用的结果。

/// 第四章读书难点解释 ///

（一）什么是虚假的社会价值

“虚假的社会价值”是马克思在本篇中提出的概念。所谓虚假的社会价值，是指农产品的个别生产价格与社会生产价格之间的差额，它反映了价值决定中的一种特殊情况。

1．“虚假的社会价值”的成因

为了说明这个问题，见下表：

土地等级	产品（担）	每担的社会生产价格（元）	每担的个别生产价格（元）	全部产品的社会生产价格（元）	全部产品的个别生产价格（元）
A	1	60	60	60	60
B	2	60	30	120	60
C	3	60	20	180	60
D	4	60	10	240	60
合计	10	60	24	600	240

从表中可以看到，10 担小麦的个别生产价格是 240 元，每担小麦的平均生产价格是 24 元，但每担小麦要按照 60 元的社会生产价格出售，10 担小麦的社会生产价格则是 600 元，比全部产品的个别生产价格（240 元）高出 360 元。这个 360 元的差额，被马克思称为“虚假的社会价值”，它构成资本主义级差地租。

农业中存在“虚假的社会价值”，是价值规律在资本主义生产方式下发生作用的必然结果。在资本主义社会里，由于优等地或中等地是有限的，这些土地一旦被某些农业资本家垄断经营，其他的资本就无法自由地投入，从而使超额利润凝固化。当优等地和中等地生产的农产品不能满足社会的需要时，劣等地也会被耕种，而耕种劣等地的资本家同样要求获得平均利润，这就使农产品的社会生产价格由劣等地的个别生产价格来决定。各级土地的农产品都按照社会生产价格出售，便产生了个别生产价格和社会生产价格之间的差额，形成了“虚假的社会价值”。可见，“虚假的社会价值”与农业中资本主义经营垄断有直接的关系。

2.“虚假的社会价值”的含义

马克思之所以把农产品个别生产价格与社会生产价格的差额，称作“虚假的社会价值”是因为它具有两个方面的“虚假性”：

第一，虚假地反映了农业劳动生产率的提高。通常超额利润总是与劳动生产率的提高相联系的。个别资本家通过改进技术、提高劳动技能，使商品的个别生产价格低于社会生产价格，才能获得超额利润。但农业中的超额利润却不同，它不是通过改进技术、提高劳动生产率，降低商品的个别生产价格，而是通过降低劳动生产率、提高社会生产价格而获得的。正如马克思所说：“在工业中，超额利润的获得通常是由于产品变得便宜，在农业中，地租的相对量的产生则不仅由于产品相对变贵，并且由于便宜产品按较贵产品的生产费用出卖。”① 所以，农业超额利润虚假地反映农业劳动生产率的提高。

第二，虚假地反映了实际耗费的社会劳动量。本来 10 担小麦按照实际社会劳动耗费，应支付 240 元，但由于资本主义经营垄断和价值规律的作用，实际支付了 600 元，消费者多支付 360 元。这 360 元，构成了土地所有者的级差地租。在这里，较少的实际消耗社会劳动量，在价值关系中被还原成较多的社会劳动量，于是在形式上出现了一个经常存在的虚数。从这个意义上说，农业超额利润虚假的反映了社会劳动的耗费。

那么工业中是否也存在“虚假的社会价值”？不存在。这是由于，工业品的社会生产价格一般是由中等生产条件下生产产品的个别生产价格来调节，个别优等企业会因它的生产价格低于社会生产价格，而获得超额利润，但这只是暂时的，不固定的。随着大多数企业改进技术，提高劳动生产率，社会生产价格就会变化，超额利润也会随之消失。

3.“虚假的社会价值”的实质及历史性

“虚假的社会价值”是农产品社会生产价格的一部分。它的形成并不违反价值规律。这是因为农产品的社会生产价格，是由劣等地的生产价格来调节。这样，优等地和中等地生产农产品实际消耗的劳动时间虽然少于社会必要劳动时间，但由于商品社会价值的同一性，所以，这个少量劳动时间，就被还原为多量的社会必要劳动时间。这种“生产力特别高的劳动起了自乘的劳动的作用，或者说，在同样的时间内，它所创造的价值比同种社会平均劳动要多。”（23.354）可见，“虚假的社会价值”不是虚构的东西，它既不是从其他生产部门转移来的，也不是对消费者的“剥夺”，

① 《马克思恩格斯全集》第 26 卷Ⅱ，人民出版社 1974 年版，第 7 页。

而是农业中“生产力特别高的劳动”创造的，它是价值规律发挥作用的必然结果。

“虚假的社会价值”是商品经济的特有产物，它将与之共存亡。当共产主义代替了资本主义，土地归全社会所有，商品经济也随之消亡后，农产品的个别劳动时间将直接等同于社会必要劳动时间，这时“虚假的社会价值”就会消失。所以，“虚假的社会价值”是一个历史范畴。

（二）如何理解社会必要劳动时间的两重含义

如何理解社会必要劳动时间的两重含义，我国学术界有过几次较大范围的讨论。然而至今难达成共识。这里拟结合当前实际重提此问题的意义，对不同观点、特别是20世纪90年代讨论中提出的观点，加以归结。

1. 马克思关于社会必要劳动时间的主要论述

为便于下面的说明，这里首先选录马克思关于社会必要劳动时间的几段重要论述。

“社会必要劳动时间是在现有的社会正常的生产条件下，在社会平均的劳动熟练程度和劳动强度下制造某种使用价值所需要的劳动时间。”这种“生产使用价值的社会必要劳动时间，决定该使用价值的价值量。”（23.52）这是人们所谓的社会必要劳动时间第一重含义的主要论述。

“事实上价值规律所影响的不是个别商品或物品，而总是各个特殊的因分工而互相独立的社会领域的总产品；因此，不仅在每个商品上只使用必要的劳动时间，而且在社会总劳动时间中，也只把必要的比例量使用在不同类的商品上。这是因为条件仍然是使用价值。但是，如果说个别商品的使用价值取决于该商品是否满足一种需要，那么，社会产品总量的使用价值就取决于这个总量是否适合于社会对每种特殊产品的特定数量的需要，从而劳动是否根据这种特定数量的社会需要按比例地分配在不同的生产领域。……在这里，社会需要，即社会规模的使用价值，对于社会总劳动时间分别用在各个特殊生产领域的份额来说，是有决定意义的。……社会劳动时间可分别用在各个特殊生产领域的份额的这个数量界限，不过是整个价值规律进一步发展的表现，虽然必要劳动时间在这里包含着另一种意义。为了满足社会需要，只有这样多的劳动时间才是必要的。”（25.716－717）这是人们所谓的社会必要劳动时间第二重含义的主要论述。

“如果某种商品的产量超过了当时社会的需要，社会劳动时间的一部分就浪费掉了，这时，这个商品量在市场上代表的社会劳动量就比它实际包含的社会劳动量小得多。”（25.209）这是一些同志认为社会必要劳动时间第二重含义不决定价值、只实现价值的主要理论依据。

2. 当前讨论该问题的意义及对以往争论的回顾

据有同志统计，自1956年起，在全国有较大影响的书刊上，至少有50多篇论文的作者，阐述了对这一问题的看法。[①] 当前重提这一问题，一是因为对它的理解，涉及能否坚持马克思的劳动价值论，所以争论的双方都认为这是“事关政治方向、事关重大原则”的问题；二是有同志认为，讨论清楚这一问题，具有重要的实践意义。简言之，“两种理解，两种理论为企业的经营管理、为国家政府的宏观调控、为整个社会的产业结构调整和资源的合理配置，提供了完全不同的指导思想，起着完全不同的作用，是使理论停留在‘实验室’，变成教条，还是走向大千世界成为指导实践的方向盘的原则问题”。[②]

在我国经济学界已持续了近半个世纪的争论，从大的方面来划分，可分为两类意见：一类认为，“只存在一种含义（而不存在两种含义）”、“所谓第二种含义的社会必要劳动时间，也就是所谓第一种含义的社会必要劳动时间。两者同一含义，都是指在现有的社会平均生产条件下，某种商品的生产与社会需求总量一致时生产商品的社会必要劳动时间。因此，不是‘两种含义的社会必要劳动时间共同决定商品价值’，而只有一种含义的社会必要劳动时间决定商品价值。”[③] 另一类则认为，马克思的社会必要劳动时间是有两种含义的。但是，对这两种含义的社会必要劳动时间如何决定商品的价值，意见则大相径庭：针锋相对的两种主张是，价值只由第一种或只由第二种含义的社会必要劳动时间决定，即单一含义社会必要劳动时间决定价值；再就是，两种含义的社会必要劳动时间共同决定价值。

3. 20世纪90年代的探讨简述

20世纪90年代以来，经济学界在继续讨论上述问题的基础上，又进行了探讨，使一些认识得以深化，并提出了些新见解。

①关于单一含义社会必要劳动时间决定价值。

围绕单一含义决定价值，探讨得比较多的是第一种含义的社会必要劳动时间决定价值。持这种观点的学者认为，主张两种含义的社会必要劳动时间共同决定价值，必然使劳动价值论陷入二元论困境，并有沦为流通、供求决

① 参见姜启渭：《创造价值的社会必要劳动的两重含义的存在性》，《当代经济研究》1997.2。

② 参见姜启渭：《对长期争论难点、失误原因及问题的实践意义分析》，《当代经济研究》1997.4。

③ 参见宋则行：《对“两种含义的社会必要劳动时间”的再认识》，《当代经济研究》1996.5。

定论的危险。持此观点的学者中，对第二种含义对价值的影响，意见不尽相同，但多数人认为，第二种含义的社会必要劳动时间决定的，是商品价值实现的数量界限。

近年来主张第二种含义社会必要劳动时间决定价值的，似已不多见，但也有学者断言，社会必要劳动时间Ⅰ决定价值的观点是错误的，他们提出“标准劳动”的概念（所谓标准劳动是指以社会当期的合理需求为标准，社会生产某种商品而应当耗费的劳动），并认为，价值是由商品中所耗费的标准劳动决定的。无疑，这种观点与第二种含义社会必要劳动时间决定价值的观点是十分相近的。

②关于两种含义社会必要劳动时间共同决定价值。

90年代以来，不少学者认为，就价值形成机制而言，认定两种含义社会必要劳动时间共同决定价值，与马克思、恩格斯的论述是相符的。在当前的讨论中，出现了“统一说”的新观点。

持“统一说”学者的意见，大体分为以下几点：A. 第一种含义决定商品价值实体的形成，而第二种含义参与价值量的决定。前者是商品价值决定的客体因素，后者为其主体因素。在现实经济运行过程中，两种社会必要劳动时间是统一的，是经济生活的主客体历史运动的统一。B. 第二种含义的社会必要劳动量是通过第一种含义的社会必要劳动量来实现的；而后者又是以前者为前提的，因此，两种含义的社会必要劳动时间的规定本来就是统一的。C. 不仅两种含义的社会必要劳动时间可以统一，而且第一、二种含义社会必要劳动时间共同决定价值或分别决定价值的观点也可以统一：首先，如果把价值理解为调节价格运动的规律，那么，从完全竞争行业的长期均衡来看，价值是由两种含义的社会必要劳动时间共同决定的；其次，对于完全竞争的长期均衡条件下的单个生产者来说，其产品的价值直接表现为由必要劳动Ⅰ决定；最后，在短期内，市场价值即短期均衡价格可以看作是由必要劳动Ⅱ直接决定的。①

③关于社会必要劳动时间“四层含义”说。

还有学者提出由四层含义综合成社会必要劳动时间的观点：第一层，在舍象掉供求关系的直接生产过程中，指生产单位商品所耗费的劳动时间；第二层，加进供求关系，指社会总劳动中，按一定比例用来生产所需要的某种商品的总量，即这种商品的社会需要量所耗费的劳动时间；第三层，加进时

① 参见曹惠平、王健：《90年代劳动价值论研究述评》，《教学与研究》1996年第3期。

间概念，指再生产商品所耗费的社会必要劳动时间；第四层，加进空间概念，指国际平均社会必要劳动时间，即世界劳动的平均单位。由这四层含义综合成的社会必要劳动时间，才是决定商品价值的真正的社会必要劳动时间。①

④关于第二种社会必要劳动的讨论“天生无解”说。

有学者认为，马克思提出了“第二种含义的社会必要劳动时间”的概念，但却没有意识到这使他的理论体系遇到了一个严重的逻辑上的矛盾：即他在建立劳动价值论的时候，坚决地排斥“需求决定价值”的观点，而当他需要将“需求”引入理论来解释“社会生产的比例关系”问题的时候，实际上是在通过“第二种含义的社会必要劳动”的概念，又回到了“需求也决定价值”。该学者认为，其实马克思根本没有必要这样做，因为他已经有了自己的“交换价值理论”，从这一理论出发，劳动决定价值，需求决定使用价值，而价值与使用价值二者一起决定的是“价格”即交换价值，而不是决定价值本身——劳动价值论本身根本不需要混同于“需求决定价值”的理论，同时劳动价值论也完全可以同“价格也由需求决定”的价格理论并行不悖。该学者还认为，硬要在这一体系当中让需求“从后门进来”也决定价值，一定会发生不可解的逻辑矛盾。因此，对“第二种社会必要劳动”的讨论，“天生地”是难以获得真正的理论进展。②

4. 笔者的拙见

面对多种见解，笔者的倾向性意见是：商品的价值主要由第一重含义的社会必要劳动时间决定、由第二重含义的社会必要劳动时间实现；同时，因为作为第二重含义内在因素的供求关系，对商品价值具有间接决定作用，所以，从这个意义上说，第二重含义的社会必要劳动时间也间接决定价值。

笔者之所以持这一主张，首先是因为马克思对社会必要劳动时间是有两重含义的论述的。这两重含义在供求平衡时，便可统一起来决定并实现商品的价值。在供求不平衡时，作为人类劳动的凝结的价值，就要首先由“现有的社会正常的生产条件下，在社会平均的劳动熟练程度和劳动强度下制造某种使用价值所需要的劳动时间”（23.52）来决定；同时，由于商品是用来交换的劳动产品，所以它所包含的价值量的实现，还要受到社会需求的检验。如果供给大大超过了需求，“社会劳动时间的一部分就浪费掉了，这时，这个商品量在市场上代表的社会劳动量就比它实际包含的社会劳动量小得

① 参见曹惠平、王健：《90年代劳动价值论研究述评》，《教学与研究》1996年第3期。

② 参见樊钢：《“苏联范式”批判》，《经济研究》1995年第10期。

多。……因此，这些商品必然要低于它们的市场价值出售，其中一部分甚至会根本卖不出去”。(25.209) 可见，商品的价值是由生产过程决定、由流通过程实现的。不仅如此，“社会需要，即社会规模的使用价值，对于社会总劳动时间分别用在各个特殊生产领域的份额来说，是有决定意义的。”(25.716) 如果生产出来的商品超过它应有的份额，它所具有的一部分价值就得不到实现，这时“在最好条件下生产的商品”就会“调节市场价值”(25.199)，可见，社会需求影响由何种生产条件决定商品价值，从而，作为社会必要劳动时间第二重含义内在因素的供求，对商品价值的决定也发挥作用，但是，这是一种间接的决定作用，因为说到底，真正决定商品价值量大小的还是生产条件，价值要在生产过程中形成。

笔者之所以不赞成单一含义决定价值，或是因为马克思有两重含义的规定，因而不能说只有第一重含义决定价值；或是因为马克思认定供求不决定商品价值，因而不能说只有第二重含义决定价值；而之所以不赞成两种含义共同决定价值，是因为它在理论上不彻底：在共同决定中，有无主从、先后？如有，谁主谁从？谁先谁后？如果说第一种含义为主、在先，第二种含义的理论意义何在？如果说第二种含义为主、在先，如何才能不陷入“供求决定论”的泥潭？至于要从“交换价值”出发求解，笔者也不敢苟同，因为马克思早有明确论述：交换价值“不包含任何一个使用价值的原子”。(23.50) 因此，说“劳动决定价值，需求决定使用价值，而价值与使用价值二者一起决定的是‘价格’即交换价值，”是不能成立的，以此为理论出发点自然也难找出价值决定的新径。

两种含义社会必要劳动时间之争目前尚无一致的见解，争论还在继续。但愿学术界能够早日有个明确的“说法”。

二、理论热点问题探讨

我国农村土地制度改革思路评析与思考

马克思关于资本主义土地所有权和小土地所有权的论述，不仅对于当前我国农村土地制度改革具有指导意义，同时，也为研究农村土地制度改革提供了理论分析工具。

(一) 马克思关于土地所有权的主要思想

马克思在地租理论中用了不少的篇幅分析土地所有权一般及其各种形态

的特征及其历史作用，并深入揭示由此产生的各种地租形态及其演化规律。

（二）土地所有权与资本主义土地所有权

马克思指出不同形态的地租，都是以不同性质的土地所有权的存在为基础和前提。要研究农业中的经济利益关系，必须首先研究土地所有权。

马克思认为土地所有权是一种排他性的权利，是土地所有者对土地的支配、处置权、收益权。他明确指出："一些人垄断一定量的土地，把它作为排斥其他一切人的、服从自己个人意志的领域。"(25.625)资本主义土地所有权与其他形态的土地所有权相比，是一种纯粹的经济权利，即能够获取一定货币收入的权利。它的存在形态是两权分离，即土地所有者拥有所有权向租地资本家收取一定数量的货币地租，而租地资本家则在租约期内拥有土地经营权。

资本主义土地所有权有两个方面的历史作用："它一方面使农业由社会最不发达部分的单纯经验的和机械地沿袭下来的经营方法，在私有制条件下一般能够做到的范围内，转化为农艺学的自觉的科学的应用；它一方面使土地所有权从统治和从属的关系下完全解放出来，另一方面又使作为劳动条件的土地同土地所有权和土地所有者完全分离。"（25.696－697）简言之，马克思认为资本主义所有权"第一次使农业有可能按社会化的方式经营"，推动了农业的现代化，同时，也使土地所有权成为了纯粹的经济权利，使所有权与经营权相分离，从而推动了生产关系的变革。

（三）小土地所有权特点及其历史局限性

马克思在《资本论》第 3 卷第 47 章中，专门考察了小土地所有权的特征。他指出："在这里，农民同时就是他的土地的自由所有者，土地则是他的主要生产工具，是他的劳动和他的资本的不可缺少的活动场所。在这个形式下，不支付任何租金"。（25.906）简言之，这种小土地所有权鲜明特征就是土地所有权与经营权的统一。这种土地所有权"是农业本身发展的一个必要的过渡阶段。"（25.909）它的存在基础是："和城市人口相比，农村人口在数量上还占有巨大优势，因此，尽管资本主义生产方式一般已取得统治地位，但相对地说还不大发展，从而在其他生产部门内，资本的积累也是在狭小界限内进行的，资本的分散仍占优势。实际上，农产品的绝大部分，在这里必须作为直接的生活资料，由它的生产者即农民本人消费，并且只有除此以外的余额，才作为商品进入同城市的贸易。"（25.907）

小土地所有权虽然是农业发展的必经阶段，但是，它内生的缺陷和外在环境的严峻，使其日益衰落，将逐渐被现代土地所有权所替代。马克思对此进行了深刻的阐述。一是排斥先进技术的利用。"小块土地所有制按其性质来说就排斥社会生产力的发展、劳动的社会形式、资本的社会积累、大规模的畜牧和科学的不断扩大的应用。”(25.909—910)二是生产成本不断上升。“生产条件日趋恶化和生产资料日益昂贵是小块土地所有制的必然规律。对这种生产方式来说，好年成也是一种不幸”。(25.910)三是家庭手工业的破坏。“它的正常的补充物即农村家庭工业，由于大工业的发展而被破坏；处在这种耕作下的土地已经逐渐贫瘠和枯竭；公有地已经为大土地所有者霸占；种植园经济或资本主义经营的大农业加入了竞争。”(25.909—910)四是难以利用信用机制。“信用的一切规律并不适用于农民，因为这个规律要以生产者是资本家为前提。”(25.914)同时还要受高利贷的盘剥，促使其破产。“高利贷和税收制度必然会到处促使这种所有制没落。”(25.910)

马克思阐述的小土地所有权与我国目前农村土地所有权的情况不尽相同，我国不存在法律意义上农户土地所有权，集体是农地的法定所有者。但是，在实际经营活动中，由于农户拥有30年的经营权甚至更长，并且不交纳任何地租；再加之，国家实际上行使最终所有者的权利，如规定承包合同的年限及地租的交纳、土地的买卖等，集体所有已经名存实亡。农户除没有最终处置权外，拥有准所有权，这点与马克思分析的小土地所有权极为相似。同时，小土地所有权面临的经营困境，也与马克思的分析不尽相同。因此说，改革农地制度已势在必行了。

(四) 现有土地制度改革思路归结

在各地的实践中，人们提出了很多思路。依据改革的侧重点不同，大体可以分为三种：

思路一：完善土地经营权的改革思路。

持这种思路的人们主张，现存土地制度改革的重点在于完善农户土地经营权。为此，应进一步通过法律和政策，强化农户经营主体的地位；在维护土地公平分配原则的同时，有限度地按照效率原则配置土地，以改变土地细分化、规模不经济的状况；发育土地使用权市场，促进使用权和经营权的分离，推动土地使用权的流转。在实践中，该思路又可分为“政府模式”和“两田制模式”。所谓“政府模式”，是指贯彻和执行政府现行土地政策的模式。它主要体现在农民承包30年不变、“增人不增地、减人不减地”等政策上。所谓“两田制模式”，是指将农户土地经营权分解为“口粮田经营权”和“责任田经营权”两部分，“口粮田”按人头平均分配，以保证农民的生存需要；“责任田”按劳力或竞标分配，以提高土地规模效率。

思路二：再造土地制度的改革思路。

持这种思路的人们认为，土地集体所有制不是一个适应市场经济要求的土地制度。它既不能塑造出产权清晰、责权明确、行为合理，能够担负起土地保值增殖的市场主体，又不能刺激投入、促进流转、提高效率，故必须彻底抛弃，重新构建适应市场经济要求的土地制度。

这种思路在操作主张上，又可分为“国有个人制”模式和“国有租佃制”模式。所谓“国有个人制”，是将土地所有权分解为社会所有权和个人所有权两个部分，前者归国家拥有，后者由农户掌握，从而取消了农民集体所有权。这种制度，一方面确保了国家拥有从宏观上调控土地资源的开发和利用的权力，同时，它更是坚持农户为基本经营组织的制度安排。它以法律的形式赋予农户对土地拥有永佃权或所有权，农民可以自由地经营、出租、转让、入股甚至在国家政策允许的范围内出售土地，它实质上是一种“准私有制”。所谓“国有租佃制”，是将目前由农村集体所有的土地收归国有，由国家行使土地所有权。农民则向国家租佃土地，依法缴租纳税，形成国家所有、农民经营的制度。国家通过地租、地税等经济杠杆实现土地的高效经营。

思路三：变革集体土地所有权实现形式的思路。

主张这种思路的人们认为，现行土地制度的缺陷和负面效应，不是土地集体所有制本身所致，而是因现行改革重点出现偏差。所以，要调整改革思路，从探索集体土地所有权的实现形式入手，在兼顾公平与效率的同时，全面理顺土地所有权、经营权和使用权的关系，再造所有权主体和经营权主体，为培育土地市场奠定制度基础。在实践中，“土地股份合作制”是典型形式。所谓“土地股份合作制”，是以集体所有制为基础，利用股份制多层产权结构的特点，将土地分解为价值资产和实体资产，进而将土地所有权分解为土地股权、经营权和使用权，在“三权分离”的基础上，形成农民拥有土地资产的股权，集体经济组织掌握土地经营权、租佃农户或其他经济组织享有土地使用权的权力制衡关系，从而实现土地股份合作制与土地经营租佃制相结合的双层产权制度。

（五）各种改革思路的优势分析

上述三种思路各自有着自己的优势，它们分别表现在：

1. 第一种思路——完善土地经营权改革思路的优势

“政府模式”作为完善土地经营权改革思路的一种模式，其优势有三：一是它巩固了我国家庭经营的基本制度，适应了农民求稳怕变的思想，有助于激励农民长期投资和稳定生产，保证了政策的延续性；二是它在农民可接受的限度内调整承包政策，适度促进规模经营和土地流转，减少了社会的震荡；三是它通过权利的规范和分解，促进了农村土地市场的发育，因此可以推进市场化的进程。

作为完善土地经营权改革思路的“两田制模式”则有下述优越性：首先，它在一定程度上兼顾了公平和效率，实现了责任田的适度规模经营；其次，它实现了土地经营权和使用权的分离，理顺了土地使用者与土地经营者之间的关系，使集体收益与土地经营相结合，有效地提高了土地的利用效率；最后，它在一定程度上减缓了土地细分化的趋向，防止了小土地经营的凝固化。

2. 第二种思路——再造土地制度改革思路的优势

再造土地制度改革思路的出发点是原有的改革思路，未能以农民土地所有权为基础。“国有个人制”的提出正是从归还农民完整的产权入手，克服现有土地制度的内在缺陷，形成有效的利益激励机制和土地流转机制，以确保农民的合法权利的。“国有个人制”的设计就是要确立农民对土地拥有排他性的产权，使农户成为土地所有权主体。家庭承包制实行30多年来，农户实际上已经拥有了土地所有权。因此，实行这种制度是水到渠成，改革成本较低。

“国有租佃制”这种思路的提出主要基于如下考虑：一是土地是不可再生的稀缺资源，充分利用土地资源是土地制度的首要目标。实行土地国有制，既可以最大限度地激励农业经营者对土地资源的充分合理利用，又便于国家对土地资源的有效管理。二是可在制度上废除使用权的垄断，利用地租调节土地的流转，促进土地向种田能手集中，有利于农户的企业化经营。三是国家可不再利用工农业产品价格剪刀差间接收取地租，而直接向土地经营者收取地租，理顺了国家与农户之间的经济关系，并将地租作为农业发展基金，完善积累机制。四是可以割断农民与土地之间的财产关系，便于农民离土转业。

3. 第三种思路——变革土地集体所有权实现形式思路的优势

“土地股份合作制”思路在制度路径依赖、变迁成本以及实施效果等方面，具有明显的优势：一是公平与效率的有机结合。在我国土地制度变革中，公平是一个必须坚持的基本原则，而效率则是制度存在的基础和变革的最终目的，两者必须兼顾。“土地股份合作制”利用土地资产的双重化，即价值资产与实体资产的分解，实现了公平与效率的有机结合。在土地股权分配中保证结果平等，每个农户都可以获得一份股权，体现了公平的原则；而在土地实体资产经营中，实行土地规模经营，提高经济效益，充分体现效率原则。这样做，不仅能满足农民公平拥有财产的要求，又能实现追求效益最大化的动机，从而使公平嫁接在效率的基础上。二是激励与约束的有机结合。“土地股份合作制”是一个复合产权制度，不同产权主体都具有利益最大化的动机。如农民为了获得最大化的红利，必然关心集体财产的运营；经营者的利益、声誉与经营效果直接挂钩，必然精心经营土地资产；租佃农户或其他主体更是直接关心土地的投入产出效率，因而，形成了强劲的激励机制。与此同时，各个产权主体由于利益的驱动，必然相互制约，形成合理约束机制。农民作为股东要监督和约束经营者的行为，保障自己权益；而集体经济组织与租佃农户或其他经济组织则依据合同相互制约，因而形成了严格的约束机制。三是低成本与高效率的有机结合。制度变革总是用成本最低的制度代替成本过高的制度、总是选择成本最小的变迁路径。土地股份合作制既具有农民个人所有制的强力激励机制，又拥有国有制规模土地的配置效率，同时，还保留了集体所有制“统筹协调”的功能，制度运行效率较高。另外，土地股份合作制是一种制度的改良，并不损害原有经济主体的利益，酿成社会巨变，相反每个当事者都会因此获得更大的收益，必然得到各界的支持，变迁成本较低。四是制度的稳定性与超前性的有机结合。制度的稳定性是其提高效率的前提。土地股份合作制设计，考虑了制度的延续性，既保存了农户和集体组织的主体地位，实现了农民的土地所有权，又奠定了集体经济组织存在和作用的经济基础，可谓一举多得。制度的超前性又是制度稳定性的基础。土地股份合作制具有制度的超前性。土地股份合作制初步实现了对现有土地制度的“三化”改造，即农民所有权的股权化、集体经济组织的公司化、土地使用权的租佃化。这样有利于资源的合理流动和配置，为农村市场经济发展奠定了基础。农民所有权的股权化，有利于农民持股转移或是变现股权带产转移，避免了资本主义国家农民无产转移的历史悲剧。集体组织公司化，便于引进专业人才经营土地资产，提高资产运作效益。土地股份合作制与使用权租赁制相结合的产权制度，有利于促进土地股权市场和使用权市场的形成，便于土地价值资产的变现和保值增值，同时，也便于土地使用权的流转。

（六）各种改革思路的弊端研究

任何事物都具有两重性，我国农村土地制度改革思路也概莫能外，三种改革思路的弊端也是显而易见的。

1. 对完善土地经营权改革思路的弊端探究

毫无疑问，“政府模式”经过多年的贯彻和落实是取得了一定效果的。

但是，从总体上看，效果并不尽如人意。这主要表现在它在实践中暴露出的弊端：一是土地细分化趋势并没有被遏制，承包地频繁调整仍在继续。例如，很多地方的农民表示欢迎承包权 30 年不变，而不同意“增人不增地、减人不减地”。二是土地流转问题没有解决，农民不愿转包或放弃土地，粗放经营、撂荒弃耕现象时有发生，土地难于向种田大户集中。

“两田制模式”也具有一定的局限性和弊端：一是“两田制模式”没有真正解决公平与效率的矛盾。“两田制”虽然力图在保证公平的同时，兼顾效率，但没有找到两者的有机结合点。因为如果按人均分配口粮田，人口发生变化，就会调整口粮田的分配，要么使口粮田更加细分化，难以真正发挥保障作用；要么调整口粮田与责任田的比例，挤占责任田，从而缩小了土地的经营规模，牺牲了效率。如果口粮田分配稳定不变，又必然侵蚀部分农民的权利，遭到农民的反对。二是“两田制”也没有解决集体组织、农户之间的权利分割问题。实行“两田制”强化了集体组织配置土地的权利，弱化了农民的经营权。在农民无法干预和监督集体组织决策、分享土地收益的情况下，集体组织重新有偿分配承包土地，可能演变为变相加重农民负担、侵蚀农民权利的行为，从而影响农民生产的积极性。三是“两田制”的实行，需要非农产业的发展，在当前非农产业不发达的情况下，它的实施肯定会受到局限。

2. 对再造土地制度改革思路的弊端探究

主张“国有个人制”的人们或许没有注意到，“国有个人制”实际上否定了公有制与市场经济结合的可能性，陷入只有“私有制”才能发展市场经济的误区。虽然这个思路也考虑了制度变迁的路径依赖、实施成本等问题，但却忽略了人地矛盾紧张这个基本国情，缺乏可操作性。这表现在：一是土地“私有制”并不一定促进土地流转和提高土地效率。在人地矛盾紧张的环境中，土地“私有化”将强化土地的保障和保值等功能，阻碍土地的流转，使规模经营更加困难重重。仅以日本为例，1975 年以来，政府虽然采取多种措施鼓励土地买卖，但只发生 1000 起；法国政府推行了 40 多年的老农退休政策，才使农场规模有了一定的扩大。事实说明，私有制并不能促进土地流转和规模经营。另外，小规模农业也为农户兼业经营创造了条件。农户兼业经营的结果，必然是土地经营粗放化，利用效率大大降低。二是我国不具备地租归农户所有的条件。目前，大部分地租不是以租税等形式转入国家财政手中，而是以剪刀差的形式获得，如果实施土地“私有制”，地租理所当然归农户所有，这将导致国家财政剧减，现有财力承受不了，同时地租进入农产品价格，必然推起价格上涨，会使城乡居民难以承受。三是思路设计虽然考虑到土地“私有制”的缺陷，保留了国家在国土整治、规划、配置方面的权力，构造国家所有权与农民个人所有权相结合的制度安排，但实施中却会陷入两难境地。这是因为，如果国家经常行使社会所有权，就意味对农民土地所有权的侵蚀或剥夺，农民必然会产生不安全感，又出现行为短期化；而如果国家不行使社会所有权，就无法克服小土地“私有制”的缺陷；尤其是，国家与农民土地所有权的边界、行使的条件等，很难科学地界定。这样，难免发生侵权行为，导致负面效应，从而使“国有个人制”思路失去了原有的意义。

“国有租佃制”思路在理论上和实践中都存在一些无法克服的缺陷：

第一，国家采取什么方式获得集体的土地所有权是实施国有化的关键。如果采取“没收”的方式，即意味着对农民集体所有权的无偿剥夺，必然遭到农民的反对。因为，集体化虽然割断农民个人与土地之间的财产关系，但农民集体与土地之间的财产关系是明确的，不同集体间的财产边界是清晰的，土地的占有和利益的分享是排他性，所不同的是土地使用权垄断由农户转移到农民集体，所不明确的只是哪个集体组织有权行使土地所有权。总之，无论土地是农民个体的，还是农民集体的，这一点在实施国有化中并不重要，而土地是农民的却不能忽视。否则，将会引起社会动荡。如果采取购买方式，国家是否拥有足够的资金？即便国家有能力购买这些土地，因为这种购买是一种强制性的、非市场化的行为，仍是一种变相的剥夺。因此，这种设计是否具有可操作性值得怀疑。

第二，土地国有化意味着绝对地租和级差地租Ⅰ都要由集体拥有转为国家享有，在工农产品价格剪刀差较大的条件下，必然分流了农民的部分经济利益，它会极大挫伤农民经营土地的积极性。

第三，谁来行使土地所有权并负责土地的租赁活动？从目前来看，只有两种选择，即由村级行政组织代行国家所有者职能或者重新构建土地所有权代理机构，具体负责土地租赁和经营。而这两种选择都不理想。如果从降低制度变迁成本的角度看，由现有的村级行政机构代理国家所有权职能，最为便捷，但是这与当前土地集体所有制又有何本质上的区别？如果将国家土地管理职能与土地所有者职能分离开来，重新构建所有权行使机构，不仅改革费用大，而且这些部门是否真正能像土地所有者那样关心土地使用效率，是否会比集体经济组织经营的更好，都不得而知。退一步说，土地国有制即使没有制度上的种种缺陷，实施起来也会大打折扣。因为在农村非农产业不发达，农业剩余劳动力不能大量离土的条件，即便实行了土地国有制，土地规模经营仍难以实现。特别是，虽然国有制保证了农户拥有平等租佃土地的权力，克服了农民成员经营权的垄断性，但在实际操作中，能否真正做到不考虑社区、不考虑职业、不考虑地域、不考虑社区稳定，单纯按照效率进行租佃，都是值得怀疑的。而如果不能做到这些，土地国有制所拥有的制度优势也只是纸上谈兵而已。

（七）对变革土地集体所有权实现形式思路的弊端探究

从各地“土地股份合作制”的推广来看，主要问题是操作中的问题，它们构成了实施这一思路的障碍。而操作层面的问题又可分为两大类：一类是该在何时启动“土地股份合作制”的改革？从一定意义上可以说，土地制度变革成功的关键不仅在于选择一个完美的目标模式，而且在于准确地把握启动制度变革的时机，任何不合时宜、不具备条件的制度变革都会走向失败；另一类是改制过程中的具体操作会涉及到的问题，它包括：首先，农民股权的界定和分配问题。如：以什么时期的农民承包权作为折股的基期？这直接涉及农民股权的多少。又如：股权分配是一次性完成，还是要根据农民的数量变化来调整？这涉及到一些已经农转非的农民的股权是否该收回的问题。其次，农民股权的法律效力问题。目前农民拥有的股权实际上是既不受法律承认，也不受法律保护的，所以，农民无法运作这一权力，如向银行抵押贷款或到产权市场变现。这些问题直接涉及到农民的既得利益与切身利益。

三、几点思考

（一）必须高度重视我国土地所有权的特殊意义

分析上述几种改革思路就会发现，它们之所以存在这样、那样的弊端，归根结底是与我国现行土地所有权的存在形式——集体土地的共享所有权、与我国农村的现行政策有关。例如，“政府模式”之所以不能遏制土地细分化趋势及解决土地流转等问题，就是因为现行政策存在的缺陷：它没有满足农民对土地所有权的要求。而土地所有权在现阶段的我国，对农民具有不同于其他国家农民的特殊意义，这一点应引起我们的高度重视，成为我们思考土地制度再次改革的出发点。

我们必须看到，随着经济发展，在我国，土地不再仅仅是农民的生产资料，而更是关系到农民生老病死的“社会保障”。因此，农民必然不再满足只拥有土地经营权，更要求拥有土地所有权。由于我国土地所有权是一种集体共享权，无法直接分割，所以，农民本能地要求探寻一种实现形式来体现他们的所有权。在没有找到其他形式之前，平均分配的土地经营权就是农民拥有所有权的唯一体现，放弃了土地经营权，就意味着无偿地放弃了“天赋”所有权。这就是为什么很多农民宁愿粗放经营甚至弃耕、撂荒土地，也不愿意退包或转包的真实原因。而发达地区的很多农民之所以能够甚至愿意放弃土地经营权，也是因为他们可以获得代表他们“天赋”所有权的其他权利，如福利分享权、集体资产股权以及社会保障权。这表明农民“怕变”的不是土地的经营权，而是对集体土地的共享所有权。另外，农民拥有的经营权只是所有权的派生权利，而土地经营权既是一种不完整的权利、又是一种有时效性的权利。前者体现在它不被法律承认和保护，在经济上无法实现，例如，农民不能以土地经营权向银行抵押贷款或到产权市场将其变现；后者表现在它总是有期限，无论延长多少年，终究有到期之日。所以，农民掌握了这种权利，也难以把它有效地运作起来。这些都决定了我国农民对土地所有权的格外期盼。我国土地制度的再次改革对此一定要给予足够的重视。

（二）变革土地集体所有权实现形式思路应是理智的选择

如前所述，无论哪种改革思路都有它的利与弊，然而，比较起来，笔者认为，第三种改革思路，即变革土地集体所有权实现形式的思路应是一种较好的制度安排。这是因为它的优势是其他两种思路所不能比的，而它的弊端主要是操作层面上的。

鉴于操作层面上的问题涉及到改制时宜问题，所以这里有必要对此加以论述。因为土地是一种特殊资源，即：它既是一种永远存在、不能再生、稀缺的自然资源；又是一种保障人类生存和发展的经济资源，所以，土地拥有了下述职能：它一是生产商品的生产资料、二是农民“就业”的保障资料、三是可以在市场运营中有效保值增殖的特殊资产。同时，在不同的经济发展阶段，土地的主要功能还会发生转化。正因为如此，选择制度变迁时机必须考虑土地的哪种职能在发挥着主要作用。毫无疑问，当土地发挥生产资料功能，为农民安身立命之地，增加收入之源时启动土地制度改革，必然会遭到农民的反对，因为此时农民的愿望恰恰是更多、更平均、更稳定地占有和使用土地，简言之，此时推动改革为时过早；而当土地已经成为农民的资产，能够发挥保值增殖功能时启动土地制度的改革，也会招致农民的反对，因为此时有土地意味着有财富，失去土地意味着失去财富，此时推动改革为时已晚；于是，只有在土地作为生产资料向保障资料转化时及时出台改革措施，才会使改革具有成功的可能，因为此时的农民已不再完全依靠土地，对土地的占有欲望大大减弱，土地仅成为一种保障手段而已。

至于改制过程中的具体操作问题，相对好解决些，只要我们认真对待实践中遇到的问题，在照顾农民既得利益的前提下，制定出一个各方经过必要的妥协都可接受的办法，各级政府再适时出台必要的法律、法规和相关政策，我们是能够规范和扶持“土地股份合作制”的发展，使其纳入到统一、合法的轨道上来的。

第五章 资本主义收入分配及其源泉理论

一、原著的基本脉络

第五章简介

第五章介绍的是马克思《资本论》第三卷第七篇的内容。

原著的标题为《各种收入及其源泉》。

《资本论》第三卷第七篇考察资本主义制度下各种收入及其源泉。马克思通过对各种收入及其源泉的分析，研究了资本主义分配关系的实质，批判了资产阶级庸俗经济学家歪曲资本主义生产关系和分配关系的所谓“三位一体的公式”，科学地阐明了资本主义的生产关系和分配关系的内在联系及其历史的暂时性，揭示了资本主义社会的基本阶级结构和阶级斗争的规律。

原著共五章，大体可分为三个部分：第 48—50 章批判资产阶级庸俗经济学的“三位一体的公式”及其理论来源“斯密教条”，说明各种收入的源泉都是雇佣工人创造的新价值；第 51 章分析分配关系和生产关系之间的辩证关系，说明资本主义生产方式的历史暂时性；第 52 章研究资本主义社会的阶级结构和阶级斗争发展的必然趋势。遗憾的是马克思没能够完成这一章，恩格斯说：“第七篇很精彩，遗憾的是只有一个骨架。”(《马克思恩格斯〈资本论〉书信集》.582)

这一篇在分析方法上具有几个突出的特点：一是综合分析。在前六篇里，马克思通过对剩余价值的转化形式的分析，分别考察了剥削阶级参与分配的实质。在此基础上，这一篇从总体上说明资本主义的分配关系及其与生产关系的内在联系，从而完成了对这一问题的综合考察。二是批立有机结合。马克思对各种收入及其源泉的论述，是在对资产阶级经济学的批判中完成的，他通过破除谬论来树立自己的正确观点，使批判和立论实现了有机的结合。三是从经济关系引申到政治斗争。马克思从经济分析归结到阶级结构和阶级斗争，得出了政治的结论。

这一篇是《资本论》全书的最后一篇。它是第三卷的总结，而且从一定意义上说，也是全部《资本论》理论部分的总结。

第五章内容要点

（一）资本主义各阶级的收入及其源泉

资本主义经济关系在社会表面上和资本家的通常意识中，是以各种收入及其源泉的形式表现出来的。马克思在总结前面研究的基础上，说明了资本主义各种收入的真正来源，指出分配关系体现了资本家和大土地所有者对雇佣工人的剥削关系。

1. 所谓“三位一体的公式”

“三位一体的公式”是法国资产阶级庸俗经济学家萨伊首先提出来的。他认为，资本创造利润、土地创造地租、劳动创造工资。如果把平均利润分割为利息和企业主收入，则企业主收入表现为资本家的“监督工资”，利息表现为资本所固有的独特的产物，这样，“三位一体的公式”可以确切地归结为：“资本—利息，土地—地租，劳动—工资”。在这个公式中，利润，这个作为资本主义生产方式特征的剩余价值形式，被排除在外，资本主义生产关系的实质被掩盖起来了。

2. 对“三位一体的公式”的批判

马克思对“三位一体的公式”进行了深刻的批判。

首先，“三位一体的公式”在逻辑上是混乱的，不能成立。这具体表现为以下两点：一是：“三位一体的公式”中被作为收入来源的资本、土地和劳动，实际上是分属于完全不同领域、风马牛不相及的东西。因为：“资本不是物，而是一定的、社会的、属于一定历史社会形态的生产关系，它体现在一个物上，并赋予这个物以特有的社会性质。”（25.920）简言之，资本是社会关系。与资本并列的土地，它是无机的自然界本身。而劳动，是人类共同具有的活动。可见，社会关系、自然界本身及人类劳动，就像公证人的手续费、甜菜和音乐这三者之间毫无共同之处一样，是毫无关系的。

二是：“三位一体的公式”中的收入和所谓源泉之间是不可能综合在一起的东西。因为：在土地—地租公式中，土地是一种自然的使用价值，而地租却是一种价值形式，二者是不能通约的。“价值是劳动，”（25.920）因此，作为剩余价值的一部分的地租，也只能是劳动的产物，而不可能是土地创造的。在资本—利息公式中，如果把资本理解为一个确定的价值额，那么，说一个价值是比它所值更大的价值，显然是无稽之谈；如果把资本理解为作为生产条件的使用价值，那么，一方面是物，一方面是社会关系，资本—利息又成为一个不可通约的关系。在劳动—工资这一公式中，劳动是价值实体，工资表现为劳动的价格，这显然是一个既和价值又和价格相矛盾的不合理公式。总之，“土地—地租，资本—利息，劳动—工资或劳动价格，是三个显然不可能综合在一起的部分”。(25.923)

其次，“三位一体的公式”从根本上否定了劳动是价值的真正源泉。

本来，收入分配是以已经生产出可分配的实体为前提的，也就是说，是以年产品的总价值为前提的，而这个总价值不外乎就是物化的社会劳动。但在资本家看来，资本、土地、劳动这三个不同的独立的源泉，不仅产生了利息、地租和工资这些收入形式，而且这些收入形式的实体，也是从这些源泉产生出来的。这样，就把资本主义生产过程中，由工人劳动新创造的价值的真正源泉掩盖起来了。事实上，雇佣工人的劳动，分为必要劳动和剩余劳动两个部分，必要劳动是工资的来源，而剩余劳动创造了利润（利息）和地租。

第三，“三位一体的公式”彻底掩盖了资本主义的剥削关系。

利润、利息、地租本来是资本家阶级和大土地所有者无偿瓜分雇佣工人创造的剩余价值的具体形式，而“三位一体的公式”却把这些剥削收入看成是资本（生产资料）和土地这些物本身自然的产物，这就集中地表现了资本主义剥削制度的拜物教特征，形成了一个完全颠倒了的世界：资本主义的社会关系完全表现为物的关系，由雇佣工人的剩余劳动创造的、被资本家和大土地所有者无偿占有的利润（利息）和地租，表现为资本和土地的产物。而工人的劳动只表现为工资。于是，整个资本主义的剥削关系被分割为相互独立的、毫不相干的物的关系。

最后，“三位一体的公式”是为资本主义制度辩护的理论。

在资本主义社会中，从现象上的确存在这样的假象：资本家是靠资本获得利润，大土地所有者凭借土地获取地租，而工人因劳动得到工资。这样，生活在这一假象中的生产当事人——资本家，必然本能地把这些不合理的形式看成自然的事情。而资产阶级经济学的“三位一体的公式”，不过是把存在于资产阶级头脑中的这些假象理论化了而已。马克思指出：“这个公式也是符合统治阶级的利益的，因为它宣布统治阶级的收入源泉具有自然的必然性和永恒的合理性，并把这个观点推崇为教条。”(25.939)

3. 各种收入的真正来源

马克思揭示了资本主义生产关系中利润、地租和工资等收入的真正来源，是雇佣工人的劳动新创造的价值，即V+M，也就是国民收入。工资是国民收入中相当于劳动力价值即V的部分，其余部分即M（剩余价值）则被资本家与大土地所有者无偿占有了。

4. “斯密教条”的错误及总产品、总收入、纯收入的区分

①“斯密教条”的错误。

“三位一体的公式”的理论来源，是由英国古典经济学家亚当·斯密错误观点形成的“斯密教条”，该教条认为，商品的价值最终会全部分解为工资、利润和地租，这三种收入构成商品的价值。“三位一体的公式”是这一教条的进一步庸俗化。

“斯密教条”的错误，一是来源于不懂得生产商品的劳动的二重性，也就是说，社会每年投入的新劳动，一方面作为抽象劳动，只创造收入（V+M），另一方面作为具体劳动，在创造全部使用价值的同时，转移不变资本的旧价值。这个不变资本C与收入（V+M）同时存在于商品中，构成商品的总价值，但这个C是不能分解为收入的。二是由于不理解社会再生产中资本与收入的交换过程。在社会简单再生产过程中，Ⅰ（V+M）必须等于ⅡC，但这不意味着ⅡC本身在价值上分解成了收入。实际上，ⅡC是过去劳动创造的价值，Ⅰ（V+M）是当年劳动创造的价值，ⅡC之所以等于Ⅰ（V+M），仅仅是因为它们在实物上可以互换，在价值上相平衡。三是混同了价值决定和收入的分配。工人一年新创造的价值，形成利润、地租和工资的来源。但当利润、地租和工资成为资本家和大土地所有者及工人的收入后，就产生出商品的价值是由这些收入构成的假象。实际上，价值的实体是劳动，它构成收入的源泉；收入的分配不能反过来决定价值。

②总产品、总收入、纯收入的区分。

为彻底批判“斯密教条”和“三位一体的公式”，马克思分析了社会总资本再生产的结果，阐明了总产品（总收益）、总收入和纯收入之间的区别。

总收益或总产品是再生产出来的全部产品。把固定资本中曾被使用但是没有消费掉的部分撇开不说，总收益或总产品的价值，等于预付的、并在生产中消费掉的资本即不变资本和可变资本的价值，加上分解为利润和地租的剩余价值。如果考察社会总资本的产品，那么，总收益等于构成不变资本和可变资本的物质要素加上表现为利润和地租的那种剩余产品的物质要素。

总收入是总产品扣除了补偿预付的、并在生产中消耗掉的不变资本价值

部分和由这个价值部分计量的产品部分以后，所余下的价值部分和由这个价值部分计量的产品部分。因而，总收入等于工资（或要重新转化为工人收入的产品部分）＋利润＋地租。

纯收入却是剩余价值，因而是剩余产品，这种剩余产品是扣除了工资以后所余下的、实际上也就是由资本实现的并与土地所有者瓜分的剩余价值和由这个剩余价值计量的剩余产品。

（二）分配关系和生产关系的内在关系

在批判了“斯密教条”和“三位一体的公式”的基础上，马克思从正面阐述了分配关系和生产关系的内在联系问题。

1. 生产关系决定分配关系

①分配关系的内涵。

“分配”有两种：一是生产条件的分配，如由谁、占有什么生产资料，它是生产关系本身范围内的事情；二是在生产基础上所进行的个人收入的分配。通常所讲的分配关系，就是指收入分配中的关系，这种分配关系表明对产品中归个人消费的部分的各种索取权，如利润、地租、工资等。这种分配关系是这里要考察的对象。

②分配关系和生产关系的历史性。

资产阶级经济学对分配关系存在着错误看法：或是把分配关系看成是自然的、适用于一切社会的一般的分配关系，虽然他们也承认在资本主义社会前出现过其他的分配方式，但他们认为，以前的分配方式在性质上和资本主义分配方式没有什么区别，这实际上是把资本主义的分配关系看成是人类社会共有的分配关系。或是虽然承认分配关系的历史性，但却认为生产关系是不变的，这就割裂了生产关系和分配关系，从而也不可能科学地说明分配关系的历史性。

针对上述错误观念，马克思通过对资本主义生产方式的分析，科学地证明了分配关系和生产关系的历史性质，他指出，资本主义生产方式是一定历史阶段的特殊生产方式；它和其他任何生产方式一样，都是建立在社会生产力发展的一定基础上；同这种生产方式相适应的是具有独特性和历史暂时性的资本主义生产关系；分配关系和生产关系本质上是同一的，资本主义分配关系和生产关系同样具有历史的暂时性。

③分配关系由生产关系决定。

在考察资本主义分配关系时，资产阶级经济学家错误地从年收入分为工资、利润和地租这个所谓的“事实”出发，但实际上，年收入首先要分为资本和收入两大部分，而且收入的分配，是以资本为前提的。而资本就是物质劳动条件的所有者资本家与一无所有的雇佣工人间的生产关系。另外，由于直接生产者被剥夺了土地，所以又有土地所有权的存在。正因为如此，收入才采取了工资、利润和地租的形式进行分配。可见，是资本主义的生产关系决定了它的分配关系。此外，由于资本主义的再生产同时也是资本主义生产关系的再生产，因而，也就不断地再生产出相应的分配关系，分配关系由生产关系决定在社会再生产的场合，也不会发生改变。

2. 资本主义生产方式的两个特征

资本主义生产方式是一种特殊的、具有独特历史规定性的生产方式。它有以下两个主要特征：

①商品生产占统治地位并起决定作用。

这一特征体现在：第一，资本主义生产方式区别于其他生产方式的，不在于它生产商品，而在于商品生产占据了统治地位、具有决定的作用；第二，资本主义商品生产的首要标志，是劳动力也成了商品，因而劳动表现为雇佣劳动。资本和雇佣劳动的关系，决定着资本主义生产方式的全部性质；第三，在资本主义条件下，产品作为商品和商品作为资本产品的性质，已经包含着一切流通关系：它不仅包括一般商品流通，而且包括资本流通，不仅包括资本家和工人之间的交换关系，而且包括资本家之间的交换关系；第四，资本主义生产的性质，决定了“全部生产由价值来进行调节。……在这里，价值规律不过作为内在规律，对单个当事人作为盲目的自然规律起作用，并且是在生产的各个偶然变动中，维持着生产的社会平衡”；(25.995) 第五，资本主义商品生产，使整个资本主义生产方式具有拜物教的特征。由于商品经济的普遍化，特别是劳动力也成为了商品，一方面使人与人的社会关系表现为物与物的关系，并被物的关系所掩盖，另一方面又使生产的物质基础异化为人统治人的关系，或者说人格化为统治工人的资产阶级，异化为机器附属品的工人。

②剩余价值的生产是生产的直接目的和决定动机。

这一特征体现在：第一，资本的本质要求不断增殖它的价值和不断积累资本，为此，就要不断地生产剩余价值。这是资本主义生产的直接目的和决定动机；第二，为了增加剩余价值的生产，资本家必然“要把生产商品所必需的劳动时间，也就是把商品的价值，缩减到当时的社会平均水平以下。力求将成本价格缩短到它的最低限度的努力，成了提高劳动社会生产力的最有力的杠杆，”(25.996) 但是，生产力的这种发展，却表现为资本统治力量的增长，这又导致资本与雇佣劳动对立的加深；第三，在资本家的工厂里，生产是有组织、有计划地进行的，资本家作为生产的指挥者和管理者，是有一定的权威的，工人要服从他的指挥和支配。但资本家的这种权威和建立在奴隶和农奴生产基础上的权威，有着重大区别。后者的权威是与政治特权和神权结合在一起的，因而带有浓厚的超经济强制的性质。由于资本家的权威仅仅是劳动条件的人格化，他本人是当作商品所有者和其他资本家相对立，所以在资本家之间，上述权威就会消失，而为竞争和无政府状态所代替。这就形成资本主义个别企业生产的有组织性和整个社会生产的无政府状态之间的矛盾，这一矛盾只能靠经济危机才能获得暂时的解决；第四，只有在劳动采取雇佣劳动、生产资料采取资本的前提下，剩余劳动时间所创造的价值才表现为剩余价值，并进而表现为利润和地租。利润作为资本主义生产的果实，并不完全用于资本家的个人消费，而是将越来越大的一部分作为追加资本，实现扩大再生产，因此，扩大再生产必然表现为资本的积累过程；第五，虽然劳动采取雇佣劳动的形式，对资本主义生产的性质具有决定作用，但它不能改变商品价值决定的一般规律。因为“在价值的决定上所涉及的，只是社会一般劳动时间，只是社会一般可以支配的劳动量，”（25.997）但另一方面，劳动转化为雇佣劳动，生产资料转化为资本，从而简单商品转化为资本主义商品，商品生产才普遍化，社会劳动时间决定商品的价值才能得以充分实现。

3. 资本主义分配关系与生产关系的关系及其灭亡的必然性

①资本主义分配关系是生产关系的表现。

马克思指出：“一定的分配形式是以生产条件的一定的社会性质和生产当事人之间的一定的社会关系为前提的。因此，一定的分配关系只是历史规定的生产关系的表现。”（25.997）具体来说，先看工资：工资是资本主义制度下工人参与收入分配的形式，它是以雇佣劳动和资本相对立为前提的。再看利润：首先，利润以资本为前提。其次，利润还是资本积累和扩大再生产的前提。在扩大再生产的场合，利润不是表现为分配的主要因素，而是表现为调节生产的主要因素。最后，利润还分割为企业主收入和利息，而这种分割所以会发生，是因为资本主义的发展引发出资本所有权和经营权相分离、生息资本和信用制度，并在这个基础上产生了股份资本作为决定的生产要素为前提。最后看地租：地租看起来似乎只是分配形式，因为土地所有权本身在生产过程中不执行职能。但是，地租的实体是超过利润，因而它是以资本的存在为前提的；同时地租（以农业为例）是由农业资本家剥削农业工人得来的，这本身就是资本主义生产方式的产物。可见，分配关系不过表示生产关系的一个方面，资本主义的分配关系是同资本主义的生产关系相适应的，并由后者产生。

②资本主义生产关系和分配关系灭亡的必然性。

马克思指出："每一种分配形式，都会同它由以产生并且与之相适应的一定的生产形式一道消失。"（25.999）只把分配关系看成是历史的，而把生产关系看成是永恒的观点，是错误的，在每一个历史阶段上，都存在着与当时的生产力状况相适应的生产关系和分配关系的历史形式。随着生产力的进一步发展，"这个一定的历史形式达到一定的成熟阶段就会被抛弃，并让位给较高级的形式。当一方面分配关系，因而与之相适应的生产关系的一定的历史形式，和另一方面生产力，生产能力及其要素的发展，这二者之间的矛盾和对立扩大和加深时，就表明这样的危机时刻已经到来。这时，在生产的物质发展和它的社会形式之间就发生冲突。"（25.999）这就是马克思分析资本主义生产方式得出的科学的革命的结论。

（三）资本主义社会的阶级斗争

1. 资本主义社会的阶级结构

资本主义的生产方式和生产关系决定了资本主义社会的阶级结构。马克思指出："雇佣工人、资本家和土地所有者，形成建立在资本主义生产方式基础上的现代社会的三大阶级。"（25.1000）当然，即使在当时资本主义经济最发达、最典型的英国，阶级结构也不是以纯粹的形式表现出来。也就是说，在这三大阶级之间，还存在一些中间阶层，如半无产阶级、小业主、小土地出租者，等等。但是，在资本主义生产方式占统治地位的国家里，雇佣工人、资本家和土地所有者构成社会的主要阶级。

2. 资本主义社会阶级斗争的发展趋势

随着资本主义生产方式的发展，一方面，生产资料作为资本越来越集中在少数大资本家手里，越来越多的劳动者和生产资料相分离，转化为雇佣劳动者；另一方面，土地所有权越来越集中，土地所有者越来越变成土地的单纯出租人，即一切土地所有权都转化为适应资本主义生产方式的土地所有权形式。这样一来，必然使阶级斗争、特别是资产阶级和无产阶级两大对抗阶级之间的斗争趋向尖锐化。

然而，对划分阶级的根据，马克思在《资本论》中没有展开论述，恩格斯解释道："最后一章只有一个开头。在这一章，同地租、利润、工资这三个主要收入形式相适应的发达资本主义社会的三大阶级，即土地所有者、资本家、雇佣工人，以及由他们的存在所必然产生的阶级斗争，应该当作资本主义时期的实际产物加以论述。这种结论性的总结，马克思通常总要留到快付印的时候再作最后的校订，因为那时最新的历史事件会按照必然的规律性为他的理论阐述提供最现实的例证。”(25.11)

马克思写作《资本论》的目的，就是要从经济发展的客观规律中得出全世界无产阶级革命的政治结论，他在谈到他在阶级斗争问题上的理论贡献时指出：“无论是发现现代社会中有阶级存在或发现各阶级间的斗争，都不是我的功劳。……我的新贡献就是证明了下列各点：(1) 阶级的存在仅仅同生产发展的一定历史阶段相联系；(2) 阶级斗争必然要导致无产阶级专政；(3) 这个专政不过是达到消灭一切阶级和进入无产阶级社会的过渡。”(28.509) 而这几点划时代的理论贡献的依据，主要是由《资本论》(包括其手稿) 阐明的。

/// 第五章读书难点解释 ///

如何理解马克思对“三位一体的公式”的批判？

在《资本论》第三卷第七篇中，马克思彻底批判了资产阶级庸俗经济学宣扬的“三位一体的公式”。

1. “三位一体的公式”的内涵

所谓“三位一体的公式”，是指资产阶级庸俗经济学家宣扬的所谓资本创造利润（或利息）、土地创造地租、劳动创造工资的谬论。法国资产阶级庸俗经济学家萨伊是这一谬论的鼻祖与代表人物。萨伊说：“生产物的价值发生于劳动、资本和自然力量的共同作用中，只有这三个要素才能创造价值和新的财富。”(萨伊：《政治经济学概论》1830 年英译本) 在他看来，资本创造利润，土地产生地租，劳动取得工资。如果把平均利润分割为利息和企业主收入，则企业主收入表现为资本家的“工资”，利息表现为资本所固有的独特的产物，这样，上述谬论又可以确切地归结为：“资本—利息，土地—地租，劳动—工资”。

“三位一体”这个用语本身来源于基督教义。据《新约全书》说，约瑟之妻马利亚在结婚之前就由于被圣灵所感而怀孕，她生的儿子就是耶稣。圣灵为上帝意志的化身即圣父，而耶稣是圣灵之子即圣子，同时他又是圣灵的化身。所以，圣父、圣子、圣灵是“三位一体”的东西，它们都是上帝的化身。马克思借用基督教的这个说教，来讽刺资产阶级经济学家的上述谬论。本来，资本主义的利润（或利息）、地租、工资均为一个来源：雇佣工人的劳动。可是，萨伊则认为，利润（利息）、地租、工资这三种收入形式，分别由资本（生产资料）、土地和劳动这三个要素创造，这同基督教把同一个上帝区分为“圣父、圣子、圣灵”的“三位一体”的说教是一样的。由于“三位一体的公式”把资本主义“社会生产过程的一切秘密都包括在内”(25.919)，所以马克思讽刺地说：“正如一个经院哲学家在谈到‘圣父、圣子和圣灵’这一公式时感到十分自在一样，庸俗经济学家在谈到‘土地—地租，资本—利息，劳动—工资’这一公式时也感到十分自在。”(26.Ⅲ.559)

2. 马克思对“三位一体的公式”批判的概述

马克思在第七篇中，先是在第48章在总结对资本关系研究的全部成果的基础上，通过说明各种收入的源泉都是雇佣工人所创造的新价值，揭穿了“三位一体的公式”的辩护性质，深刻分析了产生这一公式的阶级和认识论根源。这里进行的批判，是一种实质性的、带有综合性质的批判；在第49章中，马克思通过对资本主义生产总过程的分析，批判了“三位一体的公式”的理论来源——“斯密教条”。他揭示出总产品、总收入和纯收入之间的区别，从而彻底驳斥了斯密的教条及其极端化的表现；在第50章中，他又运用价值和剩余价值理论，进一步批判“斯密教条”的错误，指出了教条的产生与竞争的假象有关。这里的分析与批判，既从科学的理论深度，又从资本主义的实际经验、情况出发，进一步批判和肃清了从亚当·斯密以来贯穿在整个资产阶级政治经济学的一个令人难以置信的错误及其既深又广的影响。经过多角度的阐述，马克思对“三位一体的公式”给予了全面、彻底的批判。

3. 对“三位一体的公式”错误的再归结

在本章内容提要中，笔者已经结合原著对“三位一体的公式”的错误进行了批判，这里再进行一下归结：

首先，它掩盖了资本主义制度下各种收入的真正来源。

“三位一体的公式”的制造者断言：资本是利润（利息）的源泉、土地是地租的源泉、劳动是工资的源泉，在这里，资本主义的剥削不见了，剩下的只是自然的关系了。而实际上，利润（利息）不是资本的产物，而是雇佣工人创造的剩余价值的转化形式。资本之所以能为它的持有者带来利润（利息），是因为资本家在市场上找到了特殊的商品——劳动力，并占有了对劳动力的使用权。地租也不是土地的天然产物，只是由于资本主义土地所有权和资本主义经营的垄断，才使工人创造的超额利润转化为地租。因而，地租的真正来源也是雇佣工人的剩余劳动。工资不是劳动的价值或价格，而是劳动力的价值或价格的转化形式。正是由于劳动力的使用创造的价值大于它自身的价值，即创造了剩余价值，才进而转化为利润（利息）、地租这些形式。“三位一体的公式”将人和人的社会关系歪曲为纯粹的自然关系，掩盖了资本主义剥削的实质和各种收入的真正来源。

其次，它抹杀了资本关系的历史性质。

“三位一体的公式”将资本、土地、劳动所体现的被物与物掩盖的人与人的关系，歪曲为自然的关系，这必然将资本主义的分配关系看成是永恒的范畴，从而掩盖了资本主义分配关系的历史性。实际上，资本家的资本，只有在历史上小生产者被原始积累剥夺为雇佣工人时，它才成为资本，为资本家带来价值增殖；同样，土地所有者的土地，只有在资本主义生产关系在例如农业中得以确立、农业工人创造出超额利润时，才能得到它在经济上的实现形式——地租；而工人只有成为一无所有的自由人，当他的劳动力不得不成为商品时，他的劳动力的价值或价格才转化为工资。可见，由资本主义生产关系决定的资本主义分配关系决不是自然的关系，它是历史的产物，因此，必然具有历史性质。

第三，它使资本拜物教得以完成。

“三位一体的公式”把资本主义社会关系完全表现为物的关系，这就完成了资本的拜物教特征。利润、利息、地租本来是资本家阶级和大土地所有者无偿瓜分雇佣工人创造的剩余价值的具体形式，而“资本—利息、土地—地租”却把利息、地租看成是资本（生产资料）和土地这些物本身自然的产物，而工人的劳动只表现为工资。于是，整个资本主义的剥削关系被分割为相互独立的、毫不相干的物的关系，整个资本主义社会形成了一个完全颠倒了的世界，资本拜物教得以完成。

庸俗经济学“三位一体的公式”的产生有其阶级与认识论根源。

从阶级根源上看，作为资产阶级代言人的资产阶级经济学家必然站在资本家的立场上，用他们的观点看待资本主义的生产、流通过程。“三位一体的公式”把资本、土地、劳动说成是各种收入的源泉，目的在于使工人阶级相信资本家因有资本而取得利润、大土地所有者凭借土地获取地租，工人靠劳动领取工资，天经地义、完全合理。从而瓦解无产阶级的斗争意志，为资产阶级的根本利益服务。

从认识论上看，“三位一体的公式”也反映了庸俗经济学在认识论上的错误根源。庸俗经济学的特点是，不去研究事物的本质，仅仅停留在表面现象上，把表面现象公式化、教条化。实际上资本主义经济现象，往往是和本质不一致的。正是这些远离本质的形形色色的现象，不仅构成了资本家的日常观念，而且也构成了资本家的代言人、庸俗经济学的理论观念。

自19世纪初法国资产阶级庸俗经济学家萨伊提出“三位一体的公式”后，19世纪末叶出现的奥地利学派的代表庞巴维克创造的“归属论”，或所谓补全财富价值论，则是对“三位一体的公式”的继承和发展；到了20世纪初，美国的资产阶级经济学家约·信·克拉克，又提出了所谓的“边际生产率论”，这又是“三位一体的公式”在不同历史条件下的新变种。可见，学习和研究马克思对“三位一体的公式”的批判，对识别和批判近代和当代资产阶级的经济思想，具有现实意义。

二、理论热点问题探讨

关于马克思分配理论在当代的几点新探讨

《资本论》第三卷中心考察的是剩余价值的分配，剖析了资本主义条件下“三家一主”对剩余价值的瓜分。而众所周知，马克思对分配问题的研究是不局限于对资本主义分配关系的分析的，他的分配理论还涉及许多其他内容。由于我们的社会主义不是马克思所构想的未来社会，因而现阶段我国的分配原则也与马克思的构想有诸多不同；又因为当代资本主义在分配领域也作了些许调整，这无疑也值得我们探讨与剖析。

（一）对马克思分配理论的简单归结

马克思的分配理论内容丰富，它既涉及对“分配一般”的论述；又有对“资本主义社会分配”性质的深刻揭示；还包括对“未来社会分配原则”的构想。

首先，马克思关于“分配一般”的论述涉及的是分配的内涵，决定分配方式的条件，分配的类型划分，分配与生产、交换、消费的相互关系以及分配与物质利益的关系问题等等。马克思认为：“一定的分配形式是以生产条件的一定的社会性质和生产当事人之间的一定的社会关系为前提的。因此，一定的分配关系只是历史地规定的生产关系的表现。”① 同时，马克思还指

① 马克思：《资本论》，《马克思恩格斯全集》第46卷，人民出版社2003年版，第998页。

出："分配并不仅仅是生产和交换的消极的产物；它反过来又同样地影响生产和交换。"① 等等。

其次，对"资本主义社会分配关系"，马克思认为：构成资本主义社会骨架的是"三个并存的而又相互对立的阶级——雇佣工人、产业资本家、土地所有者。"② 而资本主义的分配，说到底就是产业资本家和土地所有者共同瓜分雇佣工人创造的剩余价值。

最后，马克思对"未来社会分配原则"的预见，可以细分为对社会主义分配原则和共产主义分配原则的预见。前者被人们概括为"按劳分配"；后者马克思自己明确指出是："各尽所能、按需分配"。

（二）对马克思按劳分配实现条件的再分析

马克思对社会主义社会分配原则的构想被我们界定为"按劳分配"，我们已进行了多年的实践，然而，认真研读马克思关于按劳分配的论述却发现，他认为要实施的按劳分配是需要诸多社会经济条件作为前提的。

首先，由于"他们用公共的生产资料进行劳动，并且按照商定的计划，把他们许多个人劳动力当作一个社会劳动力来使用。……联合劳动者的总产品是社会的产品。一部分重新用作生产资料，仍然是社会的"，③ 这就意味着按劳分配要求在全社会范围内建立生产资料社会所有制，这种所有制既要保证每个社会成员所有权的均等性，也要保证占有财产的均量性，从而消除人们凭借对生产资料的占有参与分配的经济基础。其次，按马克思构想："在一个集体的、以生产资料公有制为基础的社会中，生产者不交换自己的产品；用在产品上的劳动，在这里也不表现为产品的价值，……个人的劳动不再经过迂回曲折的道路，而是直接地作为社会总劳动的构成部分存在着。"④ 这就是说，要实行按劳分配就要消除商品经济，每个生产者不再需要交换自己的产品。第三，按劳分配的实现，要求有一个"自由人的联合体"，即要消除劳动和资本的对立、消灭剥削，劳动者也成为所有者，实现劳动者与生产资料的直接结合。不仅如此，社会还要有足够的产品可以进行下列提取和扣除：用来补偿消费掉的生产资料的部分；用来扩大生产的追加部分；用来应付不幸事故、自然灾害等的后备基金或保险基金。同生产没有

① 恩格斯：《反杜林论》，《马克思恩格斯全集》第20卷，人民出版社1971年版，第162页。

② 马克思：《资本论》，《马克思恩格斯全集》第46卷，人民出版社2003年版，第698页。

③ 马克思：《著者亲自修订的〈资本论〉第一卷法文版片断》，《马克思恩格斯全集》第49卷，人民出版社1985年版，第194页。

④ 马克思：《哥达纲领批判》，《马克思恩格斯全集》第25卷，人民出版社2001年版，第18页。

直接关系的一般管理费用；用来满足共同需要的部分，如学校、保健设施等；为丧失劳动能力的人等等设立的基金。① 最后，按马克思构想，在未来社会中全体社会成员都已得到人的全面发展，从而不再奴隶般地服从分工的约束，人们不再注定一生只能从事简单劳动或一生专门从事复杂劳动。马克思恩格斯在他们的《费尔巴哈》中甚至曾经设想：在共产主义社会里，任何人都没有特定的活动范围，每个人都可以在任何部门内发展，社会调节着整个生产，因而使一个人有可能随自己的心愿今天干这事，明天干那事，上午打猎，下午捕鱼，傍晚从事畜牧，晚饭后从事批判，但是这并不因此就使这个人成为一个猎人、渔夫、牧人或批判者。同时，在未来社会中劳动者的培养费用将由社会承担，于是，“复杂劳动所创造的成果，即比较大的价值也归社会所有。工人本身没有任何额外的要求。”② 这些均表明，未来社会的分配不必再考虑简单劳动和复杂劳动的区别，复杂劳动所创造的成果也要归社会所有。

简言之，马克思所说的按劳分配的实施，要求生产力发展到相当高的水平，社会经济生活发生了巨大变化，只有满足上述条件，人类社会才能实行马克思所说的、或曰“本来意义上”的按劳分配。

（三）对现阶段我国实行的按劳分配性质的认识

现阶段我国实行的是不是“按劳分配”，人们见仁见智。而大家的争论却是从一个“共识”开始的，即：因生产力发展水平所致，我国还远未具备实行马克思按劳分配所要求的经济条件。然而在此共识下，人们的认识却大相径庭：有人认为：既然实行按劳分配原则的条件不存在，理所当然也就没有必要固守一个现实中还不存在的概念。因此，在共产主义建成之前，只要经济形态仍然是商品经济，谈按劳分配都是不现实的。我们没有必要在现实经济中保留一个将来才存在的概念。而不少人则认为，现阶段我国所实行的按劳分配，与马克思所设想的按劳分配是存在巨大差别的，但这并不意味着现阶段的按劳分配就不是按劳分配，只是社会主义条件下的劳动该如何计量、按劳分配该如何实现等问题需要研究，人们也曾进行了有益的探讨。这

---

① 马克思：《哥达纲领批判》，《马克思恩格斯全集》第 25 卷，人民出版社 2001 年版、第 16—17 页。

② 转引自马健行：《“按劳分配”问题的再思考——对我国学术界关于“按劳分配”问题争论史的考察》，《马克思主义经济思想的历史与现实》，西南财经大学出版社 1996 年版，第 297 页。

些探讨实际上暗含着对社会主义条件下劳动力是否是商品的争论。[1] 随着劳动力市场的出现、劳动力事实上成为商品，相关的某些争论似乎趋于平静。

笔者认为，首先，所谓“按劳分配”从实质上看，就是“按照劳动”的质和量“分配”做了“各项扣除”后的“社会总产品”，从这个意义上说，马克思的按劳分配与现阶段的按劳分配的性质应该是相同的。换句话说，现阶段的“按劳分配”也是一种按“劳动”进行分配的分配方式。至于由生产力水平所导致的两者间的区别，则主要表现在它们的实现形式上，而这不影响按劳分配的质的规定性。其次，在社会主义初级阶段，按劳分配应具有新的内涵。简单说来，从质上看，马克思所设想的按劳分配中的“劳”，是生产者的“个人劳动”，而这个“个人劳动”可以直接表现为“社会劳动”。现阶段按劳分配中的“劳”则要求“社会劳动”，因为在商品经济条件下，生产者的“个人劳动”是表现为“私人劳动”的，它要成为按劳分配中的“劳”，还需要转化为“社会劳动”。这无疑是现阶段按劳分配中的“劳”与马克思所说按劳分配中的“劳”的质区别。从量上看，马克思所构想的、借以分配的劳动量是“个人劳动量”，因为未来社会个人劳动时间与社会必要劳动时间是同一的，所以作为按劳分配依据的劳动量，是以个人劳动时间计量的“个人劳动量”。现阶段在商品经济条件下，个人劳动时间不直接是社会必要劳动时间，“个人劳动量”和“社会必要劳动量”两者通常是不等的。而作为分配依据的劳动量则要以“社会必要劳动时间”来计量。这就是现阶段按劳分配与马克思所说按劳分配中的“劳”的量的区别。这一区别无疑会使现阶段的按劳分配的实现形式不会是直接的，它必然表现出间接性的特点。

(四) 对当代资本主义分配关系新变化的关注

马克思《资本论》第三卷发表已经100多年了，他所揭示的剩余价值分配理论的精华至今仍是颠覆不破的真理。与此同时还应看到，在当代，西方发达国家对分配问题在理论上有了新提法，最突出的是提出了所谓“分享”理论，并已将这一理论应用于经济生活的实践之中。

1. “分享”理论的提出与内涵

马克思的剩余价值分配理论，揭示了资本家如何无偿瓜分工人阶级创造的剩余价值，在马克思所处的时代，因全部剩余价值均被资本家占有，故该理论也可被称为“剩余价值独享论”。

---

[1] 转引自马健行：《“按劳分配”问题的再思考——对我国学术界关于“按劳分配”问题争论史的考察》，《马克思主义经济思想的历史与现实》，西南财经大学出版社1996年版，第297页。

时代在前进，在生产力发展、生产社会化要求的迫使及防止被革命阶级推翻的警示下，西方学者也在反思他们的理论，理论界面对新形势提出了一些新的分配理论。这些理论的一个共同点，就是认为只有劳资双方共享剩余价值，才能调动劳动者的积极性和创新性，从而提高企业的应变能力。他们认为，任何剥削性的、以惩罚为中心的、或无责任要求的薪酬体系永远都不能对建立成功的、持续发展的组织做出贡献。西方学者的这一分配理论，可被称为剩余价值“分享论”。“分享论”的代表人物有威茨曼——他提出了“分享经济论”、凯尔——“经济民主论”是他的主要观点、而巴东也因他的“人民资本主义论”而成为该理论的代表人物之一。

2.“分享”理论的实施方式

在剩余价值“分享论”的指导下，发达资本主义国家的企业开始了“一场静悄悄的、影响深远”的分配制度的“革命”。“分享论”的具体实施方式包括以下几种：

企业利润分享制。这是企业所有者和职工共同分享企业利润的一种纯收入分配制度。实行这种制度的企业定期按一定比例将利润分配给职工，企业根据赢利情况决定分配的比例和方法，职工不承担企业的亏损和风险。这一制度在20世纪70—80年代得到快速的发展，据有关资料表明，法国1990年参加利润分享的人数达到1400万人，约占职工总数的60%，占上市公司的2/3；美国在20世纪80年代末，有15%的公司实行了利润分享制，参加人数占职工总数的22%；而英国在20世纪90年代初，则有16%的职工参加了利润分享制。

企业市值分享制。这种制度的运作方法是：企业给予职工本公司股票，职工可以和股东一样分享企业市场价值增殖带来的收益和股息，同时也承担股票下跌带来的风险。在这种分配制度下，职工关心企业的发展，目的在于获取股票增值的收入。进入20世纪70年代以来，股票期权日益成为价值分享制的主要形式。尤其是高新技术企业普遍实行了该分配制度。例如微软、英特尔、惠普等公司对全体职工都实行股票期权制度。据有关资料表明，美国从20世纪90年代以来，价值分享制得到迅速发展。

企业所有权分享制。这是一种企业职工通过持有企业一定份额的股份，以股东身份参与纯收入的分配，同时又以职工身份参与一般收入分配相结合的分配制度。持股职工和其他股东一样分享利润，也共同承担风险，同时还可参与企业管理。职工一般持有三种股权：资本股权，即职工通过购买股票获得的股权；知识股权，即职工拥有的知识产权转化成的股权；人力资本股权，即职工通过利润分享和工作奖励等获得的股权。上述几种股权一般不能在市场上交易，只能在企业职工之间买卖。有些公司还规定职工退休或离开公司，必须将所持股票卖给公司。这种制度的形式多样，如股份合作制、职工持股计划、职工持股会等。

3. 对“分享制”的评价

小平同志指出：“马克思去世以后100多年，究竟发生了什么变化，在变化的条件下，如何认识和发展马克思主义，没有搞清楚。”结合当代实际，对“分享论”及其实践进行分析与思考，无疑十分必要。

“分享制”的实施确实带来了劳资关系的变化。由于当代西方发达国家对其生产关系的某些环节和经济社会运行管理机制，作了包括借鉴社会主义做法的调节与调整，特别是在分配制度上实施“分享制”，加之加大了国民收入二次分配调节的力度等，使劳资关系在当代发生了一些变化，出现了与传统意义上的资产阶级和无产阶级不同的具有特殊性的阶层，资本主义昔日的劳资两大营垒尖锐对峙、阵线分明的情况复杂化、模糊化了。阶级矛盾的这种缓和态势，也成为西方发达国家在马克思预言“资本主义私有制的丧钟就要响了。剥夺者就要被剥夺了”140多年后仍能发展的一个重要原因。

“分享制”改变不了资本统治与雇佣剥削的经济关系。在“分享论”指导下的“分享制”虽然使发达国家的阶级关系发生了一些变化，但是，它不能从根本上改变西方国家中资本与劳动的关系。这是因为：第一，西方国家的股权仍是集中的，这使大资本控制和操纵了社会资本。如20世纪初，垄断资本家需要占有40％以上的股份才能控股，而今天则只需占有3％～5％的股份就可以有效地实现控股。第二，股息收入对工人和资本家是有不同意义的，这决定了持股的性质也根本不同，一方是工资收入的补充，一方是剥削收入。第三，股份制还会加速中小资本的破产，它带给中小企业和劳动者的是灾难。第四，当代资本主义发达国家虽然采取了一些限制贫富差距的措施，有些国家的贫富差距甚至出现了“部分质变”，但是两极分化的现象依然存在。

英国著名经济学家罗宾逊夫人的评判不无道理：“马克思是在设法了解这个制度（即资本主义制度。——引者）以加速它的颠覆。马歇尔设法把它说得可爱，使它能为人们接受。凯恩斯是在力求找出这一制度的毛病所在，以便使它不至毁灭自己。”① 但是，她没能说明，资本主义的新变化挽救不

① 〔英〕罗宾逊：《马克思、马歇尔和凯恩斯》，北京商务印书馆1963年版，第14页。

了资本主义。

马克思的分配理论内容丰富，联系我国和国际上的实际可以引发出诸多思考，具有与时俱进理论品质的马克思主义的分配理论，在实践中将被不断丰富与发展。

综合章 《资本论》的理论要点及其现实意义

《资本论》是马克思用毕生心血写成的一部科学巨著，是马克思的一部最为重要的著作，是他整个一生科学研究的成果。它的问世，在马克思主义发展史上具有划时代的意义，曾被誉为马克思主义的百科全书。

一、《资本论》的诞生：研究背景、理论借鉴与创新

概括说来，《资本论》是时代的产物，它的诞生是马克思所处时代的要求。马克思生活在 19 世纪的 20 至 80 年代的欧洲，这期间，正是欧洲资本主义经济迅速发展，其矛盾逐渐加深并日益明显地表现出来的时期。资本主义经济和阶级斗争的发展，把科学地剖析资本主义生产方式运动的客观规律的任务，历史地提到了无产阶级的面前。这一历史背景使马克思揭示资本主义的本质与历史趋势成为可能，马克思正是适应这种历史的需要而创作了《资本论》。

（一）德国林木盗窃事件促使马克思研究政治经济学问题

马克思在大学主修法律专业，但他爱好的是哲学和历史，他获得的是耶鲁大学哲学博士学位。促使马克思关注经济问题的最初动因，是在马克思思想发展史上颇为有名的“林木盗窃问题”。据资料记载，在德国西部有大片的森林和草地，原来生活在这里的居民都可以在这些地方砍柴、放牧。可是后来一些贵族地主把这大片的森林和草地强行霸占，不许居民们靠近一步。居民要再到山林中去拾些柴草，便被认为是“盗窃”。广大居民对此极为不满，德国议会不得不认真审议这些事情。可是，他们的审议结果竟是：居民们的行为确为盗窃！如果再持续下去，要用法律手段来解决！于是，马克思第一次遇到要对所谓物质利益发表意见的难事。因为这些问题不单纯是法律

问题，更重要的是经济问题。为了彻底弄清林木盗伐和他还遇到的地产、自由贸易以及关税保护等问题，马克思决定研究政治经济学。恩格斯曾回忆："我曾不止一次地听到马克思说，正是他对林木盗窃法和摩塞尔河地区农民处境的研究，推动他由纯政治转向研究经济关系，并从而走向社会主义。"①

（二）英国古典经济学是马克思政治经济学思想的理论来源

以《资本》命名的《资本论》一、二、三卷是最彻底的教人认识社会的巨著，全书200多万字，马克思写作它花费了40年的心血，为了完成它，马克思先后研究书籍达1500种（另有学者说，为了写作《资本论》，马克思阅读了2000多册有关的经济学著作，搜集了4000多种报刊杂志，研究了大量的英国官方会议的有关文件和蓝皮书。他写的各种摘录、手稿、提纲、札记等达100多本）。此外，他还广泛搜集了各种历史的和现实的经济材料。不仅如此，为了创作《资本论》，马克思在广泛深入研究政治经济学文献和经济资料的同时，还十分注意学习各种自然科学。总之，内容博大精深的《资本论》，是建立在详细地占有前人的思想材料和实际材料并进行科学分析的基础上的，可见，马克思为了写作《资本论》汲取了多方研究成果，但是，一般来说，马克思主义政治经济学的直接理论来源是英国古典政治经济学。

政治经济学，从最广的意义上说，是研究人类社会中组织支配物质生活资料的生产和交换的规律的科学。它本质上是一门历史的科学。经济科学是人类认识客观世界最重要的理论成果之一。它作为一门独立的社会科学，在《资本论》出版之前，已有200多年的历史，在此期间，英国古典学派已经进行了大量研究。

英国古典政治经济学是资产阶级的经济学理论体系。它产生于17世纪中叶，完成于19世纪初期。其奠基者是威廉·配第，完成者是大卫·李嘉图。代表古典政治经济学最高理论成果的是亚当·斯密的《国民财富的性质和原因的研究》和李嘉图的《政治经济学及赋税原理》。

英国古典政治经济学之所以能够成为马克思政治经济学思想的理论来源，是因为英国古典政治经济学产生和发展的年代，主要处于资产阶级上升和革命的时期。在这种特定的历史条件下，作为新兴资产阶级思想代表的古典政治经济学家们，能够对资本主义的生产方式进行比较客观和深入的分析，同时，他们的研究获得了一些十分有价值的重要理论成果，这便为马克

① 《马克思恩格斯全集》第39卷，人民出版社1974年版，第446页。

思主义科学的政治经济学提供了理论参考内容。

英国古典政治经济学的理论贡献主要是：开创性地把理论考察由流通领域转到生产领域，它第一次研究了资本主义生产方式和资本主义生产关系的内部联系，初步探讨了资本主义经济的运行规律；它奠定了劳动价值论的基础，并在资产阶级视野内“研究了资产阶级生产关系的内部联系”，[①] 这是英国古典政治经济学最伟大的理论贡献；它在地租、利润和利息等具体形式上研究了剩余价值，在一定意义上揭示了剩余价值的起源；李嘉图还通过对资本主义生产关系的分析，提出了资本主义社会各阶级的相互对立的思想，这表明该学派对资本主义社会的阶级关系也进行了初步探讨。

这里需要重点提及的是古典经济学派对劳动价值论的研究：英国古典学派之所以研究劳动价值论，是因为他们希望掌握财富的源泉、财富增大的规律以及对生产商品的劳动耗费进行计算。是威廉·配第最早提出劳动价值论的一些根本命题；亚当·斯密在此基础上认识到商品具有二因素，提出了劳动创造价值的观点；大卫·李嘉图则发现决定商品价值量的是社会必要劳动量，而不是生产商品实际耗费的劳动量。

由于英国古典政治经济学阶级立场和时代的制约，它毕竟不能突破资产阶级的狭隘眼界，加之资本主义当时又处于上升时期，与生产力发展在利益上相一致，致使古典经济学的代表人物把资本主义“误认为是社会生产的永恒的自然形式”，力图证明资本主义是合乎人类发展和社会进步的、永恒不变的制度。这就使他们不可避免地陷入历史唯心主义，古典政治经济学的科学性因而受到极大影响。即使是最有成就的价值学说，也因此而存在不可克服的矛盾。这些局限性使得古典学派不可能真正揭示资本主义生产方式的本质及其发展趋势，特别是当资产阶级巩固了自己的统治地位、工人阶级已经构成对资产阶级的巨大威胁时，古典政治经济学发生了蜕变，成为了资产阶级庸俗经济学。

马克思在政治经济学的研究中，批判地继承了前人的研究成果，完成了对政治经济学在研究对象、研究方法及关于政治经济学一系列基本课题的根本变革，特别是提出了三个“崭新的因素”，即：第一，体现在商品中的劳动也必然具有二重性。马克思指出这是首先由他批判地证明了的。这一点是理解政治经济学的枢纽；第二，马克思在人类历史上第一个揭示出：工资是劳动力价值或价格的转化形式，而不是它表面上表现出的是劳动的报酬；第

① 马克思：《资本论》第1卷，人民出版社1975年版，第98页。

三，马克思区分了“剩余价值的一般形式和它的各种特殊形态”，这无疑也是对英国古典学派的突破。正是实施了一系列理论创新，马克思创立了自己的政治经济学学说。《资本论》第一卷的问世是其重要标志。

（三）从“六册计划”到《资本论》的写作安排

马克思根据他所处时代的要求，从19世纪40年代开始研究政治经济学，并准备写一部批判资本主义制度和资产阶级政治经济学的巨著。他最初的研究成果反映在《1844年经济学哲学手稿》、《德意志意识形态》、《哲学的贫困》、《雇佣劳动与资本》、《共产党宣言》等著作中。他在19世纪50年代末，曾计划把自己考察资本主义经济制度的研究成果，以《政治经济学批判》这一总标题，分成六册写作和出版。这被经济学说史界称为“六册计划”。“六册计划”分别是：《资本》册、《土地所有制》册、《雇佣劳动》册、《国家》册、《对外贸易》册和《世界市场》册。预定第一册《资本》又分为四篇，其第一篇《资本一般》三章的内容后来成了全部著作分为三卷《资本论》的基础。从这个意义上可以说，马克思的《资本论》就是在写作《资本》册《资本一般》篇的基础上逐步演变形成的。

（四）《资本论》是两位革命导师辛勤劳动的结晶

一般说来，《资本论》包括三卷，但也有人称《剩余价值学说史》是《资本论》的第四卷。第一卷《资本的生产过程》是马克思自己完成并于1867年编辑出版的；题为《资本的流通过程》和《资本主义生产的总过程》的第二、三卷是恩格斯在马克思逝世后分别于1885年和1894年整理出版的。“整理这两卷《资本论》，是一件很费力的工作。奥地利社会民主党人阿德勒说得很对：恩格斯出版了《资本论》第二卷和第三卷，就是替他的天才的朋友建立了一座庄严宏伟的纪念碑，在这座纪念碑上，他无意中也把自己的名字不可磨灭地铭刻上去了。”①

不仅如此，恩格斯在《资本论》的研究和写作中，也给予了马克思无私的帮助。这不仅表现在经济上的支持，也表现在理论上的帮助。以至马克思在《资本论》第一卷出版的前夕给恩格斯的信中十分感激地说：“没有你为我作的牺牲，我是决不可能完成这三卷书的巨大工作的。”②

所以，《资本论》是马克思、恩格斯两位革命导师辛勤劳动的结晶。

---

① 列宁：《弗里德里希·恩格斯》，《列宁选集》第1卷，人民出版社1960年4月第1版，1972年10月第2版，第92页。

② 《马克思恩格斯全集》第31卷，人民出版社1972年版，第329页。

二、《资本论》的写作宗旨："资本主义灭亡论"

马克思关于《资本论》研究对象的说明是："我要在本书研究的，是资本主义生产方式以及和它相适应的生产关系和交换关系。"① 在《序言》中他又强调："本书的最终目的就是揭示现代社会的经济运动规律。"② 列宁在认真研读了马克思的著作后说："研究这个历史上一定的社会生产关系的发生、发展和没落，就是马克思的经济学说的内容。"③ 从这个意义上说，马克思写作《资本论》的宗旨是：揭示资本主义灭亡的规律，所以，《资本论》是一部"资本主义灭亡论"。

这里需要对马克思《资本论》的研究对象——"资本主义生产方式以及和它相适应的生产关系和交换关系"——引发的争论做一梗概介绍：

由于在马克思主义经典著作中，"生产方式"这个词有着生产力、生产关系、生产力与生产关系的统一体、社会经济形态等多种含义，故而人们对上述论断中的"生产方式"便形成了不同的理解，如何理解马克思关于《资本论》的研究对象，便成为人们认识上的一个难点。关于《资本论》研究对象涉及的另一个难点是：如何看待马克思在这里没有提及"分配关系"问题。

纵观学术界的不同意见，关于前者，从基本的倾向上似乎主要有两种意见：一种认为《资本论》的研究对象是资本主义生产方式，即生产力与生产关系的统一体；另一种认为《资本论》的研究对象是资本主义的生产关系。人们至今见仁见智；对于后者，多数人的解释是：马克思认为"分配关系"本质上是和生产关系（包括交换关系）同一的，是生产关系的反面，所以他没有单独将其列出。

///《资本论》第一卷的理论要点 ///

（一）劳动价值理论为揭示剥削奠定了坚实的理论基础

这一内容马克思主要是在《资本论》第一卷第一篇论述的。

马克思对资本本质关系的分析，是通过对剩余价值的揭示得出的，而劳

① 马克思：《资本论》第1卷，《马克思恩格斯全集》第23卷，人民出版社1972年版，第8页。

② 马克思：《资本论》第1卷，《马克思恩格斯全集》第23卷，人民出版社1972年版，第11页。

③ 列宁：《卡尔·马克思》，《马克思恩格斯选集》第1卷，人民出版社1972年版，第14页。

动价值论是揭示剩余价值的来源、揭示剥削的基础，加之马克思研究问题的方法与叙述问题（写作）的方法的不同，因而，分析资本本质从劳动价值理论开始。

劳动价值理论的中心是阐明商品的一般特性和价值规律。其要点是：

（1）商品生产存在的条件。分工是商品生产存在的条件。只有独立的互不依赖的私人劳动的产品，才作为商品相互对立。这说明，社会分工和不同的所有者关系的存在，是产生商品生产和交换的条件。（2）商品的特性。商品是用来交换的劳动产品，具有使用价值和价值二因素。价值是商品的社会属性，它体现着商品生产者之间的生产关系，反映着个别劳动和社会劳动的矛盾。（3）生产商品的劳动的特性。生产商品的劳动具有二重性，即：具体劳动和抽象劳动。具体劳动形成商品的使用价值，抽象劳动凝结为商品的价值。这是同一劳动过程的两个方面。（4）货币本质、职能和流通规律。价值只有通过不同商品的交换才能表现出来。交换价值是一种商品同另一种商品相交换的量的关系或比例。价值形式在历史上先后经过简单的、个别的或偶然的价值形式、总和的或扩大的价值形式、一般价值形式，最后形成货币。货币是固定充当一般等价物的商品。货币具有价值尺度、流通手段、贮藏手段、支付手段、世界货币五大职能。对货币的本质及其职能的分析，是马克思价值理论的精彩部分，这也是资产阶级经济学不能做到的。货币充当商品流通的手段，产生了货币流通规律。金属货币的流通规律表现为如下公式：一定时期内流通中的货币必要量＝待出售商品价格总额÷货币流通次数。纸币的发行量，只能代表流通中必要的金属货币量。如果前者超过了后者，就会发生货币贬值，通货膨胀。（5）商品拜物教。由于商品能否顺利出售关系到商品生产者的命运，于是人被物所统治，这便产生了商品拜物教：即人们把某种物当作神来顶礼膜拜。货币产生以后，商品拜物教发展为货币拜物教；货币转化为资本后，它又进一步发展为资本拜物教。（6）价值规律。它的主要要求是：商品的价值量由生产商品的社会必要劳动时间决定，商品交换以价值为基础等价进行。社会必要劳动时间是在现有的社会正常的生产条件下，在社会平均的劳动熟练程度和劳动强度下制造某种使用价值所需要的劳动时间。价值规律通过价格围绕价值波动的形式起作用。价值规律必须通过竞争、供求等机制和条件发挥作用。价值规律是商品生产的基本经济规律。其主要作用是：调节社会劳动在不同部门的分配；刺激技术进步和生产的发展；影响国民收入的分配。在一定条件下，促使商品生产者的分化。

(二) 剩余价值生产理论使《资本论》成为"工人阶级的圣经"

这是《资本论》第一卷第二—六篇所考察的内容，剩余价值生产理论在人类历史上第一次揭示了资本主义剥削的实质。

剩余价值生产理论的中心是阐明资本的本质和剩余价值规律。其要点是：

(1) 剩余价值产生的前提。劳动力成为商品是货币转化为资本、生产剩余价值的根本前提。劳动力的使用价值即劳动所创造的价值大于劳动力自身的价值，这是剩余价值产生的关键。(2) 剩余价值的生产过程。资本主义生产是劳动过程和价值增殖过程的统一。剩余价值是由雇佣工人创造的、被资本家无偿占有的、超过劳动力价值以上的那部分价值（用 M 表示，下同）。衡量资本家剥削程度的尺度是剩余价值率（M'）。(3) 剩余价值生产的方法。基本方法包括绝对剩余价值生产和相对剩余价值生产。相对剩余价值的生产经历了简单协作、工场手工业和机器大工业三个发展阶段。(4) 资本的本质和构成。资本是能够带来剩余价值，或能自行增殖的价值（K)。资本只有能够榨取劳动者所创造的剩余价值时，它才是现实资本。体现着资本家对雇佣工人的剥削关系。资本主义的生产实质上是剩余价值的生产。所以，马克思说，资本主义的生产过程是劳动过程和价值增殖过程的统一。根据对价值增殖所起作用的不同，资本分为不变资本（C）和可变资本（V），这一区分进一步揭示了剩余价值的起源。(5) 资本主义工资。资本主义工资是劳动力价值或价格的转化形式。把劳动和劳动力区别开来，是剩余价值理论的核心问题。劳动和劳动力的区别又必须以科学的价值理论作基础。劳动力的使用价值即劳动，不仅能够多生产出与劳动力价值相等的价值，而且能够生产出大于它的价值，这就是剩余价值。而工资则只是劳动力价值的转化形式。就是说，它的本质是劳动力的价格但却表现为劳动的价格，似乎全部劳动都是有酬劳动，这就掩盖了资本家对工人的剥削。(6) 剩余价值规律。即资本家依靠榨取雇佣工人的剩余劳动而使资本不断增殖的规律。它集中反映了资本主义生产的目的、动机、实质，规定了资本主义生产、分配、交换、消费的根本性质，决定了资本主义生产方式发生、发展、灭亡的全部过程，在资本主义经济规律体系中起着主导作用，因而成为资本主义的基本经济规律。

(三) 资本积累理论揭示了资本主义必然灭亡的历史趋势

这一内容马克思是在《资本论》第一卷第七篇论述的。

把剩余价值不是用于消费、而是转化为资本，就是剩余价值的再生产过程。剩余价值的资本化就是资本积累。资本积累过程是资本主义基本矛盾形成和日益加深的过程。马克思的资本积累理论揭示了资本主义必然灭亡的历史趋势。

资本积累理论的中心是阐明资本积累的本质和趋势。其要点是：

（1）资本主义再生产的本质。资本主义生产过程，从运动的现实看，同时就是再生产过程。资本主义再生产过程会表现出资本主义生产本质的一些更具体的现象。资本主义再生产，不仅是物质资料再生产，而且是资本剥削关系的再生产，是资本家与劳动者利益对立关系的再生产。资本主义的简单再生产，特别是资本积累和扩大再生产，进一步暴露了资本的剥削本质及其同劳动力等价交换的虚假性。资本积累实质上是用剥削来的钱作为扩大剥削的手段。（2）资本积累的源泉和扩大资本积累的途径。剩余价值是资本积累的源泉。资本积累就是剩余价值的资本化。资本积累和扩大再生产，使商品生产所有权的原则转化为资本主义占有权的原则。扩大资本的途径，一是资本积聚，即单个资本通过剩余价值的资本化而增大；二是资本集中，即若干分散的小资本通过竞争合并成一个大资本。股份制是实现资本集中的最有效的形式。（3）资本积累的一般规律及其历史作用。资本积累必然引发资本有机构成的提高，造成相对过剩人口的出现，导致无产阶级贫困。资本积累的结果必然是无产阶级和资产阶级贫富的两极分化。同时，资本积累和资本主义生产方式的壮大，又促进了生产力的提高和社会历史的发展。（4）资本积累的历史趋势。资本积累的增长，必然加深资本主义生产方式的基本矛盾，即生产的社会性与生产资料的资本主义私有制之间的矛盾，它决定了资本主义制度必然走向灭亡。

这里需要强调：对资本积累过程的分析，是马克思一个极端重要的贡献，因为像资本积累这样一个带有“爆炸性”的问题，资产阶级经济学家是说不出任何真理来的，而马克思的科学分析，深刻论证了资本主义必然灭亡和社会主义必然胜利的客观规律，为无产阶级完成它的历史使命提供了强大的理论武器。

马克思对资本主义的直接生产过程矛盾的严密分析，得出的科学结论是：“从资本主义生产方式产生的资本主义占有方式，从而资本主义的私有制，是对个人的、以自己劳动为基础的私有制的第一否定。但资本主义生产由于自然过程的必然性，造成了对自身的否定。这是否定的否定。”这是因为资本主义自身的发展，使生产关系和生产力之间的矛盾，资产阶级和无产阶级之间的矛盾，达到再也不能相容的地步了。所以，“资本主义私有制的丧钟就要响了。剥夺者就要被剥夺了。”（23.831－832）

从上面的简单说明可以看出，《资本论》第一卷的结构是非常严密的。从分析简单商品的内在矛盾（它包含资本主义一切矛盾胚芽）开始，进而分析资本生产过程内在矛盾产生和发展，最后分析了这一矛盾发展的历史趋势，也就是这一矛盾如何以它的历史必然性在资本主义生产方式本身的灭亡中得到解决。通过对资本主义直接生产过程的分析，建立起科学的劳动价值理论、剩余价值理论和资本积累理论，从而论证了资本主义经济制度发生、确立、发展到灭亡的客观规律。

///《资本论》第二卷的理论要点 ///

《资本论》第二卷对资本流通的考察揭示了剩余价值的实现过程，这是对马克思《资本论》第二卷内容从揭示资本本质角度的概述。

在《资本论》第一卷中，马克思着重考察了资本的直接生产过程，但是，资本的运动是生产过程和流通过程的统一。生产决定流通，流通在一定的条件下也决定生产。剩余价值不是在流通中产生的，但又不能离开流通。所以，马克思在第二卷考察了流通过程，即剩余价值的实现过程。这个过程，不论就单个资本来看，还是就社会资本来看，都是生产和流通统一的周而复始的再生产过程。资本不仅是物，而且是同物结合在一起并被物所掩盖着的一种社会生产关系，即资产阶级剥削无产阶级的关系。因此，它不是静止着的关系，而是不断运动着的关系。资本在流通过程中所采取的各种形式的相互更替，也就是运动着的资本主义生产关系的物质形式的变化。资本在流通过程中各种矛盾的展开，也就是发展中的资产阶级和无产阶级间的矛盾的各方面的具体表现。马克思在生产过程和流通过程的对立统一中，在资本运动的本质和形式的对立统一中，以及在资本运动的各种形式之间的对立统一中，揭示了资本流通的本质及其规律性。如果说第一卷讲的是雇佣劳动与资本这一“基本关系”，那么，第二卷则讲资本运动的“基本形式”。

具体说来，《资本论》第二卷研究的是广义的资本流通过程，中心考察剩余价值的实现。第二卷分为三篇，可概括为两论：资本循环、周转论（第一、二篇）、社会总资本再生产论（第三篇）。由于一、二篇分析的是个别资本的再生产，第三篇分析的是社会总资本的再生产，所以，第二卷考察的也是马克思的再生产理论。

（一）资本的循环、周转论揭示个别资本的再生产过程

第一篇资本循环论中心阐明个别资本的再生产过程和实现条件；第二篇资本周转论阐明个别资本运动的速度和效益。

首先，资本的循环理论：

（1）资本循环过程。产业资本的循环经过购、产、销三个阶段，采取货币资本、生产资本、商品资本三种形式，完成准备生产、实际生产和实现剩余价值三种职能。每种职能的实现，都有一定的要求。（2）实现资本循环的条件。社会化大生产是连续不断进行的，因而产业资本的连续运动必须是三种循环形式的统一；实现这种统一的条件是三种资本在空间上的并存和时间上的继起。（3）资本的流通费用。资本在流通领域必须支出流通费用；流通费用分为生产性流通费用和非生产性流通费用即纯粹流通费用；流通费用只能在社会必要的限度内才能得到补偿。

其次，资本的周转理论：

（1）资本周转的方式。生产资本按不同的周转方式分为固定资本和流动资本。必须重视固定资本的维护，建立折旧基金制度，进行局部更新和全部更新。固定资本和流动资本的比例是决定总资本周转速度的重要因素。（2）资本周转的时间。资本周转的时间由生产时间和流通时间构成。缩短生产和流通时间是加速资本周转的一个重要因素。（3）资本周转的效益。资本周转速度的快慢，与生产一定的产品所需要的预付资本量的大小成反比，与年剩余价值率的高低成正比。加速资本周转有利于社会再生产的协调发展。

（二）社会总资本再生产论阐明社会总资本再生产过程

可分为三个部分来把握。

1. 关于导论部分

（1）社会总资本再生产的主要特点。社会总资本是所有单个资本有机的总和；社会总资本的再生产是生产消费及其交换和生活消费及其交换的统一。（2）研究社会总资本再生产的核心问题。研究社会总资本的再生产从年总产品出发；中心问题是考察社会总产品各个组成部分如何同时实现价值补偿和物质补偿。（3）社会总产品的基本构成。社会总产品在物质上分成两大类：Ⅰ、生产资料，Ⅱ、消费资料，与此相适应，社会生产分成两大部类。社会总产品在价值上划分为三个组成部分：补偿消耗的不变资本部分C，可变资本V，剩余价值部分M，这是研究社会总资本再生产的理论前提。（4）社会再生产的基本类型。社会再生产分为简单再生产和扩大再生产；资本主义再生产的特征是扩大再生产；简单再生产是规模扩大的再生产的重要组成部分和物质基础，简单再生产的过程往往包含着扩大再生产的潜力。

2. 关于社会资本简单再生产的理论

(1) 社会资本简单再生产实现的基本条件。①Ⅰ(V+M)=ⅡC；②Ⅰ(C+V+M)=ⅠC+ⅡC；③Ⅱ(C+V+M)=Ⅰ(V+M)+Ⅱ(V+M)。(2) 社会总资本简单再生产中几个局部的比例关系。实现社会总资本再生产不仅要求基本比例即两大部类之间保持平衡，而且要求第Ⅱ部类内部、第Ⅰ部类内部、固定资本再生产过程中等各种比例保持平衡。(3) 货币在社会再生产中的作用。货币资本是再生产的第一推动力和持续推动力，但生产实际扩大的程度不完全受货币资本数量的限制，两者不是成等比的关系，前者一般超过后者；社会总资本再生产的进行要以货币为媒介，所需货币量和社会资本平均周转速度成反比；社会再生产的顺利实现，要求货币从哪里预付，最后要回到哪里去。

3. 关于社会资本扩大再生产的理论

(1) 货币积累和实际积累及其相互关系。资本积累和扩大再生产要经过两个环节，即货币积累和实际积累；这两个积累即钱和物要实现构成和总量的平衡；积累的规模不取决于钱的多少，而是取决于剩余产品的数量，归根结底取决于生产力发展的水平。(2) 扩大再生产实现的基本条件。①扩大再生产的前提条件包括两个：A. Ⅰ(V+M)>ⅡC。这是侧重从生产资料方面表明的前提条件，主要说明扩大再生产要有“多余的生产资料”。B. Ⅱ(C+V+M)>(ⅠV+ⅡV)+(ⅠM/X+ⅡM/X)。(M/X表示资本家消费的部分，下同) 这是侧重从消费资料方面表明的前提条件，主要说明扩大再生产要有“多余的消费资料”。②扩大再生产的平衡条件，有以下三个：A. Ⅰ(V+M)=ⅡC+(Ⅰ△C+Ⅱ△C)(△表示追加，下同)；B. Ⅰ(C+V+M)=(ⅠC+ⅡC)+(Ⅰ△C+Ⅱ△C)；C. Ⅱ(C+V+M)=(ⅠV+ⅡV)+(ⅠM/X+ⅡM/X)+(Ⅰ△V+Ⅱ△V)。(3) 扩大再生产的基本类型。扩大再生产分为“外延”和“内涵”两种类型，实际上这两种类型往往是结合在一起、互相渗透的，只能从主导方面来区分；从整个扩大再生产过程看，“外延”和“内涵”都是必要的，但在不同时期，总有一种主导类型比较突出；到底哪一种类型经济效益高，关键看具体的经济条件，一般来说，在再生产已达到相当大规模的条件下，走以内涵为主的路子，效益较高。

马克思通过对资本循环、资本周转以及社会总资本再生产理论的分析，揭示了资本运动的本质特征、内在矛盾和规律性，完整地建立起再生产理论的科学体系。总之，资本只有在运动中才能增殖，《资本论》第二卷的分析说明了资本是通过什么形式进行运动的，揭示出只有通过流通和市场，剩余价值才能得以实现。

这里还要指出的是，《资本论》第二卷也是马克思危机理论的重要内容。因为无论是个别资本的空间上的并存和时间上的继起，还是社会总资本再生产要求的按比例发展与综合平衡，都是极不易做到的。破坏了两大部类一定比例的平衡关系，也就违背了社会再生产的客观规律，必然导致社会总产品不能顺利实现。在资本主义社会，一方面，生产社会化要求各生产部门必须按比例，另一方面，生产资料的资本主义私人占有又使按比例几乎不可能，这是产生经济危机的根源。而且货币和信用的作用，又不断加大买和卖在时间上和空间上的分离，从而不断加大经济危机的可能性。在资本主义基本矛盾的作用下，到了一定时候，就会爆发经济危机。

/// 《资本论》第三卷的理论要点 ///

《资本论》第三卷的标题为《资本主义生产的总过程》。这里所谓的“总过程”，就是指生产过程和流通过程的统一，其考察的重点是剩余价值的分配。马克思指出：“我们在本卷中将要阐明的资本的各种形式，同资本在社会表面上、在各种资本的相互作用中，在竞争中以及在生产当事人自己的通常意识中所表现出来的形式，是一步一步地接近了。”（25. 30）在资本主义社会的现实经济生活中，资本—利息、土地—地租、劳动—工资，好像各得其所。马克思通过对剩余价值分配理论的考察，指出利润、利息和地租实际上都来源于工人创造的剩余价值，这便揭示了剥削的真相。在剩余价值分配理论中，产业利润理论是第三卷的理论基础。

（一）产业利润论的中心是阐明剩余价值在产业资本家之间的分配

（1）个别价值转化为市场价值。市场价值是同一种商品的个别价值的加权平均数，是在部门内部的竞争中形成的；决定市场价值的生产条件，一般情况下是中等条件，特殊情况下是优等或劣等条件，关键看哪一种条件生产的产品在满足社会需要的总量中占优势；一个部门商品的市场价值总量，不是由这个部门自己随便投入的劳动量决定，而是由社会为了满足对这种商品的需要，按比例地投入该部门的社会必要劳动总量所决定的。（2）所费资本转化为成本价格。成本价格是所费资本的转化形式（K）；成本价格具有重要的经济作用；成本价格掩盖了不变资本和可变资本的区别。（3）剩余价值转化为利润。利润是剩余价值的转化形式；利润率（p'）即 M/（C+V）是剩余价值率 M/V 的转化形式；利润是资本主义生产的唯一目的；利润率是资本家衡量经济效益的根本尺度；利润进一步掩盖了剩余价值的起源；利润率掩盖了资本主义剥削程度。（4）利润转化为平均利润。不同部门利润率的差别和资本家等量资本获得等量利润的要求之间的矛盾，决定了利润必然转化为平均利润；平均利润率是通过部门之间的竞争和资本的自由转移而形成的；平均利润率＝社会剩余价值总量÷社会预付资本总量，它是资本主义自由竞争条件下资本家瓜分剩余价值的最低尺度，这时剩余价值规律表现为平均利润规律；利润的平均化，进一步加深了资产阶级和无产阶级的对立，同时进一步掩盖了资本主义剥削关系。（5）价值转化为生产价格。随着利润转化为平均利润，价值就转化为生产价格；生产价格＝成本价格＋平均利润；价值转化为生产价格以后，改变了价值规律作用的形式，这时市场价格围绕生产价格上下波动；就个别商品讲，价值和生产价格往往不一致，但就全社会的商品讲，剩余价值总量和平均利润总量、总价值和总生产价格是一致的，价值仍然是生产价格的基础，没有违背价值规律；生产价格的形成掩盖了劳动形成价值的过程。（6）利润率变化的规律。决定利润率（通常指年利润率）的主要因素有三个：剩余价值率、资本有机构成、资本年周转次数。利润率的大小与剩余价值率的大小、资本周转速度的快慢成同向变化，与资本有机构成的高低成反向变化。

（二）商业利润论的中心是阐明商业资本对剩余价值的瓜分

（1）商业资本。商业资本是产业资本中一部分商品资本的独立化形式，这是商品经济发展的客观需要；商业资本的特殊职能就是专门买卖商品，实现商品的价值和剩余价值；商业资本家经商的目的同样是为了使自己的资本得到增殖；商业资本在经济生活中具有重要的作用：媒介商品流通，缩短流通时间，加速资本周转，节约流通资本和费用，促进剩余价值的生产，同时，它还会滋长商业投机，加剧生产的无政府状态和危机。（2）商业利润。商业资本必须获得商业利润，而且通过竞争获得平均利润；商业利润是通过商品购买价格（出厂价格）和销售价格（价值和实际生产价格）的差价获得的；商业利润来源于生产工人创造的剩余价值的一部分；商业利润是商业资本家直接剥削商业工人剩余劳动的结果。（3）商业资本的周转。商业资本的周转既对社会生产有依赖性，又有自己的独立性，因而既能大大促进社会再生产的发展，又会造成虚假的需求，加剧经济危机的爆发；商业资本的周转对商品的价格有重要影响，商业资本周转速度的快慢与单位商品销售价格的高低成反比、加速整个社会商业资本的周转，可以相对减少商业资本的数量，从而提高社会平均利润率；在同一部门，个别商业资本的周转速度如果超过该部门的平均速度，还可以获得超额的商业利润。

（三）利息论的中心是阐明借贷资本及其有关的一系列问题

（1）借贷资本。资本主义商品经济的发展必然产生资本的借贷关系；借贷资本是以贷放为特征的资本商品，是一种所有权和使用权相分离的资本，如果从资本运动的全过程看，借贷资本的运动实际上包含着“双重的支出和双重的回流”；借贷资本是最富于拜物教的资本形式，它完成了资本拜物教的神秘观念。（2）利息。利息一般是货币所有者因贷出货币而从借款人手中获得的收入；资本主义利息主要是职能资本家因取得贷款而付给借贷资本家的一部分剩余价值；作为单纯的资本所有者获得的利息一般是平均利润当中的一部分，也就是说必须小于平均利润；利息来源于雇佣工人创造的剩余价值，是剩余价值的一种特殊转化形式；利息率＝利息/借贷资本，它的高低，在一定的平均利润率之下，取决于借贷资本的供求关系，在供求平衡时，由习惯和法律传统决定。（3）资本主义信用和银行。信用是借贷资本运动的媒介形式，包括商业信用与银行信用；商业信用是职能资本家之间用赊账方式买卖商品时提供的信用，它是信用制度的基础，但它有一定的局限性；银行信用是银行以贷款方式向职能资本家提供的信用，它是信用的发达形式；随着信用制度的出现，产生了信用货币，商业票据就是商业货币，它是信用货币的基础，银行发行的银行券是真正的信用货币；银行在资本主义经济中起着重要的作用，是社会经济运行的枢纽；银行利润来自存贷利息的差额等渠道，按照竞争规律，银行利润相当于投资的平均利润；资本主义银行利润也是剩余价值的一种转化形式，体现了银行资本家剥削职工劳动的关系。（4）股份公司的特点和作用。信用制度促进了股份公司的建立和发展；股份公司的出现有力地推动了资本的集中和流动，促进了生产的进一步社会化；股份资本“取得了社会资本”的形式，“它的企业也表现为社会企业”，“这是作为私人财产的资本在资本主义生产方式本身范围内的扬弃”；“在股份公司内，职能已经同资本所有权相分离，因而劳动也已经完全同生产资料的所有权和剩余劳动的所有权相分离”；“资本主义生产极度发展的这个结果，是资本再转化为生产者的财产所必须的过渡点，不过这种财产不再是各个互相分离的生产者的私有财产，而是联合起来的生产者的财产，即直接的社会财产。”（5）虚拟资本及其与实际资本的关系。信用制度特别是股份公司的发展，产生了虚拟资本，包括股票、债券等形式。虚拟资本是实际资本（实际投入生产和流通的资本）的“纸制复本”，实质是收入的资本化；虚拟资本本身没有价值，但它可以作为资本商品进行买卖，其价格由特殊方法决定，例如，股票价格＝股息率/利息率×票面额；虚拟资本的运动和实际资本的运动是不一致的，前者往往脱离甚至背离后者，造成假象，甚至出现“泡沫经济”；虚拟资本是信用制度、特别是股份经济发展的必然产物，它有利于资本市场的形成和发展，但同时会产生“赌博欺诈”和经济紊乱。（6）信用在资本主义经济中的作用。信用制度在资本主义经济中有着巨大作用，它促进了资本的转移和平均利润率的形成，加速了资本的周转，节约了流通费用，推动了股份公司的建立和资本集中；信用制度对资本主义经济的作用具有“二重性质”，一方面促进了生产的发展，提高了生产的社会化程度，提高了社会经济效益，另一方面加深了各种矛盾，滋长了经济的欺诈性和盲目性，促进了经济危机的爆发，因而为向新的生产方式的过渡准备了条件。

（四）地租论的中心是阐明资本主义条件下大土地所有者对剩余价值的瓜分

（1）资本主义的土地所有制和地租的特征。地租一般是凭借土地所有权而获得的收入；资本主义地租是资本主义土地所有权的产物，这种土地制度的典型形态是，土地所有者变成单纯的出租人，将土地租给用地的职能资本家，资本家再雇佣工人进行生产，于是资本家要将一部分剩余价值作为地租交给地主；由于用地资本家投资也要获得平均利润，所以资本主义地租只能是超过平均利润的一部分超额利润；可见，资本主义地租体现着土地所有者、资本家共同剥削雇佣工人的关系。（2）级差地租。这是由土地生产率的差别而形成的、归土地所有者占有的超额利润。①产生的条件：土地的肥力、位置等因素的差别，使得同量资本投在面积相等的地块上所形成的收益有差别。②产生的原因：对土地的资本主义经营垄断。以农业为例：由于优等和中等地有限，已被部分农场主承租经营了，但农产品要满足社会需要，必然要求劣等地投入生产，而租种劣等地的农场主也要获得平均利润，因此，农产品的社会生产价格是由劣等地决定，这样一来，经营中等和优等地的农场主，因其农产品的个别生产价格低于社会生产价格而稳定地获得超额利润。③土地的私有权使这部分超额利润为土地所有者占有，从而转化为级差地租。④级差地租的源泉是农业雇佣工人的剩余劳动。⑤级差地租有两种形式，即级差地租Ⅰ和级差地租Ⅱ。前者是由土地的肥力、位置的差别形成的；后者是由于连续投资的效率差别形成的。（3）绝对地租。这是土地所有者凭借对土地所有权的垄断而取得的地租。①产生的条件：资本主义农业的资本有机构成曾经长期低于工业，在这种条件下，同量的投资，在农业中生产的剩余价值多于在工业中的，从而农产品的价值高于一般生产价格。②产生的原因：土地私有权的垄断，阻碍其他部门的资本自由转入农业，使农业中的剩余价值不参加全社会利润的平均化，从而使农产品能够按高于一般生产价格的价值出售，形成一部分超额利润。③土地的私有权使这部分超额利润为土地所有者所占有，从而转化为绝对地租。④绝对地租的来源同样是农业雇佣工人的剩余劳动。⑤在当代发达的资本主义国家，农业资本有机构成接近和赶上了工业资本有机构成，因而上述由于农产品的价值高于一般生产价格而产生的绝对地租基本消失了。但仍然存在绝对地租，这是另一种形式的绝对地租。(4) 垄断地租。这是由垄断价格产生的高于商品价值（或生产价格）的超额利润转化的地租；土地的某些特殊优越性是产生这种超额利润的客观条件；对这类土地的经营垄断地位是形成这种超额利润的社会原因；土地私有权使这种超额利润转化为垄断地租。(5) 建筑和矿山地租。非农业地租产生的原因和地租类型，与农业地租基本相同；在建筑地租中，土地的位置具有最重要的意义，在许多情况下垄断地租占优势；在矿山地租中，矿体品位、开采难易、交通状况起着重要作用，在某些稀有矿石的矿山中，往往形成垄断地租。(6) 土地价格。土地（未开垦地）虽然不是劳动产品，没有价值，但土地可以作为商品买卖。土地价格就是资本化的地租，它的基本公式是：土地价格＝土地一年地租货币额÷年利息率。实际的土地价格还包括投资于土地的固定资本的折旧费和利息等因素，土地价格的形成，还受供求关系等因素的重要影响。

（五）总论中心说明资本主义生产和分配关系的相互关系及其历史暂时性

第七篇既是对《资本论》第三卷的总结，也是对《资本论》全书的总结。

(1) 资本主义收入及其源泉。资本主义社会的总收益就是生产的年总产品，总收入或国民收入是新创造的价值产品，纯收入是剩余价值。总收入来源于雇佣工人的劳动。“三位一体的公式”掩盖了资本主义剥削。(2) 生产关系决定分配关系。分配关系和生产关系具有历史暂时性；资本主义生产关系决定了它的分配关系，分配关系是生产关系的反面；二者都将随着生产力的进一步发展而走向灭亡。(3) 资本主义社会的阶级结构和阶级斗争。雇佣工人、资本家和土地所有者是资本主义社会的三大阶级。阶级斗争将导致“两个必然”。

总之，马克思在《资本论》第三卷中，在揭示了产业资本的平均利润是如何转化来的基础上，马克思指出商业资本参与利润的平均化，商业资本家通过获取商业利润参与对剩余价值的瓜分；而借贷资本获取的利息、大土地所有者得到的地租都不过是剩余价值的特殊转化形式，因而，他们也参与了对剩余价值的瓜分。这就一步步地揭示出资本主义分配的剥削真相。在第三卷的结尾马克思对第三卷、也对全书进行总结，遗憾的是他没有完成第三卷的内容。

综上所述，马克思在《资本论》第一、二、三卷中就是这样揭示出资本的本质及资本主义必然灭亡的客观规律的，《资本论》是一部“资本主义灭亡论”。

《资本论》的主要内容从一个角度可以归结为：一个基础：劳动价值论。三个过程：即资本的生产、流通、分配过程。一个中心，即全书紧紧围绕剩余价值这个中心展开。三条线索：即资本和雇佣劳动的对立，这是所有制的基本特征，它是决定资本主义经济全部性质的基础；榨取剩余价值是生产的唯一目的和动机；生产社会性和生产资料的资本主义私人占有之间的矛盾是基本矛盾，它决定阶级斗争和“两个必然”。十大原理：第一卷：劳动价值理论、剩余价值生产理论、资本积累理论；第二卷：循环周转理论、社会总资本再生产理论；第三卷：产业利润理论、商业利润理论、借贷利息理论、地租理论、总论。一个结论：资本主义必然为社会主义所代替。

《资本论》的出版标志着马克思主义政治经济学的创立，同时，“自从《资本论》问世以来，唯物历史观已经不是假设，而是科学地证明了的原理”①。而且剩余价值学说奠定了科学社会主义的理论基础，使明亮的阳光照进了经济学领域，而在这个领域中，从前社会主义者早先像资产阶级经济学家一样曾在深沉的黑暗中探索。科学社会主义就是从此开始、以此为中心发展起来的。

三、另一个角度看《资本论》：社会化商品经济论

前面我们从马克思写作《资本论》的宗旨的角度，考察了《资本论》是一部“资本主义灭亡论”，由于马克思当年考察的对象实际上商品经济已经有了很大的发展，生产的社会化已经达到相当的水平，所以，如果舍弃马克

① 列宁：《什么是“人民之友”以及他们如何攻击社会民主主义者?》，《列宁全集》第1卷，第112页。

思对资本主义剥削的分析，《资本论》也是对社会化大生产、社会化商品经济、乃至市场经济的分析。因而，如果我们换一个角度看《资本论》就会发现，它所揭示的关于商品经济的论述，对我们今天的现实经济生活均有指导意义，我们甚至可以认定：《资本论》不仅是一部“灭亡论”，它同时也是一部“建设论”。

概括说来，《资本论》对社会化商品经济内容的考察同样有着内在的逻辑体系，主要包括以下几个方面。第一，对作为市场经济基础的商品经济的一般特征、一般规律和发展趋势的研究：这主要体现在马克思对商品、货币和价值规律的揭示上；第二，对市场经济主体及微观经济运行规律的研究：这主要体现在第一卷第二篇至第二卷第二篇，马克思通过对资本的直接生产过程和单个资本流通过程的考察，完成了对市场经济主体及其运行规律的研究；第三，对市场机制及宏观经济运行规律的研究：这体现在从第二卷第三篇开始直至整个第三卷的内容上，马克思通过对社会总资本再生产和资本运动总过程的考察，深刻分析了市场经济的总体运动，揭示了市场经济宏观运行的机理及基本规律。它包括对市场机制及商品市场和各要素市场的研究、对宏观经济运行一般规律的研究、对市场经济的内在矛盾以及国家干预的研究等等。

如果从《资本论》第一、二、三卷作具体分析，那么，各卷中马克思关于社会化大生产的论述会给我们诸多启示。

（一）《资本论》第一卷中马克思社会化大生产论述给我们的启示

《资本论》第一卷中对商品、货币及价值规律的论述，无疑具有重要现实意义。例如：价值规律在社会主义市场经济中依然存在并发挥作用，这已为我国经济发展中的正反两方面经验所证明。由于价值规律是商品经济的基本经济规律，因此在当前实现增长方式的两个转变、完善社会主义市场经济体制的过程中，更需要发挥价值规律的作用。这具体表现在：第一，在实现计划经济体制向市场经济体制的根本转变中，要发挥价值规律的调节作用。市场经济体制要求市场在社会资源的配置中起着基础性的调节作用，而这个调节的实质，就是价值规律的调节，是价值规律发挥作用的结果。第二，在实现经济发展方式从粗放型向集约型的根本转变中，也要发挥价值规律的作用。集约型的经济增长，要求不断增加经济中的技术含量、优化产业结构、实现规模效益等，而要达到这些要求，就需要通过竞争实现优胜劣汰，简言之，要按照价值规律办事。当然，要有效发挥价值规律的作用，需要具备：产权明晰的企业、具有完善的市场体系及宏观调控体系等条件。

同样，马克思关于剩余劳动对经济建设意义的说明也非常重要，因为任何社会的发展都要求产出必须大于投入，社会主义经济也概莫能外。社会主义的生产过程同样是劳动过程和价值增值过程（产出价值大于投入价值）的统一。它与资本主义生产的区别只在于这种增值不体现剥削关系。资本家在追逐剩余价值的内在动力和优胜劣汰外在压力的作用下，使资本主义社会技术得到不断进步，生产得到不断发展。社会主义也是市场经济，也应使经济利益主体内有提高经济效益的动力，外有竞争压力，促进技术进步，优化资源配置，以更少的劳动为人民生产更多更好的产品。

特别是马克思的资本积累及其历史趋势原理揭示了资本积累的规律，深入研究这一理论不仅对正确分析、对待当代资本主义，而且对我国经济建设和经济体制改革均有重要的指导意义。分析起来：首先，马克思资本积累及其历史趋势原理所揭示的资本主义必然灭亡的科学论断，是坚定共产主义信念的理想教材和必修课；是正确分析当代资本主义、认识社会主义的理论基石。其次，马克思资本积累原理揭示出：资本积累可以促进生产力发展，必然引发经济结构的变迁、资本的重组。剔除马克思对资本主义资本积累的剥削关系的揭示，进行资本积累和扩大再生产也是社会主义建设的重要任务，我们必须重视资本的积累，要通过资本的积聚和集中，在全球兼并浪潮中将企业做大做强；要通过资本的有效重组，将我们的产业结构调整得更加合理。再次，马克思资本积累原理分析了资本主义社会中资本有机构成提高引发相对过剩人口、失业大军的出现。就业乃民生之本，马克思的上述论述对于我们认识我国劳动就业形势的变化，也极具指导意义。最后，马克思在阐述资本积累及其历史趋势原理时，提出了对未来社会所有制形态的构想——"重新建立个人所有制"，这对我们理解公有制实现形式问题，也极具指导价值。

（二）《资本论》第二卷中马克思社会化大生产论述给我们的启示

《资本论》第二卷中所揭示的资本运动的本质特征、内部矛盾和规律性，对我们当前研究社会需求结构的变化，处理好比例、速度和效益的关系，生产与消费的关系，第一、二、三产业的关系，极具重要的现实意义。特别是他在论述扩大再生产理论时对经济增长内涵、经济增长方式、经济增长因素的分析，对今天我们实现经济发展方式的转变，无疑更具重要的指导意义。

具体说来，马克思的再生产理论，不仅揭示了资本的流通规律，而且揭示了商品一般的流通规律，同时还揭示了生产一般的流通规律。作为商品一般和生产一般的流通规律，在社会化大生产的商品经济中都是存在的，都会发生作用，社会主义经济也不例外。

首先，马克思的再生产理论对微观经济活动具有指导意义。

第一，它指出了企业经济活动的动力。资本流通的本质是为了追求剩余价值。这是个别资本运动的动力，也是社会资本运动的动力。社会主义企业也需要动力，社会主义企业的动力来自同社会主义基本经济规律作用相一致的全面物质利益。要把社会主义企业建立在劳动者对个人物质利益的关心上面。在这个动力推动下，每个企业才能充分发挥全体职工的社会主义积极性，增加生产，增加赢利，为满足人民日益增长的物质文化生活需要，提供日益增多的物美价廉的商品。第二，它强调了企业经济活动的连续性。马克思在分析单个资本循环时，着重指出总循环的连续性在于三种资本循环形式的统一。社会主义企业也需要保证企业经济运动的连续性。实现三种资本循环的统一，实现生产过程和流通过程的统一。企业既要抓生产，也要抓流通，既要抓管理，也要抓经营。企业必须要保证购产销相互衔接，做到产需结合，以需定产。第三，它揭示了企业经济活动的效果。马克思在分析单个资本周转时，着重说明资本周转速度和价值增殖的关系。如果去掉资本剥削的性质，在社会主义企业经营管理中，就是如何通过加速资本周转取得最好经济效果的问题。

其次，马克思的再生产理论对宏观经济运动具有指导意义。

第一，它提出一定要保证国民经济综合平衡。马克思分析社会资本流通时揭示了社会总产品实现的根本要求，就是建立合乎比例的综合平衡。社会主义市场经济条件下，社会总资本的再生产也要求做到国民经济综合平衡。第二，它指出要建立合理的经济结构。马克思的社会再生产理论告诉我们，只有建立合理的经济结构，社会总产品才能顺利实现。合理的经济结构，具体到再生产过程来看，主要是两大部类之间、积累和消费之间要保持合理的比例关系，更具体地说，农、轻、重之间、生产和基建之间、挖潜和新建之间、折旧和更新之间都要保持合理的比例关系，使社会主义国民经济的生产、分配、交换、消费四个环节能够协调地运转。第三，它指出需建立合理的经济体制。马克思的社会再生产理论还告诉我们，社会总产品的顺利实现，不仅同经济结构相联系，还同经济体制相联系。在商品经济条件下，两大部类的价值补偿和实物替换的平衡关系，既是按一定比例分配社会总劳动量的关系，又是社会生产各部门相互之间由货币转化为商品、由商品转化为货币的市场关系。社会主义的经济体制应当同这种客观的经济条件相适应。

最后，马克思扩大再生产理论关于经济增长问题的论述，对我国当前经济发展方式的转变极具现实意义。

第一，马克思分析了经济增长与消费需求的关系，指出消费既是生产的目的和完成，又为生产提供需求和动力。发展社会主义经济的目的，就是满足人民日益增长的物质和文化生活的需要。要转变经济发展方式，首先要转变经济发展的目的性。要面向市场，面向消费，要提高产品的销售率，把积压减小到最小限度。第二，马克思分析了经济增长与劳动生产率问题，指出经济的有效增长，在产品的使用价值满足社会需要的前提下，还必须提高劳动生产率，用更少的投入达到更大的产出。而提高劳动生产率的一个重要标志，是技术进步引起生产商品的物化劳动的增加额小于减少的活劳动量，从而导致单位商品价值量的降低。这要求我们，在技术革新中，不能满足新的机器设备代替了多少活劳动，而必须以上述的比较为标准来衡量是否真正提高了劳动生产率。从社会范围看，劳动生产率的提高是一系列因素综合作用的结果。马克思的相关论述无疑为我们提高社会主义社会的劳动生产率指明了途径。第三，马克思分析了经济增长的基点和主体问题，指出在有效的经济增长中，必须把提高存量资产的运行效率作为基点和主要战场。第四，马克思分析出经济增长有两种不同类型，指出一种是外延的或粗放的，其根本特征是单纯依靠增加生产要素的投入数量而实现的生产增长；另一种是内涵的或集约的，其根本特征是主要依靠提高生产要素的使用效率而实现的生产增长。生产要素的使用效率是否提高，是区别两种增长方式的根本界限。我们应该走内涵扩大再生产的道路。第五，马克思研究了经济增长的投入要素，指出科学技术是第一生产力。因此，要实现经济发展方式从粗放型到集约型的转变，必须转变投入的内容，把增加科技含量，提高生产要素的质量放在首要地位。第六，马克思分析了经济增长与产业结构的关系，指出一切生产特别是社会化大生产，都要求按比例发展，按比例分配社会劳动。所谓按比例，也就是产业结构的合理化；即要求不同部门生产的产品在使用价值上符合社会需要，在价值量上要平衡；实现经济发展方式根本转变的一个关键环节，就是要遵循社会生产按比例发展的规律，实现产业结构的合理化和优质化。由于社会分工是不断变化的，因而社会生产的比例和产业结构也是不断变化的。这就要求我们不断调整产业结构。在这个过程中，必然引起劳动力的流动和职业的转换。这是一个需要认真对待和解决的大问题。这个问题解决得不好，就会阻碍产业结构的调整和优化。第七，马克思分析了经济增长与规模效益的关系，指出在实现经济发展从粗放型向集约型的转变中，不可忽视生产要素投入量的增加，因为这种量的增长达到一定程度时，即使生产的技术条件不变，也会形成一个规模效益。随着生产社会化的发展，各个生产经营单位所需要的最低投资额和最佳投资额是不断增加的。所以，在转变经济发展方式过程中，必须把提高规模经济效益作为一个重要的环节来抓。第八，马克思考察了经济增长与自然环境问题，指出劳动过程、经济增长过程是人类和自然的物质变换过程。一方面，生产要占用和消耗各种自然资源，另一方面人类的生产和生活要向自然界排泄各种废物、废液、废气，影响自然环境。后者反过来又影响人类的生产和生活。这中间所进行的物质变换过程是良性的还是恶性的，决定着人类生存和发展的持续性和效益性。所以，国民经济必须实行可持续发展战略，注意节约资源，保护环境，争取在人与自然物质变换的良性循环中实现经济的发展。第九，马克思还研究了经济增长与经济管理的关系，指出管理是社会化大生产和经济增长的一个永恒的主题。在社会化大生产条件下，没有管理、监督和指挥，就不能实现经济增长。管理就是生产力。加强科学的管理（包括微观管理和宏观管理）是实现经济发展方式转变的一个重要方面。最后，马克思剖析了经济增长与利益机制的问题，指出人们做任何事情，都是利益驱动的结果，只不过利益的性质不同罢了。经济的增长更是如此。资本主义积累和生产力的巨大发展，一是由于资本家内在挣钱的动力，二是竞争的压力，利益驱动＋竞争压力这个动力机制，是适用于所有市场经济的。在社会主义市场经济条件下，由于生产资料的公有制，决定了公有制企业具有根本利益的一致性；但作为独立的经济实体和市场竞争主体，它们生产经营活动的直接动力是企业利益的最大化，而市场竞争又作为一种外在压力推动企业有效地运行。可见，要实现经济发展方式从粗放型到集约型的根本转变，就企业来讲，同样要依靠“利益驱动＋竞争压力”这个动力机制。即，一方面要在企业内部形成追求技术进步、注重内涵扩大再生产、提高经济效益、注意保护环境的微观机制，另一方面在市场竞争和宏观政策上造成有利于实现经济发展方式转变的大环境。一句话，就是要让搞集约增长的企业和个人得到好处，让搞粗放增长的企业和个人受到惩罚。只有这样，才能有力地推动经济增长方式的根本转变。

综上所述，马克思关于经济增长的相关论述，为我们当前的经济发展方式的转变，提供了重要指导思想①。

① 这部分是对鲁从明《〈资本论〉的思想精华和伟大生命力》（中共中央党校出版社 1998 年版）的相关内容的改写。

(三)《资本论》第三卷中马克思社会化大生产论述给我们的启示

鉴于《资本论》第三卷中所揭示的内容是价值、剩余价值的转化形态，利润、利息、地租等在社会主义市场经济中也同样存在，所以，第三卷所揭示的内容对我们的建设与改革的指导意义更为明显：第一卷至第四卷关于利润平均化理论，揭示了资本在不同产业和部门间流动和重组的规律，它对于认识我国的产业重组问题，无疑具有指导意义；其中第四篇揭示的关于商业的地位与作用以及商品流通费用的原理，对今天仍有现实意义。而马克思关于借贷资本的论述则指出了我国金融改革的方向。因为既然借贷资本的本质是一种“资本商品”，而且它的借贷要付出筹码——利息，这便指明了真正的专业银行的内涵：作为真正的专业银行首先应该是经营资本商品的特殊企业，而不应是“货币发行公司”、“金库”；其次，银行经营的应是资本商品，即它经营的目的在于能够赢利，而不应使贷款成为只是跟着物走的记账符号；利息是经济杠杆，银行还应能够运用利息率的高低，以贷与不贷、贷多贷少来调节经济。此外，了解了银行的性质和特点，对于我们“要把银行办成真正的银行”的改革、对于银行作用的发挥，具有重要意义。马克思、恩格斯对存在于资本主义经济条件下股份经济所作的剖析，对正确认识股份制的性质、职能与作用、深化国有企业改革，具有现实指导意义；而马克思关于虚拟资本投机性的论述，对我们防范金融风险、加强金融监管十分重要。

此外，由于地租在社会主义条件下依然存在，因而学习、运用地租理论具有诸多现实意义：第一，地租是使用土地的代价，它可以调节土地资源的合理配置。政府可以利用地租量的变动，引导其他生产要素的流向，以达到培植新的经济增长点的目的。第二，土地所有制是地租产生的前提。只有完善的土地制度，才能产生地租，进而引导土地的流转和促进土地使用效率的提高。所以，改革和完善现有土地制度是当前农村改革的重要任务。第三，利用级差地租可以获得城市建设的“第二财政”，它可直接促进城市经济环境的不断优化和城市建设的全面进步。这表明马克思地租理论的生命力；还有，认真解读马克思对资产阶级经济学家“三位一体的公式”的批判，对理解中央提出的“确立劳动、资本、技术和管理等生产要素按贡献参与分配的原则，完善按劳分配为主体、多种分配方式并存的分配制度”① 也有重要指导意义。而马克思关于剩余价值的分配与国民收入分配的论述，也对我们极具启发：第一，虽然资本主义国民收入分配的原则不会发生改变，但是，由

① 本书编写组：《十六大报告辅导读本》，人民出版社 2002 年版，第 25 页。

于工人阶级的反抗，国民收入在各个阶级、阶层和集团之间的分配比例会发生一定程度的变化，工人阶级获得的国民收入比例有所增加。运用资本主义国民收入分配的原理，分析资本主义国民收入的新变化。第二，社会主义社会也存在国民收入分配问题。运用国民收入再分配的原理，分析如何实现社会主义共同富裕的目标。第三，在我国统筹经济发展中，运用国民收入再分配理论，扶植落后地区经济的发展。

总之，《资本论》对资本生产方式的揭示，逻辑极其严谨、理论十分彻底，它是一部揭示资本主义必然灭亡、集中代表马克思恩格斯经济学思想的宏伟巨著；同时，它所揭示的社会化大生产的一般规律，至今具有重要的现实意义。

四、一部不朽的著作：《资本论》的光辉永驻

马克思《资本论》第一卷问世近一个半世纪以来，《资本论》以其卓越的思想和博大精深的内容征服了亿万读者，它不仅是“无产阶级的圣经”，而且“在有教养者队伍中的传播，不亚于在工人队伍中的传播”。世界上一些著名大学，如美国的哈佛大学和耶鲁大学、英国的剑桥大学和牛津大学、加拿大的多伦多大学、澳大利亚的墨尔本大学等等，都开设了《资本论》课程。世界上著名的经济学教科书，都辟有专章介绍《资本论》。不少国家的领导人，将《资本论》列为案头必备书之一。一些严肃、公正的资产阶级学者也都高度评价《资本论》对人类历史进程产生的深远影响。美国前全国图书馆协会主席、伊利诺大学图书馆馆长罗伯特·唐斯，将《资本论》列为影响世界进程的十六本书之一。他称“马克思是社会学的达尔文，经济学的牛顿。”

我国的经济学说史专家们也高度评价《资本论》，认为：历史上对社会进步起过重要作用，为人们所珍惜的科学巨著是不少见的，但是，就其对人类发展所起的巨大作用而言，没有任何一部著作能与《资本论》相提并论，也没有任何一部著作像《资本论》这样，从诞生的那一天开始，一直为亿万人所关注，受到人们如此广泛的研究，得到如此广泛的传播。直到今天，人们仍然带着爱和恨，希望和恐惧两种相反的情感激烈争论着这部著作所揭示的理论。马克思就是凭借着他的《资本论》和《共产党宣言》两部著作对人类社会产生的深远影响，在世纪之交当之无愧地当选为“千年思想家”和“千年风云人物”。

当然，马克思恩格斯的经济学说不可能穷尽真理，邓小平同志说得极对："马克思主义理论从来不是教条，而是行动的指南。它要求人们根据它的基本原则和基本方法，不断结合变化着的实际，探索解决新问题的答案，从而也发展马克思主义理论本身。"①

① 邓小平：《邓小平文选》第3卷，人民出版社1993年版，第146—147页。

参 考 文 献

一、文 章:

第一卷:

I

1. 谭跃湘:《劳动价值论创新:传统观念和现代意识的有机结合》,《益阳师专学报》1997 年第 3 期

2. 冯文光:《马克思的价值决定理论及其现实意义》,《复印报刊资料理论经济学》1997 年第 4 期

3. 张旭:《从自然价值、劳动价值到社会价值(对劳动价值论的全面阐述和解说)》,《复印报刊资料理论经济学》1997 年第 6 期

4. 柳昌清等:《从劳动价值论到劳动力价值实现论》,《学习论坛》1997 年第 6 期

5. 卢小珠:《对商品、价格概念的新思考》,《复印报刊资料理论经济学》1997 年第 7 期

6. 赵海东:《论创造价值的劳动一般》,《江西社会科学》1997 年第 7 期

7. 张大军:《价值规律本质的探索》,《复印报刊资料理论经济学》1997 年第 9 期

8. 刘跃斌:《试论马克思的劳动价值论与劳动消耗转化的关系》,《复印报刊资料理论经济学》1997 年第 11 期

9. 李成斌:《坚持劳动价值论》,《复印报刊资料理论经济学》1997 年第 11 期

10. 苏星:《劳动价值论不能否定》,《理论前沿》1997 年第 13 期

11. 王海平:《社会生产力价值论:劳动价值论的创新》,《河北经贸大学学报》1998 年第 1 期

12. 王岩:《马克思劳动价值理论精髓及现实意义探索》,《内蒙大学学报》1998 年第 2 期

13. 钱津:《价值分析:劳动整体中主客体作用的关系》,《复印报刊资

料理论经济学》1998 年第 4 期

14. 蒋南平：《对马克思价值表现理论的探讨》，《复印报刊资料理论经济学》1998 年第 4 期

15. 刘冠军：《全面理解马克思的劳动价值论》，《复印报刊资料理论经济学》1998 年第 4 期

16. 卢嘉瑞：《商品论》，《复印报刊资料理论经济学》1998 年第 6 期

17. 卫兴华：《对马克思恩格斯商品理论的再探析》，《复印报刊资料理论经济学》1998 年第 6 期

18. 李铁映：《关于劳动价值论的读书笔记》，《理论动态》第 1699 期

19. 卫兴华：《价值理论研究中的热点难点问题探讨》，《理论动态》第 1618 期

Ⅱ

1. 张开宇等：《关于资本的再认识》，《湘潭大学学报》1996 年第 3 期

2. 叶书宗：《劳动力商品的历史再认识》，《复印报刊资料理论经济学》1997 年第 7 期

3. 郭广迪：《对资本等经济范畴适用范围的逻辑思考》，《复印报刊资料理论经济学》1997 年第 11 期

4. 赵渤：《劳动力价值理论确定及在产业结构中的战略地位》，《复印报刊资料理论经济学》1998 年第 4 期

5. 尹继东：《资本与资本经营研究》，《复印报刊资料理论经济学》1998 年第 4 期

6. 杨圣明：《论资本的二重性》，《学术探索》2005 年第 4 期

7. 庞元正：《立足当代中国实际，坚持理论创新》，《理论动态》2002 年 9 月 20 日第 1575 期

8. 王珏：《历史大视野下的改革观》，《理论动态》2006 年 9 月 30 日第 1720 期

Ⅲ

1. 许崇正：《论人的全面发展与马克思的“重建个人所有制”》，《社会科学战线》1996 年第 5 期

2. 杨昌俊：《从个体全面发展的高度试解“重建个人所有制”之谜》，《广东社会科学》1997 年第 1 期

3. 黄灼明等：《马克思恩格斯的所有制形式理论与我国公有制形式创新》，《复印报刊资料理论经济学》1997 年第 1 期

4. 方竹兰：《马恩重建劳动者个人所有制理论的实践意义》，《孝感师专学报》1997 年第 2 期

5. 坚毅：《马克思“重建个人所有制”的含义究竟是什么》，《江西社会科学》1997 年第 3 期

6. 国康：《否定之否定：揭开马克思“重建个人所有制”之谜的关键》，《复印报刊资料理论经济学》1997 年第 4 期

7. 郭继强等：《劳动力产权与国有资产保值增值》，《复印报刊资料理论经济学》1997 年第 4 期

8. 张亚斌等：《〈资本论〉中的劳动产权及其现实意义》，《当代经济研究》1997 年第 5 期

9. 许国新：《再论劳动者私人资本》，《江汉论坛》1997 年第 7 期

10. 陆伟：《深化产权改革必须清楚的一个理论问题：马克思“重建个人所有制”思想的正确理解对当前改革的指导意义》，《广西理论学习》1997 年第 9 期

11. 金志国：《正确理解马克思的“重新建立个人所有制”思想》，《理论建设》1995 年第 2 期

12. 应克复：《理解“重新建立个人所有制”的方法论问题》，《马克思主义与现实》1997 年第 5 期

13. 张兴茂：《关于“重新建立个人所有制”的理论思考》，《河南大学学报》社科版 1995 年第 2 期

14. 张洪武：《谈马克思的“重新建立个人所有制”思想》，《理论研究》1995 年第 2 期

15. 孔陆泉、金丽馥、姚海珊：《关于国有制和个人所有制的再思考》，《经济学动态》1997 年第 11 期

16. 凌令时：《对马克思“重新建立个人所有制”提法的思考》，《贵州教育学院学报》社科版 1997 年第 2 期

17. 林礼义：《试论社会主义公有制的特有历史规定性》，《理论学习月刊》1998 年第 3 期

18. 国康《否定之否定：揭开马克思“重新建立个人所有制”之谜的关键》，《齐鲁学刊》1997 年第 1 期

19. 徐崇温：《正确认识资本主义的发展历程》，《光明日报》2000 年 11 月 14 日

20. 章百家：《以历史唯物主义看待马克思主义》，中央党校学习毕业

论文

21. 梁衡：《特利尔的幽灵》，《当代贵州》2004年第12期

第二卷：

Ⅰ

1. 梁言顺：《对〈资本论〉第二卷资本周转时间问题的一点看法》，《理论前沿》1996年第14期

2. 朱延福：《科斯的交易费用理论与马克思的流通费用比较研究》，《中南财经大学学报》1996年第3期

3. 洪名勇：《马克思关于流通费用的理论与科斯定理》，《内蒙财经大学学报》1997年第2期

4. 黄敏：《试论〈资本论〉中提高经济效益的原理》，《当代经济研究》1997年第3期

5. 夏春玉：《马克思流通理论及其评价》，《复印报刊资料理论经济学》1997年第9期

6. 檀秀枝：《把握马克思资本循环原理，实现国有企业"资本运营"与"人本管理"的统一》，《复印报刊资料理论经济学》1997年第9期

7. 晏维龙：《交换与流通的费用》，《南京经济学院学报》2000年第2期

8. 刘向东：《流通费用理论的创新与发展》，《经济理论与经济管理》2002年第11期

9. 刘向东：《流通费用与交易费用的区别与联系》，《中国人民大学学报》2004年第2期

10. 杨波：《交易费用不是流通费用的现代版本》，《当代经济研究》2004年第8期

11. 朱丹：《马克思的流通费用理论与新制度经济学的交易费用理论比较研究》，《理论探讨》2006年第12期

12. 徐从才：《论现代流通成本》，《商业经济与管理》2006年第12期

Ⅱ

1. 傅殷才：《论马克思〈资本论〉对宏观经济学的贡献》，《复印报刊资料理论经济学》1996年第5期

2. 刘小怡：《试论马克思的总供给—总需求模型》，《复印报刊资料理论经济学》1996年第8期

3. 曹新：《马克思的宏观经济理论研究》，《复印报刊资料理论经济学》1996年第11期

4. 沈德仁:《马克思社会资本再生产理论给我们的启迪》,《复印报刊资料理论经济学》1997 年第 11 期

5. 吴易风:《经济增长理论:从马克思的增长模型到现代西方经济学家的增长模型》,《当代经济研究》2000 年第 8 期

6. 杨继国:《对扩大再生产模型"扩展"研究》,《厦门大学学报》2002 年第 2 期

7. 高国顺:《〈资本论〉与社会主义经济增长》,《湖北大学学报》2003 年第 1 期

8. 万文丽:《马克思的社会再生产理论与宏观经济调控》,《当代经济研究》2004 年第 2 期

9. 花文苍:《资本有机构成提高对宏观经济的影响》,《市场论坛》2005 年第 2 期

10. 何金龙:《马克思再生产理论的均衡、非均衡分析与经济增长研究》,《经济师》2005 年第 8 期

11. 彭五堂:《马克思经济增长理论及其现实意义》,《经济问题》2005 年第 11 期

12. 李广平:《论马克思再生产理论与凯恩斯总量均衡理论的相同性》,《江汉论坛》2007 年第 1 期

13. 林琼慧:《消费、投资增长差距扩大是经济失衡的主要原因》,《生产力研究》2007 年第 4 期

第三卷:

I

1. 朱正清:《马克思的供求理论与价格理论》,《复印报刊资料理论经济学》1997 年第 7 期

2. 姜启渭:《创造价值的社会必要劳动的两重含义的存在性》,《复印报刊资料理论经济学》1997 年第 8 期

3. 姜启渭:《对长期争论难点、失误原因及问题的实践意义分析》,《复印报刊资料理论经济学》1997 年第 8 期

4. 郑志国:《供求关系与价值增殖》,《复印报刊资料理论经济学》1998 年第 7 期

5. 韩风来:《社会必要劳动时间"双重含义"之我见》,《理论探讨》1998 年第 1 期

6. 宋则行:《关于两种含义的社会必要劳动时间》,《复印报刊资料理论

经济学》1998 年第 5 期

7. 张雷声：《国际价值的研究与劳动价值论的新发展》，《学术界》2002 年第 5 期

8. 杨圣明：《经济全球化与国际价值问题》，《中国社会科学院研究生院学报》2002 年第 6 期

9. 杨玉生：《不平等交换和国际剥削》，《当代经济研究》2004 年第 12 期

10. 付彩霞：《经济全球化背景下影响商品国际价值的因素分析》，《教学与研究》2005 年第 5 期

11. 袁欣：《国际价值与国际价格：劳动价值论的解释》，《经济经纬》2006 年第 6 期

12. 李翀：《马克思主义国际生产价格理论的构建》，《马克思主义研究》2007 年第 7 期

Ⅱ

1. 陈振羽：《马克思区分生产劳动与非生产劳动的角度》，《复印报刊资料理论经济学》1995 年第 5 期

2. 李江帆：《马克思关于非实物使用价值充当价值承担者的思想探讨》，《当代经济研究》1996 年第 6 期

3. 仲伟富：《试论非物质生产领域的劳动也创造价值》，《复印报刊资料理论经济学》1996 年第 11 期

4. 杨平：《〈资本论〉概念结构规定性初探（兼论生产劳动概念的全面理解）》，《复印报刊资料理论经济学》1997 年第 2 期

5. 魏民：《论创造价值劳动的一般规定性与第三产业劳动创造价值问题》，《复印报刊资料理论经济学》1998 年第 5 期

6. 刘申有、陈庆华：《生产劳动与创造价值的劳动没有必然联系》，《社会科学报》2001 年 7 月 5 日

7. 易炼红：《三种涵义的生产劳动与第三产业劳动的性质》，《人民日报》2001 年 11 月 27 日

8. 郭克莎：《生产劳动的范围如何界定》，《光明日报》2002 年 5 月 14 日

9. 袁景衡：《生产劳动研究综述》，《四川职业技术学院学报》2003 年第 2 期

10. 王成稼：《关于生产劳动和非生产劳动问题》，《当代经济研究》

2004年第1期
11. 何娟：《马克思生产劳动理论与服务劳动研究》，《生产力研究》2004年第6期
12. 寇冠玲、岳宏志：《马克思生产劳动理论新论》，《人文杂志》2005年第3期
13. 邓献晖：《否认服务是生产劳动的若干理由辨析》，《湖北经济学院学报》2007年第4期
Ⅲ
1. 尹焕三：《马克思的产权理论新发展及其现实意义》，《学术论坛》1996年第4期
2. 刘俊民：《论西方国家虚拟资本的新发展》，《复印报刊资料理论经济学》1997年第2期
3. 孙国瑶：《马克思主义合作社理论及其实现意义》，《理论学刊》1997年第3期
4. 张宗新：《对马克思产权理论的几点探讨》，《长白学刊》1997年第3期
5. 林大辉：《马克思关于虚拟资本的论述及其现实意义》，《广东金融》1997年第3期
6. 乔骥：《浅析马克思的产权理论及其现实意义》，《解放军外语学院学报》1997年第4期
7. 严枝：《马克思的产权理论及其现实意义》，《复印报刊资料理论经济学》1997年第4期
8. 家鲁：《马克思产权理论研究的几个问题》，《复印报刊资料理论经济学》1997年第6期
9. 郭今林：《马克思的虚拟资本理论对防范我国泡沫经济的几点启示》，《复印报刊资料理论经济学》1997年第7期
10. 周业安：《正确理解马克思的股份公司理论，推动股份制改革》，《复印报刊资料理论经济学》1998年第3期
11. 李恒光：《虚拟资本的内含、运行规律及经济影响探析》，《复印报刊资料理论经济学》1998年第6期
12. 叶建新等：《马克思恩格斯的股份制思想及其启示》，《复印报刊资料理论经济学》1998年第6期
13. 刘综：《试析〈资本论〉中的产权理论》，《南方经济》1998年第

6 期

14. 纪尽善：《马克思恩格斯资本市场理论及我国资本市场的发展》，《复印报刊资料理论经济学》1998 年第 6 期

15. 韩志国：《中国股份经济发展的总体战略》，中国市场经济研究会《学术简报》1997 年 4 月 15 日

16. 李萍、刘金石：《十六届三中全会后我国所有制问题最新研究综述》，《河南大学学报》2005 年第 5 期

17. 厉以宁：《论新公有制企业》，《经济学动态》，2004 年第 1 期

18. 于金富：《公众股份制是我国现阶段一种公有制主要实现形式》，《经济学动态》2004 年第 4 期

19. 陈学法：《不能把公众控股的股份制等同于私有制》，《经济学动态》2004 年第 10 期

20. 何伟：《论混合经济》，《经济学家》2004 年第 4 期

21. 王珏：《股份制与中国经济体制改革》，《南方经济》2004 年第 3 期

22. 蔡继明：《股份制性质辨析》，《经济学动态》，2005 年第 1 期

23. 黄范章：《不能把股份制跟公有制划上等号》，《经济学动态》2004 年第 10 期

24. 经典作家所有制和分配理论课题组：《经典作家关于股份制的基本观点》，中央马克思主义理论研究与建设工程、马克思主义经典著作基本观点课题组《研究成果》第 158 期

Ⅳ

1. 于俊文：《土地所有权与绝对地租内在联系的科学论证》，《复印报刊资料理论经济学》1997 年第 4 期

2. 高映轸：《绝对地租产生和消失》，《复印报刊资料理论经济学》1998 年第 1 期

3. 陈少晖：《城市绝对地租与土地产权制度创新》，《复印报刊资料理论经济学》1998 年第 3 期

4. 杨学成：《绝对地租来源与形成新解》，《复印报刊资料理论经济学》1998 年第 12 期

5. 张晓群：《马克思的地租理论与现阶段我国农地制度改革》，《中国农业大学学报》1999 年第 3 期

6. 石霞、张燕喜：《我国农村土地制度改革思路的评价与思考》，《中共中央党校学报》2003 年第 1 期

7. 张志鹏:《马克思地租理论与我国农地制度改革》,《天赋新论》2005年第5期

V

1. 周坤:《论人力资本的特征及其价值实现》,《复印报刊资料理论经济学》1997年第9期

2. 熊楚熊:《论劳动力要素资本化分配模式》,《深圳大学学报》1998年第1期

二、书目:

1.《马克思恩格斯全集》第23卷,人民出版社1972年版
2.《马克思恩格斯全集》第24卷,人民出版社1972年版
3.《马克思恩格斯全集》第25卷,人民出版社1975年版
4.《马克思恩格斯全集》第26卷Ⅰ,人民出版社1972年版
5.《马克思恩格斯全集》第26卷Ⅱ,人民出版社1973年版
6.《马克思恩格斯全集》第26卷Ⅲ,人民出版社1974年版
7.《马克思恩格斯全集》第46卷上,人民出版社1979年版
8.《马克思恩格斯全集》第46卷下,人民出版社1980年版
9.《马克思恩格斯选集》第1、2、3、4卷,人民出版社1972年版
10.《马克思恩格斯全集》第33卷,人民出版社2004年版
11.《马克思恩格斯全集》第44卷,人民出版社2001年版
12.《马克思恩格斯全集》第46卷,人民出版社2003年版
13.《马克思恩格斯全集》第30卷,人民出版社1997年版
14.《马克思恩格斯全集》第12卷,人民出版社1962年版
15.《马克思恩格斯全集》第26卷Ⅲ,人民出版社1974年版
16.《马克思恩格斯全集》第49卷,人民出版社1985年版
17.《马克思恩格斯全集》第25卷,人民出版社2001年版
18.《马克思恩格斯全集》第20卷,人民出版社1971年版
19.《马克思恩格斯全集》第49卷,人民出版社1985年版
20.《马克思恩格斯全集》第31卷,人民出版社1972年版
21.《马克思恩格斯全集》第39卷,人民出版社1974年版
22.《马克思恩格斯选集》第1卷,人民出版社1972年版
23.《列宁选集》第1卷,人民出版社1960年版、1972年版
24.《列宁全集》第1卷,人民出版社1984年版

25. 江泽民：《在庆祝中国共产党成立八十周年大会上的讲话》单行本，人民出版社 2001 年版

26. 中共中央宣传部理论局：《干部群众关心的 25 个理论问题》，学习出版社 2003 年版

27. 本书编写组：《十六大报告辅导读本》，人民出版社 2002 年版

28. 〔英〕罗宾逊：《马克思、马歇尔和凯恩斯》，商务印书馆 1963 年版

29. 王珏等：《〈资本论〉介绍》，中共中央党校出版社 1982 年版

30. 陈征：《〈资本论〉解说》，福建人民出版社 1982 年版

31. 马健行、郭继严：《〈资本论〉创作史》，山东人民出版社 1983 年版

32. 王珏主编：《〈资本论〉（节选本）学习提纲》，天津人民出版社 1984 年版

33. 鲁从明主编：《〈资本论〉（节选本）解析》，中共中央党校出版社 1987 年版

34. 〔希腊〕A. 伊曼纽尔：《不平等交换》，中国对外经济贸易出版社 1988 年版

35. 科斯：《企业、市场和法律》，上海三联书店 1990 年版

36. 龚士其主编：《政治经济学教程》，中共中央党校出版社 1990 年版

37. 丛培华：《国际价值论》，中国对外经济贸易出版社 1994 年版

38. 汤在新主编：《〈资本论〉续篇探索》，中国金融出版社 1995 年版

39. 蒋祖钢：《遗传价值经济学初论》，经济日报出版社 1996 年版

40. 乔刚等：《中国市场经济导论》，改革出版社 1996 年版

41. 马健行：《马克思主义经济思想的历史与现实》，西南财经大学出版社 1996 年版

42. 王琢、许滨：《中国农村土地产权制度论》，经济管理出版社 1996 年版

43. 赵炳贤：《资本运营论》，企业管理出版社 1997 年版

44. 刘仲康等：《名牌战略》，中国友谊出版公司 1997 年版

45. 鲁从明：《〈资本论〉的思想精华和伟大生命力》，中共中央党校出版社 1998 年版

46. 王珏主编：《论现代公有制》，济南出版社 1998 年版

47. 〔美〕罗伯特·韦兰等著：《走进客户的心》，经济日报出版社 1998 年版

48. 张昆仑：《质疑·探索·求真——关于政治经济学若干原理的研

究》，中国经济出版社 1998 年版

49. 徐根兴主编：《资本运营教程》，中共中央党校出版社 1998 年版

50. 胡希宁编著：《当代西方经济学概论》，中共中央党校出版社 1998 年版

51. 〔美〕莱斯特·瑟罗：《资本主义的未来》，中国社会科学出版社 1998 年版

52. 石霞：《走向市场——欠发达农村市场化研究》，中国农业出版社 1999 年版

53. 钱忠好：《中国土地制度变迁和创新研究》，中国农业出版社 1999 年版

54. 周玉清：《企业职工工资过低与政府调控责任》，中央党校第 39 期省部 A 班经济建设经济体制改革研究方向报告

55. 肖枫：《两个主义一百年——资本主义社会主义》，当代世界出版社 2000 年版

56. 杨春贵主编：《“四个如何认识”学习读本》，中共中央党校出版社 2000 年版

57. 〔埃及〕萨米尔·阿明：《不平等的发展》，商务印书馆 2000 年版

58. 李景治等：《当代资本主义的演变与矛盾》，中国人民大学出版社 2001 年版

59. 王珏：《迈向新世纪的中国经济改革》，中国财政经济出版社 2001 年版

60. 丁冰、张连城：《现代西方经济学说》，中国经济出版社 2002 年版

61. 钟盛熙等：《〈资本论〉与当代》，安徽人民出版社 2003 年版

62. 黄楠森：《时代发展与马克思主义本土化》，《马克思主义研究论丛》，中央编译出版社第 1 辑 2005 年版

63. 杨玉生、杨戈：《价值·资本·增长——兼并西方国家劳动价值论研究》，中国经济出版社 2006 年版

64. 贺蕊莉：《中国财富非市场归集路径研究》，东北财经出版社 2007 年版

后 记

经过艰苦的努力，我们终于如期完成了书稿的写作。

写一本有关《资本论》的学习、研究著作，是我们多年的夙愿。我们中一是有着二十几年《资本论》教龄、参与过数部《资本论》学习、辅导著作写作的中央党校经济学教授；一是攻读硕士学位时就以《资本论》为主攻方向、在职完成博士学位后痴心不改、也已在中央党校从教十多年的经济学副教授。正是上述经历，使我们从《资本论》中受益匪浅，自然不时萌发将学习心得、研究成果公诸于世的念头。

在已有15年会龄的全国党（干）校《资本论》研究会第八届年会上，我们双双被推选为该会的秘书长和副秘书长。在该届年会上，著名经济学家王珏会长提出了今后十五年出版数部学术著作的“三个五年计划”的宏伟设想，完成第一部著作，既是会员的重托，也是我们的心愿，在自认还有些写作“资本”的前提下，我们承担了此书的写作任务。

众所周知，马克思的伟大著作《资本论》已经发表一百多年了，鉴于国内、外对这部“工人阶级的圣经”已有大量研究专著的现实，为使这本书有些特色，我们将注意力集中在对难点和联系实际的热点问题的回答上，于是，“不自量力”的我们将读书难点、特别是国内有争议的读书难点及尚处于探讨阶段的联系实际的理论问题列入了写作提纲。

坦率地说，有多年学习、教学实践的积累及众多辅导书籍可以参考，我们比较容易地完成了原著各卷、各章“简介”及“内容要点”部分的写作。当真正开始解释“难点”、尤其是探讨“理论热点”时，我们才发现自己原来是如此“力不从心”。在我们选中的难点中，既有被学术界称为经济学“哥德巴赫猜想”的、对“重新建立个人所有制”的理解，又有学术界争论了半个世纪而无统一“说法”的如何理解“社会必要劳动时间的两重决定”及“生产劳动和非生产劳动”等问题。我们的热点探讨涉及的数个理论界没有“说法”的“前沿”问题，也注定使底气不足的我们备受考验。我们为每个问题研究的“小有进展”而兴高采烈，更为写作中的“毫无思路”而寝食不安……因交稿时间不容推迟且我们的水平的确有限，故现在呈现给读者的这本书，很可能是一份不及格的答卷。在本书中，张燕喜完成了第一卷共三章、第三卷第3、5章及第二、三卷各一个难点的写作；石霞承担的是第二卷共两章及第三卷第1、2、4章的写作任务。在这里，我们诚恳地希望读者给予批评、指正。此刻，我们唯一可以自慰的是，通过此书的写作，学到了许多东西、坚定了马克思主义的信念，这或许是比完成、出版此书更为重要的事情。

在本书的写作过程中，我们得到了著名经济学家、博士生导师王珏教授的鼎力帮助：他在我们撰写书纲时帮我们选定了书中应回答的难点、应探讨的热点问题；在我们撰写书稿时多次与我们探讨重点问题，给了我们很多启迪；在我们完成书稿后于百忙中审阅了部分篇章；他允许我们录用他早年的研究成果，作为本书综述章的内容；他还应我们之邀，欣然为此书作序……作为他的助手和学生的我们，为能不断得到他的谆谆教导而由衷地高兴，对他无私的帮助表示深深的谢意！

为此书的出版，张克敏女士等中共中央党校出版社的同志和朋友们也做出了卓有成效的努力，在此一并表示衷心的感谢！

作 者

1999年元月于北京中共中央党校

再版后记

十年过去，“弹指一挥间”，当我们完成再版书稿时，毛泽东主席诗词中的这句话不由得涌上心头，真是光阴似箭呀！

之所以有此感慨，是因为早在这本小书2001年荣获“五个一工程”奖后不久，我们就有了再版的打算，记得在2003年上半年，我们还曾构想了再版的一些细节，该书的责编、中共中央党校出版社的资深编辑张克敏女士也极力支持我们的再版想法，希望我们尽快完成新内容的写作。

然而，日常的教学与科研工作令我们不能如愿以偿，于是，时间一晃就到了2004年。这一年在我党历史上发生了一件大事，那就是中央开始实施了被称为是我们党的“基础工程”、“战略工程”和“生命工程”的“马克思主义理论研究与建设工程”。我们两个人有幸成为这一工程的参加者，承担了“马克思主义经典著作基本观点研究”课题中的子课题：“经典作家所有制和分配理论基本观点研究”的研究任务。该子课题为国家社科基金重大项目，作为该课题的首席专家的我们，必须将除日常工作外的所有精力放在该课题的研究之上。“再版”的事情只得搁置了！

经过几年的努力，课题的成果已经通过二审并再两易其稿，现在正忐忑不安地等待着三审或者终审的通知，我们终于又有重拾再版事宜的可能了。（这里特别需要说明的是，也就是在我们争分夺秒地完成再版书稿期间，我们又接到项目的终审意见，并在全课题组同志的齐心合力下，竟然也完成了终审稿的修改任务。）而促使我们集中精力完成再版的另一个重要原因是，该书被认定为中共中央党校函授学院经济学科在职研究生指定教材（实际上它早被中共中央党校研究生院指定为经济学科在职研究生指定教材了），2009年就要使用，有了这样一个“硬”杠杆，我们无论如何也得全力以赴了。

当真正着手修改该书时，我们对“社会主义在实践中”有了极为深刻的理解：2003年曾经构想的许多内容已经“过时”，各章的“理论热点”几乎都要“另起炉灶”！况且再版中还徒增了要保“名牌”的压力！正因如此，再版期间我们甚至产生了“再拖一年交稿”的念头……但当时想想不知何时就会重新要求修改的国家项目；想想时刻在变的“热点”问题；想想我们必须承担的日常教学与科研任务，只能面对现实：倒退没有出路，只有咬紧牙关，完成任务！

好在我们完成了写作任务，书也将如期再版！

或许正是因为时间的紧迫（特别是又不得不完成项目终审稿的修改），对呈现给读者的这个再版书稿，我们自己也不满意，看来它只能又是一个带有遗憾的作品了。

在本书再次出版之际，我们衷心地感谢各位读者和中共中央党校研究生院、函授学院相关领导给予我们这本小书的厚爱！特别要再次感谢几位老前辈、感谢所有我们参考过他们著作与文章的作者、感谢我们的责任编辑张克敏女士和中央党校出版社所有为本书出版、发行做出贡献的同志们！

诚惶诚恐的我们等待着读者们的批评、指正！

作　者

2008年11月